國際化視角下

中國文化產業走出去戰略研究

甲午夏日 韓國川 書

国际分工视角下中国文化产业“走出去”战略研究

STUDY ON THE GOING GLOBAL STRATEGY OF CHINESE CULTURAL INDUSTRIES FROM THE PERSPECTIVE OF INTERNATIONAL DIVISION OF LABOR

郭周明 著

对外经济贸易大学出版社
中国·北京

图书在版编目（CIP）数据

国际分工视角下中国文化产业“走出去”战略研究／郭周明著．—北京：对外经济贸易大学出版社，2014
ISBN 978-7-5663-1174-0

Ⅰ．①国…　Ⅱ．①郭…　Ⅲ．①文化产业-国际化-发展战略-研究-中国　Ⅳ．①G124

中国版本图书馆 CIP 数据核字（2014）第 212515 号

国际分工视角下中国文化产业“走出去”战略研究
STUDY ON THE GOING GLOBAL STRATEGY OF CHINESE CULTURAL INDUSTRIES FROM THE PERSPECTIVE OF INTERNATIONAL DIVISION OF LABOR

郭周明　著

责任编辑：李晨光　何　薇

对 外 经 济 贸 易 大 学 出 版 社
北京市朝阳区惠新东街 10 号　　邮政编码：100029
邮购电话：010-64492338　　发行部电话：010-64492342
网址：http://www.uibep.com　　E-mail：uibep@126.com

北京京华虎彩印刷有限公司印装　　新华书店北京发行所发行
成品尺寸：170mm×240mm　　12.75 印张　　249 千字
2014 年 10 月北京第 1 版　　2014 年 10 月第 1 次印刷

ISBN 978-7-5663-1174-0
定价：42.00 元

辽宁省教育厅人文社会科学重点研究基地“区域经济一体化与上海合作组织研究中心”、东北财经大学创新团队“深度经济一体化与国际经济规则重塑”资助出版

序

文化是一个国家软实力的重要载体。发展中国文化，以产业化的形式推动中华文化“走出去”，关系我国在世界文化格局中的定位，关系我国国际地位和国际影响力，关系“两个一百年”奋斗目标和中华民族伟大复兴中国梦的实现。探讨推动中华文化“走出去”的有效途径，是增强国家文化软实力、在综合国力竞争中赢得主动的迫切需要；是营造良好外部环境、塑造良好国家形象的战略选择；也是促进各国文化交流互鉴、维护人类文明多样性的必然要求。在我国已经成为“世界工厂”的今天，加快中华文化的世界传播，推进文化大国乃至文化强国的建设，已成为急需深入研究的重要课题。

郭周明博士的《国际分工视角下中国文化产业“走出去”战略研究》，以国际分工理论为基础，以“走出去”、“软实力”、大国综合优势等理论为支撑，立足于文化要素全球配置这一大趋势，通过全面梳理我国文化产业发展的历史现状和世界文化强国文化产业国际化的有益经验，深入分析我国作为文化大国的要素结构，提出了包括文化产业微观主体再造在内的四位一体的制度创新架构，探讨了推动我国文化产业“走出去”、提升软实力的实践路径。研究成果彰显了扎实的理论功底和宽广的国际视野，体现了对全球文化和中华文明的深刻感悟，抓住了文化产业发展的本质和精髓。这一研究，视角独特，内容新颖，具有鲜明的问题导向和较强的现实意义。在理论上，填补了当前我国文化产业发展研究的空白；在实践上，为我国文化产业“走出去”提供了具有针对性的指导思路和务实原则。

文化代表着民族的传承，青年代表着国家的未来。周明同志的《国际分工视角下中国文化产业“走出去”战略研究》著作成果，让我看到了当代中国青年心系民族复兴的远大志向和蓬勃朝气，也让我体察到了青年一代肩负国家强盛的责任与担当。推动中国文化产业“走出去”，是一项复杂的系统工程，既是实践课题，也是理论课题，需要政府、企业、社会等方方面面的共同努力，更需要思想理论界专家学者的深入系统研究。在加快发展社会主义市场经济条件下，如何在国际市场需求开拓的基础之上使我国的文化产业“走出去”，如何使我国的文化企业成为具有国际竞争力的市场主体，如何培育和壮大我国具有国际竞争优势的文化产业，如何使我国的文化体制成为文化产业“走出去”的强大支撑，都需要做出系统的研究。周明同志的研究在这一领域开了一个好头。我相信，他能够将研究继续深入，也会涌现出其他更多的佳作。

文化是一个特殊的产业，承载着思想的价值。文化产业“走出去”的研究需要跨学科的方法，多系统、多层次、多角度地开展。周明同志工作之余能够潜心于书斋，甘于淡泊，求教于大家，严谨治学，认真检索，用心体悟，形成了对文化的独特认知，取得了有价值的研究成果。值此郭周明博士新作付梓之际，托我作序，欣然应允。聊以数语，爰为之序！

2014年8月2日于北京博学胡同1号

前言

随着全球化的深入推进，包括人文资源、文化科技、文化资本和文化人才在内的各种文化要素在全球范围内加速流动和优化组合，世界文化产业呈现出迅猛发展的态势，文化产业的国际竞争亦日趋激烈。部分国家，特别是西方主要发达国家，随着工业时代向后工业时代的演进和过渡，文化产业已经成为国民经济中支柱性产业和新的增长极，迪斯尼、时代华纳、新闻集团、贝塔斯曼等一大批文化巨无霸纷纷诞生并以垄断之势占领国际文化市场。西方国家文化产业占据全球文化产业市场的制高点，文化产品和服务大量涌入我国，形成了西强我弱的文化产业国际分工格局和文化安全格局。

当前，我国文化产业自身发展面临的宏观形势较为严峻，具体表现在以下四个方面，即：全球文化产业竞争日趋激烈，我国国际竞争能力不强，总体顺差与结构性逆差并存；我国逐步进入服务经济时代，经济文化深度渗透融合，制造业崛起与服务业滞后并存；我国经济贸易长期持续发展，国家物质实力明显增强，硬实力跃升与软实力不足并存；西方文化霸权日趋强势，我国面临文化安全威胁，文化输出乏力与文化输入迅猛并存。长期以来，我国文化产业发展严重滞后于其他产业，产业国际竞争能力不足，“走出去”的规模和质量与发达国家差距很大。直面上述现实，改变被动局面，必须大力实施文化产业“走出去”战略，这对我国国家利益的拓展至关重要。实施“走出去”战略能够使中国顺应文化全球化趋势，更加充分利用国际文化要素，实现建设现代文化强国的目标；能够全面提高文化产业对外开放水平，更好地推动我国经贸转型升级和可持续发展；能够满足国际文化消费多元化需求，增强中国文化产品国际影响力和中华文化软实力；能够更加自觉主动传播中华价值和文化思想，改进我国国际形象和国家文化安全环境。

本书以国际分工为理论基础，并结合“走出去”、“软实力”、大国综合优势等相关理论，提出当前文化产业国际分工的本质是文化要素的全球配置。文书以要素、产业、贸易、投资作为当前国际分工视角下文化产业竞争力分析的依据，系统阐述当前文化产业分工格局及文化贸易投资发展现状，对国际分工视角下中国文化产业“走出去”的相关问题作了系统分析，并结合国际文化强国建设经验，提出推进我国文化产业“走出去”的战略选择，即充分发挥中国作为文明古国和文化大国的综合竞争优势，在此基础上，进一步提出中国文化产业“走出去”的总体目标和对策建议，全面推动中国文化产业走向世界，彰显中国作为文明古国和文化大国的文化软实力和产业竞争力。

本书共分七部分，具体安排如下：

第一章，绪论。对本书的选题背景及研究意义进行说明，对本书有关的基本概念进行介绍和解释，同时对国内外文化产业“走出去”有关的研究现状进行文献宏观梳理。并就本文的研究思路和方法、内容框架进行介绍。

第二章，文化产业“走出去”相关理论基础及其对本研究的指导作用。此章重点介绍文化产业“走出去”相关理论基础，即国际分工、“走出去”、“软实力”、大国综合优势等相关理论，并阐述了这些理论对本书的指导作用。

第三章，文化产业国际分工的发展现状与特点。首先分析文化产业全球化的影响因素，概述文化产业国际分工的现状，梳理全球文化要素和产业分布格局，以及国际文化贸易和投资发展现状，并对全球文化产业发展作出总体评价。

第四章，国际分工视角下中国文化产业“走出去”现状分析。此章介绍中国文化产业开放及国际化进程，对中国文化贸易和国际投资发展现状及格局进行分析，并归纳梳理当前中国文化产业“走出去”发展的基本途径。

第五章，世界主要文化强国文化产业国际化经验分析。对包括美国、英国、德国、法国、日本、韩国在内的主要文化强国文化产业国际化的经验进行系统分析，并就对我国文化产业发展的启示进行概括性总结。

第六章，文化强国的中国战略：大国综合优势视角。此章提出如何利用文化大国综合优势全面推进文化产业“走出去”战略，分析我国作为文化大国的文化要素结构，构建文化要素结构现实转化的制度创新要求，并提出中国文化产业“走出去”的产业布局和区域布局设想。

第七章，中国文化产业“走出去”的总体目标及对策建议。本章将论题回归到中国文化产业“走出去”战略的总体目标上，并从中国文化产业发展的现实出发，提出推进中国文化产业“走出去”的政策建议。

本书的创新之处主要体现在：从国际分工视角出发，并结合“走出去”、“软实力”、大国综合优势等相关理论，提出当前文化产业国际分工的本质是文化要素的全球配置。系统梳理全球文化产业要素和产业现状、全球文化贸易和投资现状，并以大国综合优势理论为基础，系统梳理我国文化要素结构，提出我国文化产业发展的大国战略，以及文化产业“走出去”的产业布局和区域布局，并就文化产业“走出去”战略的实施提出总体目标和系统而具体的对策建议。

目录

图表目录

第一章

绪 论

第一节 选题背景和研究意义

一、选题背景

（一）全球文化产业竞争日趋激烈，我国国际竞争能力不强，总体顺差与结构性逆差并存

当前，文化产业成为新一轮产业国际竞争的热点领域。进入21世纪以来，我国国际文化贸易总体规模迅速攀升，2002—2011年间，我国文化产品贸易持续顺差，2011年实现顺差1 160.68亿美元，文化产品出口总额世界占比达28%，我国已经成为世界第一大文化产品输出国。资源和劳动密集型手工艺品、设计和视觉艺术成为三大贸易顺差行业，但技术含量高、创意密集的视听、出版和表演艺术领域竞争力较弱，存在较为严重的持续逆差。特别是文化服务贸易领域，大部分年份均为逆差，且呈现加剧趋势，文化服务贸易出口位居全球三十位开外。文化贸易呈现出总体顺差与结构性逆差并存的局面。

（二）我国逐步进入服务经济时代，经济文化深度渗透融合，制造业崛起与服务业滞后并存

改革开放35年以来，我国对外贸易取得了长足的发展。1978—2013年，我国对外贸易总额实现了从206亿美元到41 600亿美元的历史性跨越，年均增幅达16.4%。对外贸易已成为推动经济社会发展最活跃的力量。应该说，我国对外贸易使得13亿人的中国梦与70亿人的世界梦休戚相关。我国已经成为120多个国家和地区的最大贸易伙伴，从欧亚大陆东端到大西洋两岸，从非洲大陆到南太岛国，质优价廉的中国制造商品遍布全球，惠及世界。但我国经济发展的突出问题表现在：服务业发展相对滞后，服务业和服务贸易相对发达国家差距很大。据《中国服务贸易统计2013》显示，2012年我国服务进口2 801.4亿美元，出口

1 904.4 亿美元，服务贸易逆差达 897 亿美元，同比增长 63%。2013 年，我国文化产品贸易额占货物贸易总额的比重仅为 0.7%，文化产品出口额占货物出口总额比重也仅为 1.1%；而文化服务贸易额占服务贸易总额比重也才仅仅只有 1.8%，文化贸易出口额占服务贸易出口总额为 2.4%。在经济社会发展步入服务经济时代的今天，经济与文化深度渗透和融合，经济文化化、文化经济化趋势明显，应着力通过文化产业这一突破口，整合全球文化要素资源，促进我国服务业的发展，扭转我国制造业与服务业发展失衡的现状。

（三）我国经济贸易长期持续发展，国家物质实力明显增强，硬实力跃升与软实力不足并存

当今世界，随着信息网络浪潮席卷全球，不同国家和民族的文化交流、交融和交锋日益深化，深刻而广泛地影响和改变着综合国力竞争的传统结构。文化产品和服务阵地成为冷战后政治、军事及意识形态竞争弱化背景下国际竞争的新领域。文化成为一种同政治、经济和军事等"硬实力"相对应的"软实力"。文化的力量日益显现，不再是虚无缥缈的纯精神力量，而是像凝结剂一样渗透到经济组织和社会结构中，发挥着积极动员和凝聚国力的作用。只有当文化展现出比物质和货币资本更强大的力量，国民经济、各类产业和产品服务展现出文化品格时，一个国家的经济社会发展才能进入更高阶段，才能使国家发展更具可持续性。

（四）西方文化霸权日趋强势，我国面临文化安全威胁，文化输出乏力与文化输入迅猛并存

在文化上，能够以自己国家人民的生活方式影响别国人民，能够对别国输出自己的价值观的国家，可称为文化强国。换言之，如果一个国家在文化上输出大于输入，大致可以说这个国家是文化强国。[①] 从这意义上来看，我国离文化强国的目标还有很长的路要走。面对西方文化霸权咄咄逼人大量涌入的现实，我们必须化被动为主动，以文化产业"走出去"为抓手，改变文化输出与文化输入严重失衡的被动局面。文化是一个国家的根本，文化兴盛及国际影响力的传播对于一国之崛起及可持续发展具有重要意义。无论是古代中国的汉唐盛世，还是西方近代资本主义文明的兴起，都伴随着文化开明开放政策的实施或文艺复兴与启蒙运动的兴起。而作为当前第一大经济体和"文化巨无霸"的美国，更是通过兼容并包、博采众长获得了文化产业领域的霸主地位，成为拥有强大文化软实力的超级大国。欧洲的英国、法国和德国文化产业也蓬勃发展，成为国民经济的支柱产业。亚洲的日本和韩国，通过文化立国战略的实施，后来居上，在国际文化市

① 周和平．文化强国战略．北京：学习出版社，海口：海南出版社，2013：14.

场中的影响力日益凸显。

二、研究意义

作为拥有五千年悠久历史的文明古国，我国积淀下了难以计数的璀璨文化财富。中华文明不仅滋养和影响了日本、韩国及东南亚等东方国家，而且以其东方文化的特质对欧美诸国民众产生了久远而深刻的影响。不同文明的文化具有彼此的差异和魅力，在思想多元和文化多元的现代世界，富有东方神秘色彩的中华文化作为东方文化的典型在西方民众中有着独特的诱惑力和广阔的市场需求。特别是改革开放35年来，古老的文明通过吐故纳新焕发出了前所未有的勃勃生机，我国经济社会文化等方面都取得了长足的发展，成就举世瞩目。经济总量跃居世界第二，贸易总额位列世界第一，国民生活水平显著改善，走出国门旅游、访学或经商的中国人遍布世界，旷世盛典北京奥运会、上海世博会更是让国外民众看到了一个古老文明复兴的张力与锐气，越来越多的外国民众开始将目光投向这条腾空起舞的东方巨龙，关注我国的未来走向。国际社会对我国关注度大幅提升，为对外文化产业“走出去”提供了良好的机遇。这种强烈的关注必然会带来这些国家民众对我国文化产品和服务的客观需求。各种文化产品和服务，承载着中国文化的内涵和价值，具有“润物细无声”般促进中外文化交流和全方位增强国外民众对我国了解的作用。推进中国文化产业“走出去”战略成为我国经济社会发展新阶段的一项重大课题，具有重大现实意义和深远历史意义。

（一）顺应文化全球化趋势，更加充分利用国际文化要素，实现建设现代文化强国目标

马克思提出的“世界历史”理论中，资本扩张成为全球化的原动力。对资本的欲求，将“驱使资产阶级奔走于全球各地。它必须到处落户，到处开发、到处建立联系”，“资产阶级，由于开拓了世界市场，使一切国家的生产和消费都成了世界性的了”，“不仅如此，过去那种地方的和民族的自给自足和闭关自守状态，被各民族的各方面的互相往来和各方面的互相依赖所代替了。物质的生产是如此，精神的生产也是如此。各民族的精神产品成了公共的财产。民族的片面性和局限性日益成为不可能，于是由许多种民族的和地方的文学形成了一种世界的文学”。① 在马克思看来，精神的生产伴随着物质生产的发展，不断突破地域限制，在不断的交融互汇和冲突整合中，各个国家和民族的文化最终将交融形成一种全新的“全球文化”，而这种新的全球文化是人类共有的财富和资源。因而，必须顺应文化全球化的大趋势，积极利用国际文化要素，实现文化强国建设

① 马克思，恩格斯．马克思恩格斯选集：第1卷．北京：人民出版社，1995：276.

的宏伟目标。

（二）全面提高文化产业对外开放水平，更好地推动我国经贸转型升级和可持续发展

对外贸易发展转型升级是新形势下我国经济发展的客观要求。当前，我国土地、资源、环境等约束日益强化，以牺牲资源和环境为代价的经济增长方式已难以为继。特别是近年来劳动力成本不断上升，“民工荒”现象频发，我国在改革开放初期以低廉的劳动力和土地形成的低成本竞争优势已经难以维持。[①] 当前，文化产业开放仍总体落后，应进一步提升其对外开放水平，用创意创新等绿色高端要素代替劳动力、资源、环境等传统要素，通过生产要素的转换构筑我国对外贸易发展新的资源环境适应能力，推动我国经贸转型升级和可持续发展。

（三）满足国际文化消费多元化需求，增强中国文化产品国际影响力和中华文化软实力

文化已经成为经济再生产周期中不可或缺的一部分，而不再只是拥有剩余资源才会购买的奢侈品或可有可无的产品。文化消费一直在不断增长，其产品范围也在不断扩大，现在的一件“产品”承载着诸多的文化体验。[②] 全球化的深入发展为各国文化产品和服务的触角伸向世界各地，为满足不同民族国家人民多元化的文化需求创造了条件。当前，我国的物质产品为全球消费者带来了物质生活的改善，但我国文化产品和文化精神的“走出去”相对滞后，在以英语为主流的文化世界中，我国的文化产品和服务相当有限，我国文化生产能力还远未得到解放和发展。大力推动中国文化产业“走出去”，能满足各国受众对富有魅力的东方文化产品和服务的消费需求，有助于扩大中国文化产品的国际影响力，并在无形中提升中华文化软实力。

（四）更加自觉主动地传播中华价值和文化思想，提升我国国际形象，改善国家文化安全环境

通过文化产业与文化产品的输出作用，世界各国文化领域的发展集中在两个层面：一是文化产业的发展，二是国际形象的塑造。[③] 通过大力发展文化产业，推动文化产业“走出去”和中国文化传播，能更好地向其他国家和地区的受众贡献中国人的文化思想，提升中国的国家形象。经济全球化与信息网络时代的快速发展，推动强势文化产品畅行无阻地进军各国文化市场。典型的是，美国花大力气，作为国策向全球推行美国文化，现在被人概括性地称为“三片”：一是大

---

① 郭周明．新形势下我国对外贸易发展面临的困境及其对策．当代财经，2013（5）：104-105.

② 《UNESCO 文化统计框架》（2009），第 11 页。

③ 白志刚，等．北京文化“走出去”国际比较研究．北京：知识产权出版社，2013：7.

片，即美国风格的大制作影片；二是薯片，即以麦当劳、肯德基为代表的快餐文化；三是芯片，即全世界都在使用的美国生产的CPU。文化产品及价值观的输出，改善了美国倡导的话语权和国家文化安全环境。从美国文化产业走向世界的历史来看，当文化的有效传播离开文化产业的具体存在就无法实现的时候，文化产业发展的现代化程度和强大程度，就成为一个国家文化安全状况在当代的一个重要指标。[①] 近年来，我国文化开放和文化输出步伐加快，但与我国世界第二经济大国的地位及强大的综合国力相比，与西方发达国家强大的文化传播力和影响力相比，差距仍然巨大，"西强我弱"的国际文化产业格局、国际文化贸易格局及国际文化传播格局尚未得到根本改变。当前，我国面临的国际环境日趋复杂，各国围绕发展主导权的竞争日益激烈，我国要赢得未来发展的主动权，必须牢牢抓住并用好文化的引领作用，利用文化因素提升国际形象，改善国家文化安全环境。

第二节 主要概念的界定

一、文化产业概念

（一）文化意义之追寻

在中国古代，"文化"有文治与教化之意。《周易·贲》的彖文中有："观乎天文，以察时变，观乎人文，以化成天下。"程传中认为"人文"，人理之伦序，观人文以教化天下，天下成其礼俗。汉代刘向在《说苑·指武》中写道："圣人之治天下也，先文德而后武力。""凡武之兴为不服也。文化不改，然后加诛。"西晋束皙提出："文化内辑，武功外悠。"南齐王融《三月三日曲水诗序》："设神理以景俗，敷文论以柔远。"清代思想家顾炎武的文化范畴则更为广泛，包括了从人自身的言行及国家各种制度。"自身而至于家国天下，制之为度数，发之为音容，莫非文也。"在中国古代历史中，"文化"总体上表现为一种内在的人伦力量，其功用主要是教化、规范、陶冶人的言行以使其遵守社会伦常秩序。

西方对"文化"（culture）一词的解释，可以从其词源拉丁语"cultura"略见一斑，原义为对土地的耕耘与对植物的栽培，后引申为对身体和精神之培养。英国学者泰勒在《原始文化》中认为，文化是"包括知识、信仰、艺术、道德、法律、习俗以及包括作为社会成员的个人而获得的其他任何能力、习惯在内的一种综合体。"[②] 康德则认为文化是"有理性的实体为了一定的目的而进行的能力

---

① 胡惠林．中国国家文化安全论．上海：上海人民出版社，2005：170.

② 覃光广，等．文化学辞典．北京：中央民族学院出版社，1988：109.

之创造”（《判断力的批判》，1790）。20世纪，美国学者A·克罗伯和C·克拉克洪在系统梳理了160多个文化概念的基础上提出，“文化包括各种外显或内隐的行为模式，通过符号的运用使人们习得或被传授，并构成人类群体出色成就，包括体现于人工制品中的成就。文化的基本核心包括传统（即历史衍生及选择而成）观念，尤其是其价值观念。文化体系虽可被认为是人类活动的产物，但也可被视为限制人类做进一步活动的因素。”① 汤因比的文明形态理论认为，文明社会由政治、经济和文化三个剖面组成，其中文化是文明社会的精髓。② 塞缪尔·亨廷顿认为，放大了的文化即文明与文化本身都涉及一个民族全面的生活方式，它们都包括“价值观、准则、体制和在一个既定社会中历代人赋予了头等重要性的思维模式（Bozeman）”。③ 联合国教科文组织则将文化定义为某一社会或社会群体所具有的一整套独特的精神、物质、智力和情感特征，除了艺术和文学以外，它还包括生活方式、聚居方式、价值体系、传统和信仰（UNESCO，2001）。

当前国内关于文化的定义分为广义和狭义两种。广义的文化是指人类在社会发展进程中所创造的物质财富和精神财富的总和。狭义的文化指人类所创造的一切观念意识形态方面的成果，是人类精神文明的一个组成部分。④ 狭义的文化即精神性文化，“包括着各种知识，包括着道德上、精神上及经济上的价值体系，包括着社会组织方式，及最后，并非次要的，包括着语言”。⑤ 应该说，虽然大家对文化的定义纷纭复杂，莫衷一是，但对文化的本质却逐步达成了基本的共识。文化的本质是“人化”，是精神创造，是人类通过劳动将精神生产中沉积着的科技知识、思维方式、抒情方式、价值观念等转化为物质形式或物质形式的对象。因此，不能将文化仅仅理解为通常所说的精神文化，长城、金字塔、埃菲尔铁塔、自由女神像以至花卉盆景等一切心物结合的产品，都包含着精神创造，属于文化的范畴。⑥

回顾人类漫长的文化发展历史，我们可以看到文化除了阶级性、渗透性、共融性、多样性之外，还具有三个典型的属性，时代性、民族性和凝聚性。从时代性来说，有奴隶社会、封建社会、资本主义社会和社会主义社会等不同时代的文化，原始社会是文化的萌芽阶段。世界上的各民族文化虽然各有特点，并根据这样那样的特点区分为不同类型或文化圈，但它们异中有同，都具有时代性

---

① ［美］克罗伯（A. L. Kroeber），克拉克洪（C. Kluckhon）．文化：概念和定义的批判性回顾．于涛，译．杭州：浙江教育出版社，1999.

② 汤因比．历史研究（下）．上海：上海人民出版社，1986.

③ 塞缪尔·亨廷顿．文明的冲突与世界秩序的重建．北京：新华出版社，2010：20.

④ 李连仲．第三次解放思想的政治宣言——论十五大报告的理论创新和发展．昆明：云南人民出版社，1997：386.

⑤ 费孝通．文化与文化自觉．北京：群言出版社，2005：20.

⑥ 孙安民．文化产业理论与实践．北京：北京出版社出版集团、北京出版社，2005：3.

并按历史发展的时代顺序演化。文化的这种时代性是文化领域中也有所谓“共相”，也有相对不变的“形式”及发展的客观规律的突出表现。那种在文化比较研究中只讲中外、不讲古今的观点，是不符合实际的。文化除了时代性之外，还有民族性。同一个时代，不同的民族，其文化还是各有特点的。斯大林指出，一个民族一定要有共同的地域、共同的经济、共同的语言及表现共同心理的共同文化，才成其为一个民族。① 文化的民族性使得世界文化多元共生、丰富多彩，使得各民族文化相互借鉴和互动，人类文明在交融交互中不断进步。文化的凝聚性是指文化以其深厚的内涵和强大的亲和力吸引凝聚着在特定文化背景下生活过的人们。文化的凝聚性是文化生命力的源泉，是文化延承的前提和基础。②

今后的国际竞争，越来越体现为文化的交锋与较量，文化软实力的竞争已经逐渐从边缘走向内核，在许多领域成为主导性力量。当前，中国文化建设的基础和前提是要在思想上实现真正的文化自觉，正确认识文化应有的重要地位和根本性作用。当代世界，文化日益成为经济可持续发展的重要支撑和手段，同时也更是经济社会发展的目标追求。随着经济服务化的深入，文化愈发成为各民族创新能力和综合国力较量的重要因素。联合国教科文组织认为，最终应以文化概念来定义发展，发展的最高目标应该是文化的繁荣。伴随经济发展水平的提升，文化应该成为经济社会发展战略的轴心和发展目标的终极关怀。我们以往对文化作用的认识，更多的是将其作为一种手段和支撑来看待，未能看到文化作为人类文明的传承和积淀，以及社会发展目标的终极关怀，直面解决的是人类由来和走向的人生哲学和生活实践问题。只有深刻认识到文化作为人类发展的更高层次生活追求和精神福祉，才能增强文化发展的自觉性和使命感。

对中华文明的文化自信是中国文化建设的精神支撑。文化自信，是一个国家、一个民族、一个政党对自身文化价值的充分肯定，对自身文化生命力的坚定信念。中华民族素有文化自信的气度，正是有了对民族文化的自信心和自豪感，才在漫长的历史长河中保持自己、吸纳外来，形成了独具特色、辉煌灿烂的中华文明。③ 从文化比较的角度来看，中国文化具有典型的个性，具体包括：

其一，中国文化独自创发，慢慢形成，非从他受。反之，如日本文化、美国文化等，多从他受也。

其二，中国文化自具特征（如文字构造之特殊，如法学上所谓法系之特殊，

---

① 张岱年，程宜山．中国文化论争．北京：中国人民大学出版社，2006：10.

② 孙安民．文化产业理论与实践．北京：北京出版社出版集团、北京出版社，2005：4.

③ 云杉．文化自觉 文化自信 文化自强——对繁荣发展中国特色社会主义文化的思考（中）．红旗文稿，2010（16）：4.

如此种种甚多），自成体系，与其他文化差异较大。本来此文化与彼文化之间无不有差异，亦无不有类同，自来公认中国、印度、西洋并列为世界三大文化系统者，实以其差异特大而自成体系之故。

其三，历史上与中国文化若后若先之古代文化，如埃及、巴比伦、印度、波斯、希腊等，或已夭折，或已转易，或失其独立自主之民族生命，惟中国能以其自创之文化绵永其独立之民族命运，至于今日岿然独存。

其四，从中国以往历史征之，其文化上同化他人之力最为伟大，对于外来文化，亦能包容吸收，而初不为其动摇变更。

其五，由其伟大的同化力，故能吸收若干邻邦外族，而融成后来之广大中华民族。所谓中国文化非惟时间绵延最久，抑时空上之拓大亦不可及（由中国文化形成之一大单位社会，占世界人口之极大数字）。

其六，中国文化在其绵长之寿命中，后一大段（后两千余年）殆不复有何改变与进步，似显示其自身内部具有高度之妥当性、调和性，已臻于文化成熟之境者。

其七，中国文化放射于四周影响，既远且大。北至西伯利亚，南迄南洋群岛，东及朝鲜、日本，西达葱岭以西，皆在其文化影响圈内。其邻近如越南如朝鲜固无论；稍远如日本如暹罗、缅甸等，亦泰半依中国文化过活。更远如欧洲，溯其近代文明之由来，亦受中国之甚大影响。近代文明肇始于十四五六世纪至文艺复兴；文艺复兴，实得力于中国若干物质发明（例如造纸及印刷等术）之传习，以为其物质基础。再则十七八世纪至所谓启蒙时代理性时代者，亦实得力于中国思想（特如儒家）之启发，以为其精神来源。①

在对待中国自身文化的态度上，伴随国运沉浮更替，不断出现“自卑自弃”和“自大自傲”两种极端的文化心理，这两者极端文化心理对文化发展极为不利。当前，随着“地球村”的形成，不同文明的交流、交融、交锋日益频繁。面对新的形势，我们必须做到“不卑不亢”，理性看待中国文化的自有优势和光明前景，更好地坚守我们的文化追求。中国文化在世界文明中占据着极为重要的地位，她以其包容、多元、持续而厚重的民族特质在世界文明中彰显出独特的魅力。诚如英国哲人罗素所言，“中国的文化问题，不论对于中国还是对于人类都具有最重要的意义”。② 拥有五千年文明史的我国文化底蕴深厚，源远流长，创新不断，包容开放。无论从哪个方面来说，我们都应有足够的理由感到自豪而骄傲，自信而从容。在中国经济上创造奇迹，民族再次走向复兴之时，中华文化上一定能够再创辉煌。

---

① 梁漱溟．中国文化之命运．北京：中信出版社，2010：32-33.

② 罗素．中国人的性质．北京：中国工人出版社，1993：32-33.

但是，时至今日，国外对于中国以及中国文化的认知，与事实本身仍有较大的偏差和距离。文化兼具对内凝聚力与对外影响力，是一国综合竞争力的根基。实施文化产业“走出去”战略，通过文化产品和服务这一载体，搭建中外文化交流互动与融合的桥梁，使中国文化及文明的内涵得以客观展示，意义自不待言。

（二）文化产业的内涵

当和文化领域联系到一块时，给产业下定义面临的这些问题就变得特别棘手，因为文化商品和服务本身就很难定义。[①] 文化产业（Cultural Industries）这一概念起源于德国的阿多诺（Theodor Adorno）和霍克海默（Max Horkheimer）于 1947 出版的《启蒙的辩证法》。在这本书里，Cultural Industry（文化工业）是作为一个批判性概念出现的。在法兰克福学派看来，本质上而言，文化属于意识形态范畴，法兰克福学派认为艺术作为最能体现文化的形式，其本质在于体现了自由和超越的创造性。他们认为，艺术品的创作以及艺术品的审美都应该展示人所特有的规定性——自由；而艺术的另一个规定性的超越，即对现实存在的否定和批判。应该说法兰克福学派对资本主义社会进行了深刻的反省，一定程度上反映了在发达工业资本主义社会，文化在工业化和市场化力量的持续浸淫下沦落为一种商品，成为供人们闲暇时间娱乐和消遣的消费品，从而失去了本身应有的自主性和超越品格。法兰克福学派的大众文化批判理论对于当前各国大众文化发展仍具有积极意义，他们认为文化艺术应该追求高雅而非流俗，为大众文化的健康发展提供一个价值取向上的参照；文化产业化后的文化产品不能完全市场化，应坚守其追求的高雅文化目标；法兰克福学派还揭示了大众物欲享受与意义世界的对立，开出了找回个体意义世界的良方，即引导大众从大众文化产品中摆脱出来，在享受大众文化产品带来的感官享受的同时，不被其左右以至于沦为文化产品的奴隶。应该说，法兰克福学派关于大众文化批评的理论在文化产业蓬勃发展的今天依然具有重要的理论价值和现实意义。

关于文化产业的概念，国际上至今还没有一个统一和十分严格的界定，其内涵也是不断发展的，不同国家官方及学者因历史文化背景和认识角度的不同以及经济社会发展阶段和国家管理体制差异而理解各异（见表 1-1）。

① 大卫·索罗斯比．文化经济学．张维伦，等，译．典藏艺术家庭股份有限公司，2003：141.

表 1-1　国际组织和各国关于文化产业的概念界定

组织/国别	概念表述	概念内涵
联合国教科文组织（2000）	文化产业	文化产业是“结合创作、生产等方式，把本质上无形的文化内容商品化。这些内容受到知识产权的保护，其形式可以是商品或是服务”。1986 年联合国教科文组织率先制定了文化统计框架并在后续的统计实践中不断修正，成为规范各国文化统计工作以及各国建立自己的文化产业体系的参考标准。2009 年该统计框架将文化产业划分为文化和自然遗产、表演和庆典艺术、视觉艺术和工艺、图书著作和出版物、视听和交互媒体、设计和创造性服务六项核心内容和旅游、运动及娱乐两项相关内容。
联合国贸发会议	创意产业	创意产业是指使用创意和知识资本作为基本投入，创造、生产和分销商品和货物的一个系列。创意产业以艺术和文化为中心但又并不仅限于此。创意产业可以是具有创造性内容、经济价值和市场目标的有形产品或无形服务。事实上，也就是一系列以知识为基础，密集使用创造性人才、知识和知识产权的经济活动。创意产业涉及跨各种行业的交叉领域，从传统的手工艺、出版业和音乐艺术，到以更高科技和服务含量为导向的领域，如视听、设计（包括建筑服务）和新兴的交互式媒体等。在这种新的模式下，科技与创意实现了完美的结合。创意经济的核心包括文化遗产、艺术、媒体与功能创意 4 个组群和 9 个子群。
世界知识产权组织	版权产业（2003 年《版权相关产业经济贡献调查指南》）	版权产业是指版权在其中发挥确定作用的活动或产业，是“基于版权的产业”。该《指南》把版权产业分为四个产业组：核心版权产业、相互依赖性版权产业、部分版权产业和非专门支持性产业。其中核心版权产业是指专门或全部从事创造、生产与制造、表演、广播、传播与展出、发行与销售作品或其他版权保护内容的产业。
美国	版权产业	狭义的文化产业，是指以版权产业为核心，包括出版发行、新闻、广播影视、网络服务、广告、计算机软件、信息及数据服务等行业；广义的文化产业，是指除了版权产业以外，还包括文化艺术业（含表演艺术、艺术博物馆、艺术创作、演出娱乐等）、非营利性产业（历史古迹和公园、图书馆、博物馆）、体育业等。

续表

组织/国别	概念表述	概念内涵
英国	创意产业（1998、2001 年《英国创意产业发展报告》）	专指那些“源于个人创造力、技能和潜力，并通过知识产权的开发生产可创造出潜在的财富和就业机会的活动”。基于这种界定，英国所指的文化产业常常包括：广告、建筑、艺术和文物交易、工艺品、设计、时尚设计、电影音像、互动休闲软件、音乐、表演艺术、出版、软件和计算机服务、电视广播，还包括与之相关的旅游、博物馆和美术馆、遗产和体育等。
德国	文化经济	私营商业文化企业，即文化经济（Culture Economy），主要指电影、音乐、图书及其他试听产品、艺术品市场、私营戏院，以及与相关的网络信息系统。
法国	文化产业	法国在文化发展中比较重视国家的扶持和庇护，对于市场作用不太信赖，因而比较避讳使用“文化产业”的概念，其文化产业主要是指以工业形式生产文化产品的经济活动，其范围包括广播电视、出版印刷和音乐，外围产业包括表演艺术、创意设计、建筑、广告、摄影、服装、文化遗产、通讯信息、画廊、博物馆和旅游。
日本	内容产业	通过一定介质将信息化的内容作为产品提供的产业，包括出版、新闻、电影、广播电视、音乐、游戏、动画等。
韩国	文化产业（1999 年《文化产业振兴基本法》）	电影相关产业；音乐唱片、录影带、游戏产品相关产业；出版、印刷物、定期刊物相关产业；放送影像产品相关产业；文化财产相关产业；体现艺术性、创意性、娱乐性、休闲性、大众性（“文化要素”），创造经济附加值的人物造型（Character）、动画、设计（产业设计除外）、广告、演出、美术品、工艺品相关产业；从事数字化文化内容收集、加工、开发、制作、生产、储存、检索、流通等相关服务的产业；其他由总统令确定的传统服装、食品等产业。
中国	文化产业（2012 年文化及相关产业分类）	文化及相关产业指“为社会公众提供文化产品和文化相关产品的生产活动的集合”。根据这一定义，文化及相关产业包括了四个方面的内容，即文化产品的生产活动、文化产品生产的辅助生产活动、文化用品的生产活动和文化专用设备的生产活动。其中文化产品的生产活动构成文化及相关产业的主体，其他三个方面是文化及相关产业的补充。

在我国，文化事业和文化产业是文化发展的两个方面。文化的发展和进步主要通过事业化和产业化两种方式来进行。长期以来，享受国家财政拨款的文化事业由传统的“事业单位”来实施管理，主要承担社会公益性文化的建设、引导、调控和管理。公益性文化具有非盈利性、公共服务性和文化引领性的特点，旨在为社会提供公共文化物品，满足全社会基本的公共文化需求，提高全民族的思想道德素质和教育科学文化素质。在社会主义市场经济条件下，公益性文化事业由于传统体制机制的束缚，盈利能力不足，生存发展处境艰难。改革开放以来，随着国家财政能力的增强，国家加大了对公益性质文化事业的资助和投入，对文化事业单位进行财政拨款；中央和地方逐年增加对宣传文化事业的财政投入；开征文化事业建设费；鼓励对文化事业的社会捐赠；建立文化事业专项资金制度；加强宣传文化事业基本建设；扶持“老少边穷”等文化落后地区文化发展等。通过一系列政策措施，有力地促进了我国公益性文化事业的发展。当前发展文化事业，必须立足于转换机制，激发活力，进一步强化公益属性。明确公共图书馆、博物馆、文化馆等为公益一类事业单位，党报党刊、电台电视台、通讯社、时政类报刊社、公益性出版社等为公益二类，公益属性越强，越要重点扶持，保证经费保障和补助。完善服务功能，扩大公共文化设施免费开放范围，深入推进科技馆、工人文化宫、青少年宫等免费开放。发展文化产业，要在提质增效升级和推动其成为国民经济支柱产业上下功夫，绝不是简单地搞产业化，不能唯票房、唯收视率、唯点击率。随着市场经济的进一步深入发展，消费者对文化生活的需求日益旺盛和多元，靠传统的文化事业单独支撑蓬勃发展的文化需求已经越显无力，文化产业正是应市场经济之发展和民众文化之现实需求而生并迅速发展起来的。传统的文化事业单位也大部分通过转企改制而逐渐走上了产业化发展的道路。

尽管文化产业化在改革开放初期就已经初步出现，但文化产业的概念产生时间并不长。文化产业的概念是在我国改革开放深入推进的大背景下，中国共产党在 2000 年 10 月十五届五中全会通过的《中共中央关于制定国民经济和社会发展第十个五年计划的建议》中，首次以中央正式文件的形式提出的。文件中提出，“完善文化产业政策，加强文化市场建设和管理，推动有关文化产业发展”。“文化产业”概念的提出，标志着我们对于文化与市场关系的认识达到了一个新水平，对文化的性质功能的认识达到了一个新的高度。我们以前对于文化的认识，对于文化的功能作用的认识，是比较单一的。文化是和“事业”和“工作”联系在一起，属于意识形态，是喉舌和阵地，是教育手段，是娱乐形式。而文化产业概念的提出，则反映了在市场经济条件下，文化除了上述属性依然存在外，还有其产业属性的一面，还有其价值规律发生重要作用，甚至在一些文化产品资源配置上发挥决定性作用的一面。应该说，“文化产业”这一概念的提出绝非出于偶然，而是历史发展的必然产物。决定这种必然性的根本因素，在于随着我国改革开发的深入推进，社会主义市场经济体制目标的确立。1992 年，邓小平同志南方谈话和党的十四大的胜利召开明确把建立社会主义市场经济体制作为中国经济体制改革的目标，随之而来，包括经济基础和上层建筑在内的诸多领域都作出了重大政策调整和体制改革，文化发展也逐步突破原有计划经济的藩篱和束缚，向市场经济体制下的发展模式过渡。人们对社会主义文化特性的认识也逐步深入，文化作为上层建筑和意识形态的一部分，必须遵循其发展规律，同时也必须遵循社会主义市场经济规律，努力适应市场经济要求。在社会主义市场经济的环境中，部分文化产品具有了商品的特性，有的本身已经成为了商品，其生产、分配、交换和消费等各个环节都融入到市场经济的大循环中。文化生产也要尊重市场经济的一般法则，也要注重成本核算，提高经济效益。文化与经济相互渗透，经济的发展中有文化的作用，如企业文化、劳动者素质的提高等；文化反过来也推动经济的发展。文化产业本身作为经济的一个组成部分，其充分发展可以优化国家产业结构，有利于繁荣经济，扩大就业，提高人们生活质量，有利于全面实现社会进步。正是在这个背景下文化产业才能应运而生。①

文化产业是指通过人们的创造性劳动，把知识、信息和意像等文化资源转化为具有交换价值的文化娱乐产品和服务的产业。② 我国官方对“文化产业”的界定是：为社会公众提供文化、娱乐产品和服务的活动，以及与这些活动有关联的活动的集合。

文化产业强调在信息化平台上新的产业融合，丰富了我们对于文化产业结构的理解。从内容产业的观点看，未来的文化产业争夺将集中在两个关键：一是“跨平台战略”，也就是把多种媒体组合成一个链条；二是采用“电子视导”，争夺手中的“注意力”。③ 文化产业所依赖的不仅有其他产业的共性资源：资金、技术、设备等；而且有特殊性的资源，那就是文化资源。从整体上看，它的资源投入大致可以分为四大类④：

第一，资本资源，它是文化产业运作和发展的基本动力。

第二，技术资源，它包括文化生产所需的能源、原材料、技术和装备等。

第三，专利（知识产权）资源，它包括著作权、专利权、商标权等，广义地说还包括形象特许使用经营权，是法律保护的无形资产。

第四，智能资源，它直接决定文化产品和服务中文化含量的知识和信息投入。它主要以人为载体，具体展开成为三种形态：符号化的文化知识、经验型的文化技能、创新型的文化能力。

---

① 韩永进．新的文化发展观．北京：文化艺术出版社，2006：111-112.

② 祁述裕．中国文化产业发展战略研究．北京：社会科学文献出版社，2008：1.

③ 花建．产业界面上的文化之舞．上海：上海人民出版社，2002：70.

④ 同③注，第 121 页。

文化产业以文化内容创造为核心，以市场化和产业化的形式将文化价值化，与其他行业相比，具有如下的特征：

第一，以满足精神和心理层面的文化生活需求为目标，通过规模化商业运作向社会提供受众所需的文化产品和服务。

第二，以追求利润最大化的理性经济主体——文化企业为核心，通过竞争力实现经济效益与社会效益的增长。

第三，以文化内容为核心价值，在知识产权机制的保障下通过蕴含丰富内涵符号系统的复制开发，形成知识技术密集和创新密集的产品与服务。文化内容是文化价值转化成商业价值并促进文化产业发展的内核和基础。

第四，以要素分工为基础，形成以文化企业为连结点的协作链条，将具有不同要素的主体如艺术创作家、生产制造商、文化经纪人、销售服务商等联系起来，通过分工协作和利益分享机制创造并实现文化的商业价值。

二、文化产业“走出去”内涵

随着经济领域提出实施“走出去”战略后不久，文化领域也明确提出要实施文化“走出去”战略。文化部部长孙家正于 2002 年 7 月在全国文化厅局长座谈会上提出：“要以更加开放的姿态融入国际社会，进一步扩大对外文化交流，实施‘走出去’战略，着力宣传当代中国改革和建设的伟大成就，大力传播当代中国文化，以打入国际主流社会和主流媒体为主，充分利用市场经济手段和现代传播方式，树立当代中国的崭新形象，把我国建设成为立足亚太、面向全球的国际文化中心”。

2002 年 11 月，在党的十六大报告中，江泽民同志强调：文化建设要“立足于改革开放和现代化建设的实践，着眼于世界文化发展的前沿，发扬民族文化的优良传统，汲取世界各民族的长处，在内容和形式上积极创新，不断增强中国特色社会主义文化的吸收力和感召力。”

2004 年 9 月，党的十六届四中全会通过的《中共中央关于加强党的执政能力建设的决定》提出，“推动中华文化更好地走向世界，提高国际影响力。”2005 年 10 月，胡锦涛在党的十六届五中全会上指出：“社会主义先进文化建设要加快实施文化产品‘走出去’战略，推动中华文化走向世界；”在本次会议上通过的《关于制定国民经济和社会发展第十一个五年规划的建议》再次强调要“积极开拓国际文化市场，推动中华文化走向世界。”

2006 年 9 月，《国家“十一五”时期文化发展规划纲要》明确提出，“十一五”时期文化发展的重点之一为：抓好文化“走出去”重大工程、项目的实施，充分利用国际国内两个市场、两种资源，主动参与国际合作和竞争，加强对外文化交流，扩大对外文化贸易，初步改变我国文化产品贸易逆差较大的被动局面，形成以民族文化为主体、吸收外来有益文化、推动中华文化走向世界的文化开放格局。在对外文化交流方面采取了一系列重大措施：拓展对外文化交流和传播渠道，培育外向型骨干文化企业，实施“走出去”重大工程项目。随后，文化部出台的《文化建设“十一五”规划》提出，要在未来五至十年中，推动实施五大发展战略，其中之一就是“中华文化‘走出去’战略”。这一重大战略是由我国国家发展的整体利益、全球经济和文化发展规律所决定的。

2007 年 10 月，党的十七大提出，“当今时代，文化越来越成为民族凝聚力和创造力的重要源泉、越来越成为综合国力竞争的重要因素”，要“激发全民族文化创造活力，提高国家文化软实力”，要“加强对外文化交流，吸收各国优秀文明成果，增强中华文化国际影响力”。在 2011 年 10 月召开的党的十七届六中全会上，更是全方位地对文化产业及“走出去”作出了更深入的判断，明确提出：“当今世界正处在大发展大变革大调整时期，世界多极化、经济全球化深入发展，科学技术日新月异，各种思想文化交流交融交锋更加频繁，文化在综合国力竞争中的地位和作用更加凸显，维护国家文化安全任务更加艰巨，增强国家文化软实力、中华文化国际影响力要求更加紧迫。”从实际出发，客观承认我国“文化走出去较为薄弱，中华文化国际影响力需要进一步增强；文化人才队伍建设急需加强”。因此，必须“增强国家文化软实力，弘扬中华文化，努力建设社会主义文化强国”。

2012 年 11 月，党的十八大指出，“实现中华民族伟大复兴”，必须“提高国家文化软实力”，“建设社会主义文化强国，关键是增强全民族文化创造活力”，“要深化文化体制改革，解放和发展文化生产力”。报告认为，“文化实力和竞争力是国家富强、民族振兴的重要标志”，必须“扩大文化领域对外开放，积极吸收借鉴国外优秀文化成果”。

2013 年 11 月召开的党的十八届三中全会，为深化文化体制创新作出了全面部署。报告提出，要“提高文化开放水平”；要“坚持政府主导、企业主体、市场运作、社会参与，扩大对外文化交流，加强国际传播能力和对外话语体系建设，推动中华文化走向世界”；要“培育外向型文化企业，支持文化企业到境外开拓市场”；要“积极吸收借鉴国外一切优秀文化成果，引进有利于我国文化发展的人才、技术、经营管理经验”；同时，还提出了要“切实维护国家文化安全”的底线思维。

文化产业“走出去”战略是我国“走出去”战略在文化产业领域的具体实施和“中华文化‘走出去’战略”的重要部分，是指以满足目的国或地区消费者文化消费需求为目的实施的文化产品或服务跨国经营战略。文化产业“走出去”战略，并不仅限于传统意义上的对外文化直接投资，而是广义的概念，是集国际文化贸易和对外文化投资于一体的“走出去”，是我国文化产业顺应文化要素全球化，主动利用国内外文化要素资源和文化市场，实现文化产品和服务国际化的重大战略选择。

相比于政府主导的文化交流，文化产业“走出去”是国内文化企业的一种国际化经营行为，是我国文化企业在立足国内市场的同时，积极面向国际市场，以文化产品出口或外部资源利用为导向，主动参与国际文化产业国际分工和竞争合作的经济行为，是顺应文化产业全球化趋势的开放经营战略。同时，文化产业“走出去”与政府主导的文化交流一样，也是国内文化企业的一种国际文化传播行为。无论是国际文化贸易，还是国际直接文化投资，包含中华文化特质、承载中华文明知识的中国文化产品或服务的“走出去”必然带动中国元素的国际化传播，是一种基于人类知识共享性的文化传播行为。此外，文化产业“走出去”战略也是政府引导、企业主导的一种国家影响力和软实力提升战略，有利于国家形象的改善和国家话语权的提升。

第三节 文献综述

一、文化产业国际分工的相关研究

（一）国外关于文化产业国际分工的研究

国外对文化产业相关问题的研究已经取得了较为丰富的成果，但专门对文化产业国际分工进行研究的文献还不多见。法兰克福学派的阿多诺和霍克海默在他们1947年出版的《启蒙的辩证法》一书中首次提出“文化工业”概念，并对其进行批判，此后文化产业开始初步发展起来并逐渐走向成熟。国外学者从产业分工视角对文化产业进行的研究，更多的是从文化产业某一细分行业着手探讨。Scott（1984）在研究洛杉矶娱乐产业时认为该产业的分工符合垂直非一体化结构，即电影、电视节目和音乐唱片的生产过程，可以细分为由专业化公司和分包商来完成的具体工作，这些专业的制造商又组成了一个错综复杂的生产网络。①Corts（2001）认为电影产业链具有复杂的纵向结构，主要由两部分组成，即影片的制作方和发行方，其中制作方负责电影的创意活动（包括创作剧本、寻找演员、安排画面等），而发行方负责后期的实体活动（包括联络影院、复制再版、上映发行和广告宣传等）。②

---

① Allen J. Scott. Territorial reproduction and transformation in a local labor market: the animated film workers of Los Angeles. Environment and Planning D: Society and Space, 1984, 2 (3) : 280.

② Kenneth S. Corts. The Strategic Effects of Vertical Market Structure: Common Agency and Divisionalization in the US Motion Picture Industry. Journal of Economics & Management Strategy, 2001, 10 (4) : 513.

从国际分工带来的文化同质化问题来研究，有代表性的研究如：席勒（1985）认为美国文化是同质化之后的北大西洋的文化排泄物；安托尼·史密斯（1990）认为全球文化必定是一种建构性的文化，是没有记忆的、无时间限制的并与历史无关的；雷蒙德·威廉斯认为全球化使地方文化认同感的稳定感愈来愈难以维持；爱德华·W·萨义德在《文化与帝国主义》中主张的文化差异对时下文化全球化有现实意义；约翰·汤姆林森在《全球化与文化》一书中对有关全球化各种争论的文化性问题进行了系统地阐述；迈克·费瑟斯在《消解文化——全球化、后现代主义与认同》一书中对文化全球化的进程进行了阐述，并认为全球化进程中同质化文化和多样性文化并存；泰勒·考恩在《创造性破坏——全球化文化与多样性》一书中指出：文化全球化让多种文化观念并存；托马斯·弗里德曼在《世界是平的》一书中提出全球化不会导致美国化。

PWC（2008）对全球主要国家和地区文化产业的市场规模进行整理和分析，认为美国仍旧保持文化产业市场的火车头地位，欧洲、中东、非洲（EMEA）地区继美国之后成为第二大市场，俄罗斯和东欧增速将最快。①

Sven Jockel, Andreas Will, Florian Schwarzer（2008）强调产业的发展从严格基于零售业务转向数字网络分布，提出与其他媒体行业经验不同，参与方法和用户至上主义在相当长时间已经集成到游戏文化和电脑游戏产业的价值生成过程中。作者从分析现有基于线上提供者推导出一种集成的价值链模型，给出了线上分销管理业务平台和商业中用户至上主义的启示。②

Gregory E. Kersten, Mik A. Kersten, Wojciech M. Rakowski（2002）从微观领域研究文化产业国际分工，提出应用软件针对用户交互而被设计出来。一个交互组件是用户界面，其他更深层次的组件表现为应用程序的逻辑和核心功能。国际化体系结构从特定文化中识别本地化用户界面需要。文中继续讨论文化和软件专注于软件的核心，而不是用户界面。这个核心与深厚的文化相一致而与表面的文化表现形式嵌入到用户界面不同，在此认为深层文化能够以模块化的方式嵌入到应用程序软件。③

Robert C. Kloosterman（2003）认为文化产业正成为越来越重要的发达经济体就业和经济增长的来源。作者基于荷兰最近发展趋势给出了一个定量分析。数据显示，文化产业在就业方面在过去的十年得到快速增长。此外，四个最大的城

---

① PWC, Global Entertainment and Media Outlook, Price Water Coopers, 2008.

② Sven Jockel, Andreas Will, Florian Schwarzer. Participatory Media Culture and Digital Online Distribution—Reconfiguring the Value Chain in the Computer Game Industry. International Journal on Media Management, 2008, 10（3）.

③ Gregory E. Kersten, Mik A. Kersten, Wojciech M. Rakowski. Software and Culture: Beyond the Internationalization of the Interface. Global Information Management, 2002, 10（4）: 86-101.

市，尽管失去了一些地形优势，但仍然成为文化生产的重要地区。在就业方面，阿姆斯特丹作为荷兰首都显然在所有精挑细选的文化产业中拥有优势。一个值得注意的例外是建筑服务行业。鹿特丹，许多著名的国际建筑公司的总部，在荷兰拥有着该种文化产业最重要的区位优势。①

YOSHITAKA（2011）探讨动漫产业自20世纪60年代中期开发的方式——跨国生产体系和国际分工。首先，作者试图表明动漫虽然是一个原产于日本的文化产业，但是由于跨国生产体系的发展，逐步推动了其在日本、韩国的出口。其次，作者还阐述了跨国生产体系如何导致日本动画持续面临劳动力条件差的现状。最后，作者审查由中国政府主导的动漫促销政策，讨论动漫生产系统在亚洲数字产品时代的发展前景。②

（二）国内关于产业国际化分工研究

我国对文化产业的研究起步较晚，20世纪90年代开始才有所涉足。21世纪以来，国内学者对文化产业国际分工的研究出现了较大进展。冯子标、焦斌龙（2005）运用分工理论剖析文化产业兴起的逻辑，运用比较优势理论解析文化产业发展战略，并通过考察我国文化产业发展的比较优势和国际文化产业分工格局，提出我国文化产业应该走以资源为依托的需求导向型模式。③ 欧阳有旺、郭炳南（2005）同样基于国际分工和比较优势理论，从供给和需求两方面考察了我国文化产业在国际分工和贸易中的比较优势和贸易基础的具体表现，并探讨了发挥这些比较优势需要具备的先决条件。认为中国文化产业参与国际分工与贸易，必须以充分发挥自身的比较优势为立足点。④ 吕方（2006）认为人类的经济活动是沿着从农业、工业再到服务业这样一个轨迹发展的。而文化产业的出现，则在满足人们精神文化需求的同时，还推进了三次产业的发展。在国际产业分工中，目前中国虽然在制造业具有某种比较优势，但却处在国际制造业价值链分工的低端，获取的利润很少，需要大力发展文化产业，尤其是以创造为核心的创意产业，推动经济发展方式转变，从而在国际分工和国际贸易中获取更大利益。⑤ 王琳（2006）指出文化产业是文化全球化的现代形态，是我国参与国际经济分工、提升国家竞争能力、建构先进文化体系的重要途径。⑥ 黄海（2008）认为国际文

① Robert C. Kloosterman. Recent Employment Trends In the Cultural Industries In Amsterdam, Rotterdam, The Hague And Utrecht: A First Exploration. Tijdschrift voor Economische en Sociale Geogra? e, 2003, 95（2）: 243-252.

② YOSHITAKA. The Pitfall Facing the Cool Japan Project: The Transnational Development of the Anime Industry under the Condition of Post-Fordism. International Journal of Japanese Sociology, 2011（11）: 30-42.

③ 冯子标，焦斌龙．分工、比较优势与文化产业发展．北京：商务印书馆，2005.

④ 欧阳有旺，郭炳南．中国文化产业参与国际分工与贸易的比较优势探讨．开发研究，2005（6）.

⑤ 吕方．国际产业分工与中国文化产业．世界经济与政治论坛，2006（5）.

⑥ 王琳．文化的全球化及文化产业的全球竞争策略．天津大学学报：社会科学版，2006（2）.

化产业分工体系是一个动态体系，不是所有文化产业形态都参与国际文化产业分工体系建构。在国际文化产业分工体系中西方发达国家始终处于文化产业的高端。我国应积极参与建构国际文化产业分工体系，使我国的文化力量真正具备“国家软实力”的性质。[①] 冯根尧（2009）认为在国际合作中发展中国家与发达国家位于不同的分工地位。发展中国家主要以部分非关键技术研发及加工生产为主，自主知识产权少，处于产业链低端环节。发达国家掌握着产业关键技术和核心创意，处于产业链高端环节。国际文化创意产业分工体系是一个不断增值的动态体系。因此，在制定文化产业发展战略目标时，应把我国文化创意产业发展战略纳入到整个世界的文化创意产业分工体系中来考量，使其与现代世界文化创意产业分工体系和谐。[②] 温晓红（2009）认为兴起的合作方式有品牌代理、专利引进、外包、合作开发等，日益密切的国际合作推动着创意产业国际分工的形成。[③] 尚涛、陶蕴芳（2011）实证分析了我国创意产业的国际竞争力与专业化分工模式变动，认为我国创意产业整体具有很强的国际竞争力，但在世界创意产业整体分工格局中的专业化程度有所降低。[④] 向勇（2012）认为中国已经融入了文化产业的国际分工，正逐渐成为国际文化贸易市场中不可忽视的力量。[⑤] 刘建华（2012）认为产业分工理论对于文化贸易有一定的理论与实践借鉴意义，但分工理论无法解释巨大的文化贸易逆差、无法解释普遍的文化贸易配额、无法解释无形文化资源的无疆界、无法解释文化跨国公司的无中间投入品生产等，具有较大的局限性。[⑥] 王兆响、唐传成（2013）认为当前全球文化产业的发展形成以美国为突出的一极，英、法、德、日、韩等多强并存的格局。相比之下，我国文化产业处于国际分工体系的中低端位置，其发展处于滞后状态。要实现中国文化产业的跨越式科学发展，必须坚持内容为本的创新；处理好政府主导与市场化、产业化经营的关系；重视文化产业发展的集聚化与文化产业园建设；遵循因地制宜地实行区域非均衡发展的原则。[⑦] 郭新茹（2013）从当前国际分工格局演变的模式出发，在通过对英、美、日、法、德、韩、中等十国文化产业的技术含量进行测度的基础上，尝试科学地反映出近十年来我国文化产业同发达国家文化产业在国际价值链分工中的差距，测度我国文化产业在国际价值分工中的位置和发展现

---

① 黄海．试论我国文化产业“走出去”战略．新闻天地：下半月刊，2008（7）：67-69.

② 冯根尧．论中国文化创意产业的国际化战略转型．当代经济，2009（5）：78-79.

③ 温晓红．文化创意产业国际化发展研究——以北京为例．福建行政学院学报，2009（3）：52-57.

④ 尚涛，陶蕴芳．创意产业的贸易方式与分工格局：国际竞争力视角．改革，2011（4）.

⑤ 向勇．中国已融入文化产业国际分工．中国文化报，2012-12-31.

⑥ 刘建华．论产业分工理论之于文化贸易的借鉴与局限．中国出版，2012（20）.

⑦ 王兆响，唐传成．比较视野下中国文化产业发展的路径探析．青岛农业大学学报：社会科学版，2013（2）：79-82.

状，以期找出进一步提升我国文化产业在国际分工中的竞争力的途径。[1] 高峰（2013）通过分析环渤海地区文化产业各门类的非均衡发展状况，对文化产业的分工与合作进行了深入探讨，为促进文化产业分工及均衡发展提供了指导。[2] 王克岭、陈微等人（2013）还专门基于产业分工的视角，对文化产业链的相关研究进行了较为系统的梳理。[3]

二、文化产业国际化研究文献

（一）国外关于文化产业国际化的研究

国外学者对文化产业国际化的研究，主要从文化贸易层面探讨了国际贸易理论对文化贸易的适用性以及全球化对文化产业发展的影响。Schulze（1999）认为，文化产品分为可复制、不可复制和现场演示三种类型，传统贸易理论适用于可复制文化产品，但不能适用于不可复制的文化产品贸易。Mas-Colell（1999）则认为传统贸易理论在某种程度上可适用于文化贸易领域。[4] Rauch & Trindade（2005）在考虑规模经济基础上，建立了有关文化产品国际贸易的"国内市场效应模型"，认为国内市场效应因"消费网络外部性"得以加强。英国文化研究学者约翰·汤姆林森（2002）的《全球化与文化》一书系统地探讨了有关全球化各种争论的文化性问题，尤其集中探讨了"非领土扩张"这一概念，即我们目前全球化的文化状况，认为现代文化的对策就是世界主义的团结一致。[5] 加拿大学者 Goff&Jerkins（2003、2006）、英国学者 Doyle（2004）、澳大利亚学者 Papandrea（2004）等众多学者从各自国家出发，在分析了本国文化产业现状的基础上，提出国外文化产品的大量进口会对国内文化产品生产和销售带来巨大冲击，要求对文化产业加以保护。美国著名经济学家泰勒·考恩（2007）从文化经济学的角度论述了经济全球化与世界文化多样性的博弈，认为全球化为多种艺术观念并存提供了动力，催生了大量令人满意的现代作品，创造出了一个文化繁荣的时代。[6]

Yuko Aoyam（2007）以日本和美国为研究对象，研究了弗拉门戈舞产业全球化的步伐。研究发现，保持文化属地特征和适应文化出口国需求存在两难。他认为，当代文化变迁并不是一个单方面的全球入侵当地的过程，相反是消费者从

---

① 郭新茹．我国文化产业嵌入 GVC 现状研究：基于技术含量的测度．文化产业研究，2013（6）．

② 高峰．环渤海地区文化产业分工及均衡发展研究．未来与发展，2013（9）．

③ 王克岭，陈微，李俊．基于分工视角的文化产业链研究述评．经济问题探，2013（3）．

④ Andreu Mas-Colell. Should Cultural Goods Be Treated Diferelltly?. Journal of Cultural Eeonomics，1999，23（1-2）：87-93.

⑤ 约翰·汤姆林森．全球化与文化．郭剑英，译．南京：南京大学出版社，2002.

⑥ 泰勒·考恩．创造性破坏——全球化与文化多样性．王志毅，译．上海：上海人民出版社，2007.

自身出发解读、采用的过程。①

Dorothy E. Leidner, Globalization（2010）研究的是全球知识的透明度，是对全球化和文化的交叉研究。全球知识透明度涉及双重目标，即为消费者提供更详细的产品和服务信息以及收集更详细的关于个人的信息。前者帮助个人在他们的购买决策时作出更负责任的选择，使他们能够理解他们选择的后果；后者帮助个人做出有关他们自己幸福的更明智的决定，使他们能够更好地理解他们的选择的后果是为了自己的生活和健康。综上所述，全球知识的两个目标透明度有助于促进更好地利用社会资源和更多的个人责任。②

Eric King Watts, Mark Orbe（2002）认为大量消费是一个过程。通过大量消费，文化产业和受公众消费影响的个人生活经验得以形成。该文分析了大量消费如何形成。百威啤酒广告是美国白人矛盾心理对“真正的”黑人的本质写照。这篇文章认为，百威啤酒最热门的广告得益于“普世”价值观和同时存在的独特文化之间的紧张关系。黑暗的插图以及千篇一律的烟气的差异性产生对黑人文化的敌对态度，因此，百威啤酒调节和管理“真实的”黑人市场价值的战略尝试也重现了这一矛盾。此外，作为大量消费的群体，真正的黑色生活和文化的意义部分产生于媒体和大众市场形象。③

Denise D. Bielby, C. Lee Harrington（2004）研究分析了向国际市场出口电视节目问题。作为文化产业，由于产品的独特性，基于文化差异对理想产品属性的理解，作为跨区域、国家、国际边界项目被成功接受的相当大的不确定性，使电视节目出口变得非常复杂。④

Bickerton, James（2008）担心文化部门的自由化将导致文化亏损，稀释国家语言的独特性，破坏文化多样性。这就需要政府找到减少或抵消全球化文化成本的方法和手段。因此，这本书的重点是政府努力执行贸易中文化可持续发展的政策。⑤

Robert W. Armstrong, Jill Sweeney（1994）研究了澳大利亚和我国香港国际经理道德观念的差异。文章用不同的行业类型、文化和进入国际市场的模式对道

① Yuko Aoyam. The role of consumption and globalization in a cultural industry: The case of flamenco. Geoforum, 2007, 38 (1): 103-113.

② Dorothy E. Leidner. Globalization, culture, and information: Towards global knowledge transparency. Strategic Information Systems, 2010, 19 (2): 69-77.

③ Eric King Watts, Mark Orbe. The spectacular consumption of "true" African American culture: "Whassup" with the Budweiser guys? . Critical Studies in Media Communication, 2002, 19 (1): 1-20.

④ Denise D. Bielby, C. Lee Harrington. Managing culture matters: genre, aesthetic elements and the international market for exported television. Poetics, 2004, 32 (1): 73-98.

⑤ Bickerton, James. Limits to Liberalization: Local Culture in a Global Marketplace. Canadian Journal of Political Science, 2008, 41 (1): 232-233.

德认知进行测量。进入模式指的是企业如何选择进入外国市场。进入模式包括：出口（间接或直接），合同方法（许可和特许经营）和外国直接投资（合资公司和全资子公司）。研究发现文化和进入模式对伦理问题的认知有显著影响。①

Hernan Galperin（1999）探讨文化产业是如何集成到不同的自由贸易/区域一体化协定，将北美自由贸易协定、欧盟、南方共同市场和关贸总协定作比较。这些自由贸易协定相互结合、合作和豁免，以其独特的方式产生了不同的政策效果。该研究分析了产业结构、国内通信政策和文化因素，诠释各个国家的贸易政策和区域计划在视听领域的作用，确定了影响自由贸易区域一体化中视听政策的几个问题，提出了一个框架来分析文化贸易纠纷，即信息的自由流动与文化保护主义。②

Jesse Chu-shore（2010）指出理论上讲国际贸易会导致更大的产品专业化和差异化，然而，实践中文化产业之所以实行进口保护，部分原因是担心贸易会导致文化趋于同质化。这种后果对文化产品是否属实？若属实，文化产品和其他产品又有何区别？本文主要考虑工业发展中的同质效应，同时提出一个基于网络的方法用以识别全球贸易模式中的同质化现象和检验诸多行业。研究发现许多行业存在同质化现象，并对自由贸易提出质疑。③

A. Marvasti（1994）提出工业化国家和发展中国家以往就利用各种贸易壁垒保护本国文化产业。国际贸易统计数据显示，人口高度密集的国家，如美国通过向世界其他地区出口电影、音乐、书籍和期刊，来施加具有普适性的文化影响力。实证研究表明，贸易壁垒可以有效地提高文化产品净出口。国内市场规模作为其中一个考虑因素会显著影响电影和预先录制的音乐的贸易量，但是基于规模经济论的贸易保护主义在文化产业中却得不到广泛的支持。④

Rostam J. Neuwirth（2004）在20世纪40年代由法兰克福学派首创的“文化工业”，在全球文化和贸易竞相发展的背景下，逐渐由一个贬义词演变成具建设性的“文化产业”。其文中比利时画家雷尼·马格利特曾用三幅画来形象地描述具有概念性和感知性的事物，该过程中所介绍的各部门技术创新都被文化产业所吸收；同时其文强调该过程也需要实施国际贸易监管，特别是，通常用期刊行业的两个法律判例，一个是欧盟，另一个涉及NAFTA（北美自由贸易协议）和

---

① Robert W. Armstrong, Jill Sweeney. Industry type, culture, mode of entry and perceptions of international marketing ethics problems: A cross-cultural comparison. Journal of Business Ethics, 1994, 13 (10): 775-785.

② Hernan Galperin. Cultural Industries in the Age of Free-Trade Agreements. Canadian journal of communication, 1999, 24 (1). http://www.cjc-online.ca/index.php/journal/article/viewArticle/1082/988.

③ Jesse Chu-shore. Homogenization and Specialization Effects of International Trade: Are Cultural Goods Exceptional?". World Development, 2010, 38 (1): 37-47.

④ A. Marvasti. International Trade in Cultural Goods: A Cross-Sectional Analysis. Journal of Cultural Economics, 1994, 18: 135-148.

WTO（世界贸易组织），来说明文化和商业可能存在的冲突，因为在观念上两者很容易在文化产业中相结合。在整个监管过程中可以很清楚地发现这样的冲突可能发生在任何一个领域：法律理念、法律规范、法律判决等。该文结论是无论在全球还是区域，在国际贸易监管中需要一个机制来实现文化和商业的平衡。①

Dominic Power（2003）试图在国际化环境下来衡量文化产业。该文首先探讨的是文化产业的定义和界定。该文认为大范围的商品和服务可以界定为文化产业产品，但更重要的是，要在工业系统环境下考虑这些产品的生产和交换。接下来的概念是经营化，数据主要来源于丹麦、芬兰、挪威和瑞典的就业和公司活动。结果显示，在就业和公司整体经济增长方面，文化产业表现突出。然而，从数据中能够发现了有趣的国别数据差异。从区域角度我们发现，这四个国家文化产业在城市中吸引力很高，并且有更强大的凝聚倾向。因此从空间动态的角度获得了提高产业竞争力和促使产业成功的关键。总之，从该文主要数据的分析结果来看，文化产业为斯堪的纳维亚的经济和劳动力市场作出了重要贡献。②

Chih-Kai Chen（2011）通过采用多维标度来分析文化产业和知识产权跨国间的差异。总的来说，结果表明文化产业的价值创造与知识产权的保护密切相关，并且许可收入在此文化价值创造过程中起着不容忽视的作用。因此，该文表明改善知识产权保护制度和加强许可产业的发展有助于提高文化产业的全球竞争力③。

Miller，Toby，Leger，Marie Claire（2001）调查了“华盛顿共识”文化、美国日益增加的全球影响力和日益减少的劳工组织和国家权威。比较新古典主义政策描述的主权消费者与文化政策描述的文化公民；认为消费的方式来源于社会理论。④

O'Connor，Justin（2005）依据着围绕文化产业发展议程的研究和政策经验，试图解释一些抵制文化产业国际化的原因。该研究表明，首先，这个议程牵连现代化的紧张局势；其次，英国的“独立导向”方式可能存在一些限制问题；最后，城市竞争力的概念在一个越来越多的全球文化市场可能忽略一些常面临的

---

① Rostam J. The Cultural Industries：a Clash of Basic Values? A Comparative Study of the EU and the NAFTA in the Light of the WTO. Neuwirth. European Diversity and Autonomy Papers. EDAP，2004（4）：1.

② Dominic Power. The Nordic ‘Cultural Industries’：A Cross - National Assessment of the Place of the Cultural Industries in Denmark，Finland，Norway and Sweden. Geografiska Annaler：Series B，Human Geography，2003，85（3）：167-180.

③ Chih-Kai Chen. Cross nation analysis on culture industry and intellectual property. Journal of Information and Optimization，2011，32（4）：845-862.

④ Miller，Toby Leger，Marie Claire. Runaway Production，Runaway Consumption，Runaway Citizenship：The New International Division of Cultural Labor. Journal for the Study of Media & Composite Cultures，2001（5）：89-115.

"失败者"或"局外人"这一非常现实的问题。[①]

（二）国内关于文化产业"走出去"的研究

文化产业"走出去"问题是一个较新的理论热点。冯子标、焦斌龙（2010）认为文化产业"走出去"战略不是传统意义上的对外文化直接投资，而是集国际文化贸易和对外文化投资为一体的广义的"走出去"，是我国文化产业主动整合国外资源、开发国外市场的重大战略举措。[②] 当前，我国文化产业"走出去"还面临着一系列的难题。胡惠林（2005）认为，中国尚未建立起有效的国际文化外贸体系以及确立国家文化外贸战略，不能充分利用国内外两种资源和市场，因此文化产品在国际市场上缺乏竞争力。[③] 卫志民（2013）指出，我国文化贸易依然存在巨大贸易逆差、创新性不足且缺乏品牌效应、本土化程度低且难入海外主流市场、出口对象单一等问题。[④] 武晓荣（2013）也认为，我国对外文化贸易存在严重的贸易逆差，文化生产总量不足、质量偏低；文化产品出口单一且地区过于集中；文化企业规模小、底子薄，还没有足够的资金和经验去运作文化产品和服务的整体营销。[⑤] 针对这些问题，如何实施文化产业"走出去"战略，学者们形成了许多不同的看法。胡惠林（2004）提出，中国文化产业要成功"走出去"，应该在全球化背景下重新定位中国文化产业发展道路及发展模式，重构我国文化外贸政策系统与法律系统，改革我国现有文化贸易体制。我国文化产业比较优势在于丰富的民族文化遗产与传统文化资源。从战略意义上而言，文化赶超离开这一比较优势难以实现。[⑥] 花建、巫志南等人（2005）指出，中国文化企业可通过商品出口、服务贸易、合作研发、委托国际代理、兼并控购、直接投资、结成战略联盟等七种形式加快"走出去"步伐。[⑦] 熊澄宇（2006）认为，应通过发展中国特色文化产业、制定文化产业总体发展规划、推动文化体制和机制创新、主动参与国际文化产业竞争等举措促进文化产业"走出去"。[⑧] 张凤琦（2006）提出，在全球化与世界文化多元一体格局中，中国民族文化产业要想"走出去"，必须在时代变化与传统价值保留间寻找平衡；以文化本土意识为基础，以中国文化基本精神保护为前提，顺应世界文化潮流，兼容并蓄，创造性地把丰富的民族文化资源转化为现实的文化资本，推出具有中国特色并吻合现代人

① O'Connor, Justin. Creative exports. International Journal of Cultural Policy, 2005 (3): 45-60.

② 冯子标，焦斌龙．文化产业运行论．北京：社会科学文献出版社，2010.

③ 胡惠林．文化产业发展与国家文化安全．广州：广东人民出版社，2005.

④ 卫志民．建构中国文化产业"走出去"战略体系的设想．现代经济探讨，2013（4）.

⑤ 武晓荣．关于我国对外文化贸易发展的几点思考．北京联合大学学报，2013（3）.

⑥ 胡惠林．论中国文化产业发展的"走出去"战略．思想战线，2004（3）.

⑦ 花建，巫志南，等．文化产业竞争力．广州：广东人民出版社，2005.

⑧ 熊澄宇．文化产业研究战略与对策．北京：清华大学出版社，2006.

审美情趣、行为方式及消费习惯的产品。唯有如此，方能使民族文化产业拥有广阔市场空间，方能改变中国在对外文化贸易领域中的不利地位，不断增强中国文化“软实力”。[①] 蔡尚伟、王理（2010）认为中国文化产业可以直接在海外建立文化产业基地，以充分利用国外相对宽松的文化市场机制、丰富的文化资源、较低的发展要素成本等，鼓励各层次文化企业“走出去”，进而发展壮大我国的文化产业。此外，中国国际文化产业博览交易会等吸引了许多的国外文化产业机构前来参观或参展，给我国文化产业“走出去 ”提供了良好的契机。[②] 曲慧敏（2012）认为，以文化产业化模式推动中华文化“走出去”，是全球化和信息化时代的必要之举。[③] 卫志民（2013）提出，要有效整合国内外各方资源，积极构建包括价值观念体系融汇战略、政策法规系统强化战略、人才培养机制创新战略和跨文化管理重塑战略在内的中国文化产业“走出去”战略体系。[④] 周宇（2013）认为，文化创意产业的稳步发展是建设文化强国的重要步骤，提升文化创意产业的国际竞争力也是维护国家文化安全的必要手段。为推进中国文化创意产业的国际化，急需加强对文化产品和服务开拓国际市场的指导和服务，提供有用信息，进行统筹协调，加大财税支持力度，实行奖励政策，同时还要在微观层面培育一批外向型文化创意企业，加强对外文化品牌的建设，扶持对外文化重点项目，并且能够借助海外多种力量开拓国际市场。[⑤]

各省市积极推动文化产业“走出去”，结合自身特点探索文化产业“走出去”的实施路径。沈望舒（2002）指出，北京的文化资源得天独厚，在世界上中国文化有着广泛的需求。从文化产业与时俱进的成长需要出发，北京应在国内率先制定并实现文化产业高质量、成规模地“走出去”的目标。对此，要在树立战略认识的基础上，逐步具备明确的目标市场，强大的支持系统，优化的业务流程、营销网络、中介服务体系，以及专项生产、组合造势行为等内容要素。[⑥] 曾丽红（2002）提出，广东文化产业“走出去”有三个有利条件：一是中国国际地位提升为广东文化产业“走出去”创造了必要条件；二是毗邻港澳的地缘优势及海外侨胞数量众多是广东文化产业“走出去”的独特资源优势；三是国际社会的“广东情结”是广东文化产业“走出去”的独特优势。不利因素也有三个：一是缺乏有力的政府政策及资金支持；二是缺乏专门文化出口指导部门及研究机

---

① 张凤琦．文化复兴与民族文化产业走出去战略思考．中华文化论坛，2006（4）：111-114.

② 蔡尚伟，王理．开启中国文化产业国际化时代．西南民族大学学报：人文社会科学版，2010（5）：218-222.

③ 曲慧敏．以文化产业化模式推动中华文化走出去的思考．山东师范大学学报：人文社会科学版，2012（3）．

④ 卫志民．建构中国文化产业“走出去”战略体系的设想．现代经济探讨，2013（4）．

⑤ 周宇．中国文化创意产业国际化的战略选择．经济问题，2013（4）：59-62.

⑥ 沈望舒．北京文化产业要实施“走出去”战略．北京联合大学学报，2002（3）：71-75.

构支撑；三是缺乏有效营销渠道和较强的内容生产商。应对策略：一是统一制定广东省文化产业“走出去”发展规划；二是加大对文化产业“走出去”的资金扶持力度；三是深入拓宽对外交流渠道；四是大量吸纳国际文化产业高端人才。① 陈亮、刘寰（2007）认为广西文化产业具有区位独特、人文资源丰富、已有文化品牌优势，机遇为良好的国内外环境，但广西文化产业仍存在文化整合力度不够、资源开发分散、整体实力偏小的问题，外部威胁为发达国家强势文化冲击。广西文化产业实施“走出去”发展战略应采取的措施为：借助品牌力量，发挥重点文化企业的带头作用；建立文化产业交流合作平台，创造广西文化产业“走出去”的机遇；确立目标市场，分步骤、分重点“走出去”。② 庞英姿（2009）指出，云南文化产业具有已有文化品牌、区位独特、人文资源丰富的优势，云南文化产业应实施“走出去”的发展战略，借助品牌力量，建立文化产业交流合作平台，创造云南文化产业“走出去”的机遇。③ 罗能生、姚小娟（2010）认为，湖南文化产业国际化已经迈出了重要的一步，但是与世界发达国家文化产业发展水平来看，湖南文化产业在国际上还处于竞争劣势。提出了产业国际化发展步骤：对外版权输出和文化产品出口；全面掌控文化市场销售过程，创建文化品牌；对外直接投资，全球资源整合。实现湖南文化产业国际化四路径为贸易出口、战略合作、直接投资和国际人才交流与培训。④ 曹令军（2012）提出，河南文化产业必须致力于国际化发展。国际化发展既要善于“引进来”，更要敢于“走出去”。“引进来”就是要学习美国、日本、韩国等文化产业发达国家的先进经验和成功做法。“走出去”不但要开拓国内市场，而且要开拓国际市场，通过一系列手段的运用，从根本上提升河南省和中原经济区文化产业的竞争实力。⑤ 李海霞（2012）认为，少林文化产业本质上是文化品牌经济，在品牌利益一致的基础上，以品牌为中心，建立整合机制，维护品牌形象，协调少林文化产业各利益相关者的利益，“走出去”与“引进来”相结合，凝聚起来形成合力，发展壮大少林文化产业，实现少林文化品牌增值，以推动少林文化产业可持续发展。⑥

---

① 曾丽红．对广东文化产业“走出去”的战略思考．青年记者，2010（3）：57-59.

② 陈亮，刘寰．广西文化产业实施“走出去”战略问题研究．广西社会科学，2007（4）：17-20.

③ 庞英姿．云南文化产业实施“走出去”战略问题研究．中国商贸，2009（7）：204-205.

④ 罗能生，姚小娟．湖南文化产业国际化发展步骤和路径选择．技术与创新管理，2010（3）：167-169.

⑤ 曹令军．中原经济区文化产业发展的国际化战略构建研究．河南社会科学，2012（8）：96-98.

⑥ 李海霞．走出去与引进来：少林文化产业整合发展战略．学理论，2013（5）：194-196.

第四节　研究思路与内容

一、研究思路

本研究以国际分工为理论基础，并结合“走出去”、“软实力”、大国综合优势等相关理论，提出当前文化产业国际分工的本质是文化要素的全球配置。全书以要素、产业、贸易、投资作为当前国际分工视角下文化产业竞争力分析的依据，系统阐述当前全球文化产业分工格局及文化产业总体现状，并对国际分工格局视角下中国文化产业国际竞争力水平进行系统评估，并结合国际文化强国建设经验，提出推进我国文化产业“走出去”的战略选择，即充分发挥中国作为文明古国和文化大国的大国综合竞争优势，在此基础上，进一步提出相应的政策保障和对策建议，全面推动中国文化产业走向世界，彰显中国作为文明古国和文化大国的文化软实力和产业竞争力。

二、研究内容

全书共分七部分，具体结构安排如下：

第一章，绪论。对本文的选题背景及研究意义进行说明，对本书有关的基本概念进行介绍和阐释，同时对国内外文化产业“走出去”有关的研究文献进行系统宏观梳理。并就本书的研究思路和方法、内容框架进行介绍。

第二章，文化产业“走出去”相关理论基础及其对本研究的指导作用。此章重点介绍文化文化产业“走出去”相关理论基础，即国际分工、“走出去”、“软实力”、大国综合优势等相关理论，并阐述这些理论对本书的指导作用。

第三章，文化产业国际分工的发展现状与特点。首先分析文化产业全球化的影响因素，概述文化产业国际分工的现状，梳理全球文化要素和产业分布格局，以及国际文化贸易和投资发展现状，并对全球文化产业发展做出总体评价。

第四章，国际分工视角下中国文化产业“走出去”现状分析。此章介绍中国文化产业开放及国际化进程，对中国文化贸易和国际投资发展现状及格局进行分析，并归纳梳理当前中国文化产业“走出去”发展的基本途径。

第五章，世界主要文化强国文化产业国际化经验分析。对包括美国、英国、德国、法国、日本、韩国在内的主要文化强国文化产业国际化的经验进行系统分析，并就对我国文化产业发展的启示进行概括性总结。

第六章，文化强国的中国战略：大国综合优势视角。此章提出文化强国的中国战略，即如何利用文化大国综合优势全面推进文化产业“走出去”战略。从大国综合优势及其形成机理入手，分析我国作为文化大国的文化要素结构，构建文化要素结构现实转化的制度创新要求，并提出中国文化产业“走出去”的产业布局和区域布局设想。

第七章，中国文化产业“走出去”的总体目标及对策建议。此章将论题回归到中国文化产业“走出去”的总体目标上，并从中国文化产业发展的现实出发，提出推进中国文化产业“走出去”的政策建议。

三、研究逻辑图

本书的研究逻辑见图 1-1。

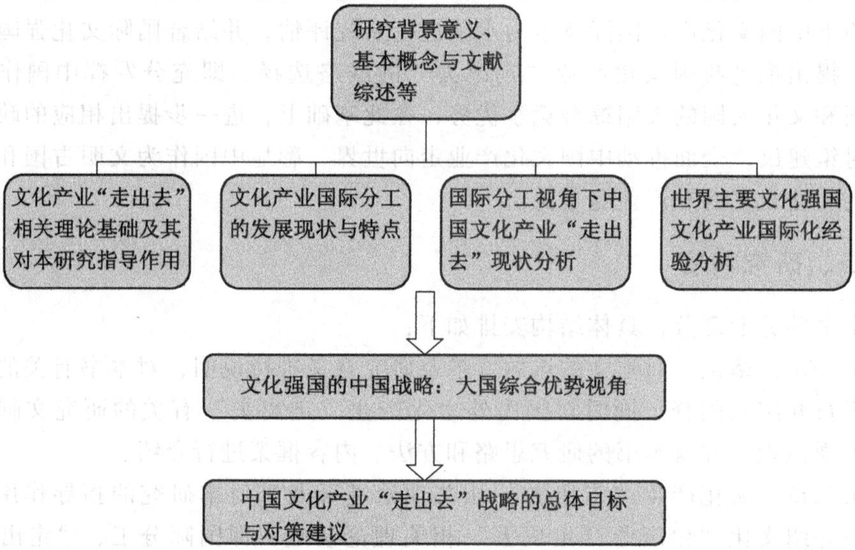

图 1-1 研究逻辑图

第五节 研究方法与主要创新点及不足

一、研究方法

（一）文献研究法

文献研究是本研究的基础，本研究查阅了国内外文化产业国际化和“走出去”的相关文献，并结合已有文化产业的丰富研究成果，对大量文献资料进行了系统的整理、归纳和分析；同时，有目的、有计划地搜集了有关文化产业“走出去”历史状况及最新现状的材料，从实际中发现问题，从而得出规律性的认识。

(二）规范与实证相结合的方法

规范分析与实证分析作为经济学研究的两种基本方法，前者主要解决“应该怎样”的问题，而后者主要解决“是什么”的问题。国外文化产业的发展是一种普遍存在的经济现象，经过对各国发展状况的分析和论证，可以发现文化产业发展的普遍性联系和规律。本书在研究国内外文化产业国际化问题时，既进行了严密系统的规范分析，又通过具体数据和典型案例对国内外文化产业现状、运行机制及产业政策进行了实证分析。

(三）国际比较研究法

比较研究法是最基础和常用的方法之一。借助于比较方法，本书对国外文化产业国际化的发展历程及成功经验进行了系统的分析，从而为我国文化产业“走出去”发展战略提供了镜鉴和启示。

二、主要创新点及不足

本研究的创新之处主要体现在：从国际分工视角出发，并结合“走出去”、“软实力”、大国综合优势等相关理论，提出当前文化产业国际分工的本质是文化要素的全球配置。系统梳理了全球文化产业要素和产业现状、全球文化贸易和投资现状，并以大国综合优势理论为基础，总结我国文化要素结构，提出了我国文化产业发展的大国战略，以及文化产业“走出去”的产业布局和区域布局，并就文化产业“走出去”战略的实施提出了系统而具体的对策建议。

由于相关统计资料的缺乏，本书没有对文化产业“走出去”各行业展开分行业的细分研究；另外中国文化企业海外直接投资方面的资料太少，研究有待深化，期待未来能进行进一步的深入研究。

第二章

文化产业"走出去"相关理论基础及其对本研究的指导作用

第一节 国际分工理论及其对本研究的指导与运用

文化产业是社会分工发展到一定历史阶段的产物。文化产业的国际分工是整个国际分工的一个有机组成部分，国际分工的演化直接影响着文化产业的国际分工。① 从传统的比较优势理论到要素禀赋理论，再发展到当前的要素分工理论，国际分工日益深化。系统总结国际分工发展的历程，准确把握当前要素分工发展的趋势，对于我国文化产业积极参与国际分工，提升国家文化产业竞争力和软实力具有重要的理论价值。

一、国际分工理论回顾

从亚当·斯密的《国民财富的性质和原因的研究》（即《国富论》，1776 年出版）算起，国际分工理论经古典阶段、新古典阶段和新贸易理论阶段的演进，已有 200 余年历史，不同的历史阶段，国际贸易的发展也呈现出不同的特点。从亚当·斯密首次系统提出国际分工与贸易理论起到第二次世界大战前为传统国际贸易理论，包括贸易理论的古典阶段和新古典阶段，属于静态或比较静态的国际贸易理论，其假设前提是完全竞争市场，主要分析对象是产业间贸易。从第二次世界大战后至今是新贸易理论阶段，属于动态分析的现代国际贸易理论，其假设前提是不完全竞争市场。随着经济全球化的持续深入发展，特别是跨国公司急剧扩张带来的各类生产要素的全球流动和国际投资对国际贸易的影响日渐深远，当

① 冯子标，焦斌龙，等．文化产业运行论．北京：社会科学文献出版社，2010：51.

代国际贸易理论也在不断发展中适应变动不居的国际市场环境，直面层出不穷的各类新问题新挑战。

亚当·斯密认为，国际分工的基础是先天有利的自然禀赋或后天有利的生产条件，国与国之间进行分工的依据在于各国产品劳动生产率上存在绝对差异，各国按照自己绝对有利的条件进行分工与交换会使贸易双方获益。大卫·李嘉图（1817）继承了斯密对分工的认识，在其代表作《政治经济学及赋税原理》中提出了比较优势理论，他认为比较优势才是国际分工的依据，每个国家都应根据“两利相权取其重，两弊相权取其轻”的原则进行分工，集中生产并出口其具有比较优势的产品，进口其具有比较劣势的产品，从而通过互惠贸易获得利益。

当然，大卫·李嘉图的理论假设是建立在一系列抽离了现实经济环境的近乎苛刻的静态分析基础上，在市场完全竞争、生产要素在国内完全流动且在国际间不能流动、生产成本不变、没有运输费用、各国劳动同质化、不存在技术进步和经济发展等一系列假设基础上，只考虑了两个国家两种商品，与国际贸易实践的现实有很大差距，适用范围有限。20 世纪 30 年代，瑞典经济学家伯尔蒂尔·俄林在其出版的《地区间贸易和国际贸易》一书中提出了生产要素禀赋理论。亚当·斯密和大卫·李嘉图的贸易理论均以劳动价值论为理论基础，赫克歇尔—俄林模型拓展了这一基础：由于生产要素不能自由流动，因而要素价格的差异受要素禀赋丰裕程度差异决定；而在一定的技术条件下，要素价格直接导致了商品生产成本的国别差异。赫克歇尔—俄林的要素禀赋理论认为，国际分工的依据是要素禀赋差异。

从亚当·斯密的绝对优势论到大卫·李嘉图的比较优势论，再到赫克歇尔—俄林的要素禀赋论，比较优势理论形成了一个完整的体系，而其中至关重要的假设前提是各种生产要素在世界各国之间不能自由流动。而生产要素的不可流动性造成了各国生产不同产品时生产成本各异，国家间的分工和贸易成为平衡这种差异的唯一有效途径。各国根据国际分工生产各自拥有相对成本优势的产品，从而通过国际贸易增进各国福祉。然而，随着经济全球化的深入发展，商品和各类生产要素的自由流动日益便捷，从而使得比较成本优势不再为某一国所独享。假设某个国家劳动力资源充足而廉价，由于资本跨国流动的实现，外国企业可以进入该国投资建厂而充分利用其劳动力这一廉价资源，降低产品生产成本，获取竞争优势和更多利润。

二、要素分工理论的最新发展

“资产阶级开拓了世界市场，使一切国家的生产和消费都成了世界性的了。”应该说全球化源于资本来到世间所形成的巨大力量。但严格意义上的全球化始于 19 世纪末 20 世纪初，并在第二次世界大战后得到蓬勃发展。经济全球化浪潮的深入推进是20世纪下半个世纪世界经济格局变动的最重要体现。世界各国各地区藉由密切的经济交往与协调，通过经济上的相互联系与依存、相互渗透与扩张、相互竞争与制约发展到新的高度，从资源配置、生产、流通到消费各个方面，全球经济呈现出多层次和多形式的交织与融合，这一经济发展的态势、进程及趋势，称为“经济全球化”。[①] 从经济学原理上看，分工作为经济联系的基础，经济全球化的推进必然与国际分工深化相伴，是国际分工不断深化的必然结果。传统的国际分工，分工的边界是产业，是产业部门之间的分工，即工业制成品生产国与初级产品生产国之间的分工，以及各国不同工业部门之间的分工。第二次世界大战后，以产品为界限的国际分工，即产业间国际分工是国际分工的主要形式。发达国家与发展中国家之间呈现出“垂直水平型”的分工格局，即发达国家一方面维护传统国际分工，另一方面扩大和发展有利于自己的水平型国际分工，集中发展资本、技术和知识密集型行业，而将劳动密集型、资源密集型行业转移至发展中国家。20世纪90年代以来，随着市场经济体制在全球范围的广泛扩展、互联网科技的兴起和WTO推动的贸易投资的频繁开展，特别是随着跨国公司的崛起，以资本和技术要素为代表的各类要素的流动性不断增强，交易成本的降低和市场规模的扩大，使得价值链上的各项生产活动和功能性活动随着各国间专业化分工进一步深化成为可能。之前以比较成本和要素禀赋为基础的国际产品间分工和贸易让位于以要素可流动为基础的产业内贸易、垂直专业化贸易和公司内贸易，从而，国际分工形式呈现从产品分工向要素分工发展的新趋势。国际分工越来越表现为以生产要素为边界的相同产业不同产品之间和相同产品内不同工序不同增值环节之间的多个层次的分工，也即价值链上具有劳动要素密集、资本要素密集、技术要素密集或其他要素密集性质的各个环节之间的分工。当前要素分工的实质是跨国公司在全球范围内的资源整合。随着国际贸易和国际投资一体化的深入发展，竞争日益具有全球性意义。企业要想在激烈的竞争中求得生存和发展，必须将竞争的关口移向世界，面向全球市场和全球要素，提升整合各类要素资源和战略资产的协同能力。

从一定意义上来说，一国国际分工地位和国际竞争优势的决定性因素在于生产要素基础。改革开放35年来，中国将其丰富的劳动力资源与发达国家的先进技术、管理知识和资本结合成为当今世界国际分工体系的典型。应该说当下的中国是全球“要素分工”的成功实践者，在总结实践探索的过程中国学界也涌现出了丰富的理论成果。

---

① 伍贻康，黄烨菁．经济全球化和世界多极化．世界经济与政治，1998（12）：5.

江小涓（2002、2008）[①] 多次阐述了生产要素禀赋及结构对参与国际分工和促进国内经济发展作用的思想，提出中国原有比较优势正在发生改变，中国应在开放中组合全球资源，提高全要素生产率；引进短缺的自然资源，提高国内要素的匹配程度；"走出去"配置资源，提高要素收益；吸纳海外人力资源，提高劳动生产率等观点。

卢锋（2004）认为，与历史时期的以产品为基本对象的国际分工形态不同，当代国际分工呈现出一个显著的特征，即许多产品生产过程所包含的不同工序与区段被拆散之后，在空间上可以分布和展开到不同国家和地区去进行，从而形成了以工序、区段和环节为对象的新的分工体系。卢锋提出，产品内分工为发展中国家融入国际经济系统创造了一种新的切入点，即发展中国家可以在符合比较优势原理的基础上，参与某些制造业部门与产品生产的简单加工区段。此外，发展中国家还可以通过在产品内分工的供应链与价值链上攀升，拥有了持续成长的现实可能性。故而，处在产品内分工时代，积极合理利用全球化环境成为后进国家成功发展战略不可或缺的要素。[②]

张幼文（2002—2007）从不同维度深刻阐述了关于生产要素与国际分工地位、国际分工收益、对外开放战略调整等的关系。在《新棋局：参与全球经济的中国》一书中，张幼文（2002）[③] 指出，与贸易自由化的历史相比较而言，经济全球化最主要的特点是生产要素自由流动，因而，对经济全球化运行机制探索的基础在于对生产要素国际组合特点的把握。书中指出了经济全球化背景下的两种冲击：贸易自由化的国际竞争所具有的显性冲击和生产要素结构与要素流动带来的隐性冲击；并提出以要素为基础的国际利益分配由以要素为基础的国际分工体系所决定，由不同要素国际组合所形成的国际生产决定要实行以要素为基础的分配结构。张幼文在《论全球规划型发展战略》一文中指出，知识经济及其所催生的新的国际分工与经济全球化并行发展，因而对知识经济要素结构的分析也反映了全球化经济的要素稀缺性结构与利益分配格局。在全球化背景下必须提出"经济发展的全球要素规划"，这一发展战略要求以知识经济广义要素的思维为出发点规划国际要素的利用和引进，而非单一地考虑资本；不仅要规划利用国外要素，而且还要规划创造稀缺要素；在对本国劳动力要素的利用方面不能只将他们看作制造业和加工业的劳动力，而应从知识经济的结构特征上看待劳动力的新意义；不仅要立足于外部要素的引进，而且要在世界范围内对全球各种生产要素加以利用，尤其是本国稀缺的要素；发展战略的重点不应局限于利用外部要素，

---

① 江小涓．中国的外资经济：对增长结构升级和竞争力的贡献．北京：中国人民大学出版社，2002；江小涓．中国开放30年：增长、结构与体制变迁．北京：人民出版社，2008.

② 卢锋．产品内分工．经济学（季刊），2004（1）：78-80.

③ 张幼文．新棋局：参与全球经济的中国．上海：上海远东出版社，2002：1-74.

而且应重视创造自身缺乏的知识经济要素。同时强调，"全球规划型发展战略"是一种建立在全球化经济结构及趋势上的发展战略，该战略致力于改变本国在全球化经济与知识经济中所处的要素弱势地位，从而实现更有利的发展与增长。它有别于进口替代战略，即以建立本国工业体系，实现本国工业化为基本目标，而不是深化国际分工参与度的内向型发展战略；也有别于出口导向战略，即以建立具有比较优势的产业来拉动发展与增长为目标、以吸收外部要素在本国发展为特征、把外部仅仅作为销售市场和稀缺要素来源的外向型发展战略。[①] 在《知识经济的生产要素及其国际分布》一文中，张幼文认识到生产要素对一国国际分工地位的重要意义，并提出在国际分工体系中获得主导地位的国家拥有代表先进生产力的生产要素。该论点的意义在于它指出了一国要改变其在国际经济体系中的地位，取决于对代表这一时代先进生产力的生产要素的拥有和掌握程度，该论点能够成为国家经济战略的基本出发点。文章揭示了经济全球化使国际竞争具有了三个新的特点：即从空间范围看，竞争已从国内转向国际，并且彻底在全球范围展开，全球大市场和全球经济成为新的竞争空间；从竞争内容看，是要素竞争，具体包括创造与形成要素优势的竞争、要素争夺的竞争以及要素配置方式的竞争等；从竞争战略看，是国家间的竞争，本质上则是制度的竞争，而不仅仅是企业间的竞争。文章最后提出了在经济发展中的要素规划，要形成要素动态富裕，国家应该实行"全球规划型发展战略"，企业则应该实行"全球组合型经营战略"。[②] 在《从廉价劳动力优势到稀缺要素优势——论"新开放观"的理论基础》一文中，张幼文认为，我国"发挥廉价劳动力比较优势"战略具有局限性，不能将其作为国家长期和全局的发展战略。我们不能机械地直接引用西方国际贸易与投资理论作为我们的对外开放理论，因为这些理论均为一定国家一定历史条件下的产物，难以直接适用于当前经济全球化背景下要素充分流动的中国。由于全球化经济利益分配由要素流动及其稀缺性决定，培育稀缺优势要素应成为我国发展战略的重点。在稀缺要素培育过程中，应确立制度竞争的基本理念，创造有效的服务企业成长的体制环境，促进集群成长的制度环境，从而形成稀缺要素的成长环境。应转换基于比较优势与要素优势的传统思维，建立基于要素可培育性和流动性基础上的稀缺要素发展思维。[③] 在《要素集聚与中国在世界经济中的地位》一文中张幼文提出了"要素集聚"概念，并指出当代世界经济条件下，三种类型的国家核心能力是要素集聚能力、购买能力和创新能力。总体而言中国拥有前面的一个半。因而，中国应扩大需求以增强进口能力，推进改革以形成体制与

---

① 张幼文．论全球规划型发展战略．国际贸易问题，2002（11）：1-4.

② 张幼文．知识经济的生产要素及其国际分布．中国工业经济，2002（8）：51-58.

③ 张幼文．从廉价劳动力优势到稀缺要素优势——论新开放观的理论基础．南开学报：哲学社会科学版，2005（6）：1-8.

技术创新能力。同时，还应培育自身的高级要素，以实现更高水平的要素集聚。①

张二震、方勇（2005）将同一产品内的不同工序的国际分工现象明确归纳为“要素分工”。他们指出，相比产品内分工概念，要素分工概念是当代分工状态的形象归纳，概括了产品工序分工的本质原因。要素分工在反映贸易利益的内涵上似乎更具优势。国际分工不断深化的必然结果是经济全球化的发展。当代经济全球化发展呈现了诸多新特征，其内在动因是当代国际分工形式发生了深刻变化，正在从产品分工向要素分工发展。在要素分工这一新形式中，决定现在和未来中国在国际分工交换中所获利益的是参与了哪种层次的国际分工，是以哪种层次的要素参与国际分工，对整个价值链有多大控制能力，而不再是取决于进口和出口什么。中国必须适应要素分工的新环境，制定合适的发展战略。②

代中强、梁俊伟（2007）指出跨国公司主导的要素分工模式的发展要求我们把国家贸易利益与跨国公司贸易利益区别对待。由此，考虑贸易利益时，应考虑三方不同主体：其一，跨国公司贸易利益。跨国公司开展跨国投资，运用东道国充裕的适合产品工序发展的劳动力等资源，追求公司利益最大化。因而，跨国公司贸易利益主要表现在借助要素分工进行低成本大规模生产，取得规模经济与技术进步。其二，母国贸易利益。在要素分工环境下，母国贸易利益主要表现为跨国公司竞争力的提升及资本、技术等要素收益的部分汇回。其三，东道国贸易利益。这一贸易利益不仅表现在劳动等参与分工要素的报酬增长、劳动要素的熟练程度提高，更为重要的一点是，跨国公司在当地生产贸易所带来的外部性，即对东道国产业或企业的技术外溢效应，东道国整个产业和关联产业均有藉此实现技术进步的可能。作为最大的吸引外资的发展中国家，我国如何扩大要素分工中东道国的贸易利益显得愈发重要。③

林玲、余娟娟（2012）指出，自从20世纪以来，国际分工表现出两个显著的特征：其一，同一产品的生产过程不再囿于某一国家内部，而是被拆分到世界多国实施协同性生产，从而导致了全球生产网络的形成以及中间产品贸易比重的急剧增加；其二，参与分工的要素内涵得到了空前的拓展，不再局限于劳动力、资本等传统生产要素，而是涵盖了技术、知识销售渠道、信息等新型要素的广义集合。基于上述两个特征，他们提出了“要素分工”的概念，即要素流动条件下，同一产品生产过程的所有工序和区段被拆分到具有不同要素优势的国家进行协同性生产的现象。④

王庭东（2013）提出，中国要素集聚战略发展的第一阶段为改革开放至

---

① 张幼文．要素集聚与中国在世界经济中的地位．学术月刊，2007（3）：74-82.

② 张二震，方勇．要素分工与中国开放战略的选择．南开学报：哲学社会科学版，2005（6）：9-15.

③ 代中强，梁俊伟．分工与贸易利益：理论演进与中国经验．当代财经，2007（9）：104-108.

④ 林玲，余娟娟．全球要素分工与中国出口贸易利益研究．国际经贸探索，2012（6）：36-45.

2008年国际金融危机爆发，主要以承接发达国家外包和接受FDI（外商直接投资）为主。而新兴科技革命及国际金融危机爆发后美欧等发达国家实施的制造业再回归战略，在对中国传统的要素集聚模式构成挑战的同时，这些发达国家兴起的“内包”业也为中国企业进一步“走出去”对外进行投资和兼并活动提供了条件。对外直接投资将是后金融危机时期中国获得发展所需稀缺要素的重要途径，无论是从规模上还是从质量上而言，均非国际金融危机前所能比拟，这一阶段是传统要素集聚战略的升级和高端稀缺要素集聚、实现跨越式发展的捷径，可被视为要素集聚战略的第二阶段。①

通过上述研究成果的梳理，我们可以得出这一结论，即生产要素全球化已经成为经济全球化的本质。当前，要素分工理论对我国文化产业“走出去”战略的实施具有重要的理论价值和实践指导意义。在文化产业发展中，我国必须顺应文化生产要素全球化的新趋势，主动实施人文资源、人力资源、金融资本、科技研发等方面的国际战略，增强文化产业和文化企业的全球联动，延伸国内文化要素的全球联系，创造文化产业要素市场化和国际化的发展环境。

第二节 “走出去”理论及其对本研究的指导与运用

“走出去”战略思想与理论是在对我国开放型经济体制建设规律的深入认识过程中孕育和发展起来的。在改革开放初期，邓小平同志就提出了对外开放的思想，并在党的十一届三中全会上明确提出：在自力更生基础上，积极发展同世界各国平等互利的经济合作。邓小平同志还指出，“经验证明，关起门来搞建设是不可能成功的，中国的发展离不开世界”。应该说，邓小平同志的对外开放思想，是我国“走出去”战略的最初理论基础，为我国企业拓展国际视野，大胆走向世界创造了良好的理论支撑和实践指导。

江泽民同志在党的十四大报告中提出，“积极扩大我国企业的对外投资和跨国经营”，并在十五大报告中进一步明确提出：“更好地利用国内国际两个市场、两种资源，积极参与区域经济合作和全球多边贸易体制，鼓励能够发挥我国比较优势的对外投资。”1997年全国外资工作会议上，江泽民同志进一步提出：“我们不仅要积极吸引外国企业到中国来投资办厂，也要积极引导和组织国内有实力的企业走出去，到国外投资办厂，利用当地的市场和资源。‘引进来’和‘走出去’是我们对外开放方针的两个紧密联系、相互促进方面，缺一不可。”随后，

① 王庭东．新科技革命、美欧“再工业化”与中国要素集聚模式嬗变．世界经济研究，2013（6）：3-8.

2000 年 2 月在广东省考察工作时又提出：“当今世界经济的发展，要求我们必须勇于和善于参与经济全球化的竞争，充分利用好国外和国内两种资源、两个市场。随着我国经济水平的提高和现代化建设的推进，我们必须加快实施‘走出去’战略”，“这个战略实施好了，对增强我国经济发展的动力和后劲，促进我国的长远发展，具有极为重大的意义”。此时，“走出去”战略作为一项国家发展战略已经形成。

在 2001 年的《国民经济和社会发展第十个五年计划纲要》中指出：“支持有实力的企业跨国经营，实现国际化发展。健全对境外投资的服务体系，在金融、保险、外汇、财税、人才、法律、信息服务、出入境管理等方面，为实施‘走出去’战略创造条件。完善境外投资企业的法人治理结构和内部约束机制，规范对外投资的监管。”这些具体政策建议为“走出去”战略的具体实施提供了路径和方向。2003 年党的十六届三中全会通过的《关于完善社会主义市场经济体制的若干重大问题的决定》进一步明确了“走出去”战略的重大意义，提出：“‘走出去’战略是建成完善的社会主义市场经济体制和更具活力、更加开放的经济体系的战略部署，是适应统筹国内发展与对外开放的要求的，有助于进一步解放和发展生产力，为经济发展和社会全面进步注入强大动力。”

2007 年，党的十七大报告明确提出：“坚持对外开放的基本国策，把‘引进来’和‘走出去’更好地结合起来，扩大开放领域，优化开放结构，提高开放质量，完善内外联动、互利共赢、安全高效的开放型经济体系，形成经济全球化条件下参与国际经济合作和竞争的新优势。”这标志着我国“走出去”与“引进来”的双向开放战略开始朝纵深方向发展。2010 年公布的《国民经济和社会发展第十二个五年规划纲要》提出：“统筹‘引进来’与‘走出去’，坚持‘引进来’与‘走出去’相结合，利用外资和对外投资并重，提高安全高效地利用两种资源、两个市场的能力。按照市场导向和企业自主决策原则，引导各类所有制企业有序开展境外投资合作。”2012 年，党的十八大报告进一步认识到了“走出去”的紧迫性，提出：“要加快走出去步伐，增强企业国际化经营能力，培育一批世界级的跨国公司。”

2013 年，党的十八届三中全会站在新的起点上，明确指出：“适应经济全球化新趋势，必须推动对内对外开放相互促进、引进来与走出去更好结合，促进国际国内要素有序自由流动、资源高效配置、市场深度融合，加快培育参与和引领国际经济合作竞争新优势，以开放促改革。”

回顾我国“走出去”战略产生的历史背景及战略内涵不断丰富的过程，我们可以看出，“走出去”战略是我国顺应经济全球化发展作出的自觉选择，是我国更好整合和利用全球要素资源的客观需要，是我国打造经济贸易升级版的有力举措，是我国培育大型跨国公司的有效路径，对于我国经济贸易“提质增效”

和可持续发展具有重大战略意义。文化产业作为国民经济的重要产业之一，在未来我国经济社会可持续发展中将发挥越来越重要的作用。以“走出去”战略理论为指导，对推进我国文化产业“走出去”具有非常强的针对性和指导性。

第三节 “软实力”理论及其对本研究的指导与运用

“软实力”的概念最初由美国哈佛大学教授约瑟夫·奈（Joseph Nye）在1990年出版的《美国定能领导世界吗》一书中提出。约瑟夫·奈认为，“软实力”主要包括文化吸引力、政治价值观吸引力以及塑造国际规则和决定政治议题的能力。[①] 在2004年出版的《软力量：世界政坛成功之道》一书中，约瑟夫·奈认为：对于硬实力，大家人所共知。军事和经济力量常常能改变他人的立场。硬实力依赖激励（“胡萝卜”）或威胁（“大棒”）。但有时无需借助有形的威胁或付出就可以实现可欲结果。这种实现可欲结果的间接方式有时被称之为“力量的另一张脸”。在国际政坛上，一国可以藉由其他国家之追逐——崇拜其价值，效法其发展模式，追求其繁荣开放之水平——而实现其战略诉求。因此，在世界政坛上将吸引他国提上议程同样具有重大意义，而不仅仅是通过军事力量或经济制裁去改变他国。政治领袖深谙权力源自吸引。如果能让对方从己之所欲，自然不必诉诸“胡萝卜”或“大棒”。然而在权威主义国家，领导人能动用强制力和发布命令，民主国家的领导必须更多依赖于激励与吸引的结合。软实力是日常民主政治的主题。确立偏好的能力常常与诸如具有吸引力的个性、文化、政治价值和制度，以及具有合法性或道德权威的政策之类的无形资产紧密相连。如果领导人具有他人愿意遵从的价值理念，领导成本就会大大减少。“软实力”不仅仅是影响力，毕竟，影响力同样可以依凭包含威胁或报酬在内的硬实力达至。“软实力”也不仅仅是说服或通过议论而感动他人，尽管这是“软实力”的重要组成部分。“软实力”是一种吸引的能力，而吸引常常能导致默从和认同。简而言之，从行为方面而言，“软实力”是一种吸引的力量；从来源角度看，“软实力”源于产生这种吸引力的各种资产。在约瑟夫·奈看来，一国软实力主要来自三种资源：文化（在对他国具有吸引力的地方起作用）、政治价值观（在国内外都能实践这些价值观时）以及外交政策（当政策被视为具有合法性与道德权威时）。[②]

国内学界对“软实力”观念的研究，始于王沪宁的《作为国家实力的文化：软权力》一文。王沪宁认为，把文化看作一种“软权力”，是当今国际政治中的

---

① ［美］约瑟夫·奈．美国定能领导世界吗？．北京：军事译文出版社，1992.

② Joseph S. Nye, Jr. Soft Power: the Means to Success in World Politics, Publicaffairs, 2004, pp. 5-11.

崭新观念。人们已经把政治体系、民族士气、民族文化、经济体制、历史发展、科学技术、意识形态等因素看作是构成国家权力的属性。实际上这些因素的发散性力量正使“软权力”具有国家关系中的权力属性。总的“软权力”态势对谁有利，谁在国际社会中就占据有利地位。目前影响国际“软权力”势能的因素是工业主义、科学主义、民主主义和民族主义。“软权力”的力量来自扩散性，只有当一种文化广泛传播时，“软权力”才会产生强大的力量。① 庞中英（1997）在对约瑟夫·奈的《注定领导：美国权力性质的变迁》一书进行评述时，认为软力量可与中国古代伟大军事战略家孙武的“不战而屈人”、“兵不顿而利可全”的力量相提并论，是一国对自己拥有的非直接经济力量和军事力量等软资源的开发、使用和传播能力，借以在国际关系中游刃有余，达到实质力量达不到的目标。中国在发展经济的同时，最主要的是要建设适应当今时代的软力量，将我们的文化和价值观传播给世界，让世界更加了解和更加向往中国。②

在全球化深入发展的当今时代，大多数国家在继续发展经济、科技与军事实力的同时，更加重视提升本国的“软实力”建设。文化“软实力”的作用日益突出，已经成为衡量一个国家综合国力的重要组成部分和社会可持续发展的深层动力。“软实力”理论，要求我国全面看待文化作为一种客观存在的力量，已经渗透到整个国家经济社会发展的各个领域。只有占据文化发展的制高点，才能拥有了强大的文化软实力，才能够在激烈的国际竞争中赢得主动权。“软实力”理论对于我们正确认识文化的价值和作用，大力推进文化强国建设历程，主动实施文化产业“走出去”战略具有重要的理论价值和现实指导意义。

第四节 “大国综合优势”理论③及其对本研究的指导与运用

对于“大国”概念的界定，因学科视角和研究目的不同而大相径庭。通常而言，关于“大国”主要有以下几种解释：一是从诸如人口规模、国土面积、国民生产总值等单项或多项统计指标来看，总量较大（见表2-1）。如西蒙·库兹涅兹（1971）在《各国的经济增长》一书中，以1 000万人口作为分界线将国家分为大小两类；钱纳里（1975）在《发展的格局：1950—1970》一书中，将大国定义为人口在2 000万以上的国家。张李节（2007）认为大国是人口超过1亿、国土面积超过100万平方公里的国家。童友好（1999）认为大国的概念具有

① 王沪宁．作为国家实力的文化：软权力．复旦学报：社会科学版，1993（3）：91-96.

② 庞中英．国际关系中的软力量及其它—评美国学者约瑟夫·奈的〈注定领导〉．战略与管理，1997（2）：49-52.

③ “大国综合优势”理论部分主要参考了欧阳峣教授的专著《大国综合优势》及相关学术论文。

综合性，大国是指地域辽阔、资源丰富、人口众多、国内市场巨大、工业部门体系齐全、总经济规模较大、对世界经济有相当影响力的国家。二是政治、文化、外交等影响力和软实力比较强。这方面缺乏可量化的硬性指标。但相对比较公认的有美国、英国、法国、俄罗斯、中国等5个联合国常任理事国。此外，还有德国、日本、巴西、加拿大、意大利、印度、南非等国。三是从某个行业或产品看，世界占比比较高。如，瑞士以钟表60%的全球占比被称之为钟表大国；韩国以造船项目订单量35%的全球占比被称之为造船大国；巴拿马以商船总吨位21.1%的全球占比重，成为世界第一水上运输大国等。四是依据经济学原理界定“大国”定义。如郑捷（2007）指出，经济学意义上，一个国家如果不是“价格”的被动接受者（Price Taker），而能够成为某种“国际市场”中“价格”的制定者（Price Maker），则这个国家即可被称作“大国”或某个方面的“大国”。欧阳峣（2011）将“大国”定义为：世界范围内同时兼具幅员辽阔、人口众多、国内市场巨大、资源总量丰富的条件，并能成为国际市场上某些产品价格制定者的享有主权利益的国家。①

表 2-1　　　　国土面积、人口、GDP 前 10 位国家

排序	国家	国土面积（万平方公里）	国家	人口总量（2012 年）万人	国家	GDP（2012 年）亿美元
1	俄罗斯联邦	1 708	中国	135 070	美国	162 446
2	加拿大	999	印度	123 669	中国	82 271
3	美国	963	美国	31 391	日本	59 597
4	中国	960	印度尼西亚	24 686	德国	34 281
5	巴西	851	巴西	19 866	法国	26 129
6	澳大利亚	774	巴基斯坦	17 916	英国	24 718
7	印度	329	尼日利亚	16 883	巴西	22 527
8	阿根廷	278	孟加拉国	15 470	俄罗斯联邦	20 148
9	哈萨克斯坦	272	俄罗斯联邦	14 353	意大利	20 147
10	阿尔及利亚	238	日本	12 756	印度	18 417

注：a. 美元为现价美元

b. 数据均来自世界银行：http：//data. worldbank. org. cn/frontpage

① 欧阳峣．大国综合优势．上海：格致出版社、上海三联书店、上海人民出版社，2011：45-48.

欧阳峣关于“大国”的定义采用了国家幅员、人口规模、资源藏量和国内市场四个易于量化或排序的条件，这四个条件既是大国与其他一般国家最明确的区别，也是大国之间的最大共同点，基于这四个条件的“大国”定义具有较强的解释力。由于幅员广阔、人口众多、国内市场巨大和资源总量丰富等几大条件对大国经济发展具有重要影响，大国具有如下基本特征：①

第一，国民经济体系具有相对完整性。国土广袤、资源丰富、人口众多、国内市场巨大为大国构建门类齐全且相对独立的国民经济体系创造了包括物质资源、人力资源和市场空间在内的必要条件，并能保证其正常运转。具体来说，大国幅员广阔，其经济活动与产业布局空间很大；大国包括自然资源和人力资源等在内的资源富庶，拥有某些成本相对较低的生产要素；大国巨大的国内市场，有助于分工演进与专业化生产。因而，相比其他国家，大国常常能更加充分利用本国比较优势和规模经济优势，构建起相对完整且独立的国民经济体系。

第二，经济发展呈现非均衡性。大国幅员辽阔，各地区的区位和资源人口分布等都存在很大差异，区域间的经济发展水平差距较大，相比其他国家而言，经济发展的非均衡性特征更为明显。

第三，与世界经济之间影响呈现双向性。尽管世界经济形势变化对任何国家经济都会产生冲击，但与小国往往只能被动承受来自外部世界经济波动冲击不同，大国经济发展会反过来对世界经济产生重大的影响，即大国经济与世界经济之间存在一种双向性的影响。大国拥有庞大的经济总量、齐全的产品种类、巨大的产品供应量及国内市场，所以能对某些国际市场产品以至于原材料的价格施加重大影响，同时大国在国际上基于政治和军事地位等的连带关系也会使大国对世界经济造成较大影响力。

第四，经济发展具有相对稳定性。大国拥有广袤的国土面积、众多的人口、丰富的资源、相对完整和独立的国民经济体系、巨大的国内市场，从而能够建立起经济发展的内部循环系统，使自我调节能力以及抵御各种风险和世界经济波动冲击的能力增强，保证经济的相对稳定发展。经济稳定发展反过来又能使大国积累起巨额的资金，从而进一步增强抗击诸如自然灾害和国际金融危机等较大内外部冲击的能力。

大国经济有着其自身的特点及规律，并呈现出一种推动经济增长的大国效应，具体体现在由巨大市场潜力所形成的国内需求拉动经济增长的效应；由巨大资源总量所形成的国内要素促进经济增长的效应；由庞大经济规模形成的深化国内产业分工程度的效应；由产品多样性形成的提升对外贸易比较优势的效应；由区域差异性形成的推动区域经济较快增长的效应；由经济完整性形成的维持国民

① 欧阳峣．大国综合优势．上海：格致出版社、上海三联书店、上海人民出版社，2011：45-48.

经济稳定发展的效应。

“大国综合优势”是指基于“大国”特征及“多元”特征所形成的一种特殊优势，它是通过整合转型时期后发大国的各种有利资源而形成的集发展中国家优势与发达国家优势于一体的综合优势。基于中国特殊国情而提出的“大国综合优势”，主要表现为“大国”与“转型”的优势：中国经济技术发展的不平衡，使得有些地区或部门适用劳动力资源优势与技术优势，有些地区或部门则适用资本优势与高新技术优势；中国处于经济转型的时期，不同地区或部门转型的进程也不平衡，有些地区或部门具有发展中国家优势，有些地区或部门已具有发达国家的某些优势。对各种不同优势进行科学合理的优化组合，能够形成一种增强国家经济竞争力的积极因素的集合体，即“大国综合优势”。

影响大国综合优势的重要因素包括要素禀赋、经济规模、市场容量以及技术水平和人力资本的适应性、经济部门的完整性、区域经济的互补性等。大国综合优势并非源于单个要素，更为重要的是多种因素综合而成的集成效应。如，要素禀赋的规模特征能促成规模经济优势，技术和人力资本的多元特征能培育规模经济优势和适应性优势，区域差异性能形成互补性优势，国内和国外两个循环系统能培育稳定性优势。提出“大国综合优势”有助于我们跳出比较优势和竞争优势的思维框架与桎梏，基于系统论的视角，在更为广阔的领域探究大国经济发展的特有优势。

“大国综合优势”的形成主要基于由“大”而形成的规模与分工优势、异质性与适应性优势、差异性与互补性优势以及独立性与稳定性优势。相应地，与大国经济发展特征相适应的经济发展战略，主要包括立足于规模性基础上的产业整体推进战略，立足于差异性基础上的区域协调发展战略，立足于内生性基础上的内外循环战略，立足于自主性基础上的积极进取战略。另外，大国经济增长具有阶段性，大国综合优势理论并不否定比较优势战略的适宜性，认为在数量型经济增长阶段，比较优势仍具有适宜性；但到了质量型经济增长阶段，比较优势战略则不适宜。在从数量型经济增长阶段向质量型经济增长阶段的转型时期，应积极研究经济发展战略的转型。

裴长洪、郑文（2011）在其《国家特定优势：国际投资理论的补充解释》一文中提出，“母国是一国企业对外投资的基石，它在国民收入水平、服务业发展水平等方面提供基础性条件；母国不同的发展条件，造就了各自的行业优势、规模优势、区位优势、组织优势及其他特定优势、形成企业优势的重要外部来源、对本国企业参与对外投资具有显著意义。”对外投资的母国优势来自两个方面：一是母国行业优势，二是母国规模优势。后者主要体现在：大国经济平稳性更强，能为本国企业抵御较强的国际冲击，大国也具有人力资源优势和资本优势以及多层次的技术体系，大国企业更容易实现内部规模经济和外部规模经济。文章通过实证分析得出结论：“各国对外投资的稳定展开，需要相近的服务业发展水平作为起步条件；对外投资规模的进一步稳定扩大，则需要服务业发展水平的同步提升”。①

上述关于“大国”概念、特征、效应及大国综合优势理论的讨论，对本研究关于中国文化大国相应问题的探讨具有重要的启示。本研究认为，文化大国为世界范围内兼具幅员辽阔、文化人才众多、国内文化市场巨大、文化要素资源总量丰富或全球文化要素整合能力条件突出，并能成为国际文化市场上某些文化产品价格制定者，具有较大文化影响力和文化软实力的主权国家。中国作为文化大国具有如下特征：文化产业行业种类较为齐全、规模宏大，文化产业人才储备丰富，国内文化市场巨大，文化要素资源特别是传统人文资源非常丰富，文化影响力和文化软实力日益提升；同时，我国文化产业发展呈现出地区发展和城乡发展的极度失衡，文化产业国际竞争力总体实力不强、议价权弱，文化贸易水平不高等。文化产业发展必须立足于大国效应，充分发挥由文化市场潜力大所形成的国内文化需求拉动文化产业发展的效应；由文化资源总量大所形成的国内文化要素推动文化产业发展的效应；由文化产业规模大形成的加深国内文化产业分工程度的效应；由文化产品多样性形成的增强对外文化贸易比较优势的效应；由文化产业发展水平区域差异性形成的促进区域文化产业较快发展的效应；由文化产业完整性形成的保持国家文化产业稳定发展的效应。

人类社会发展遵循不以人的主观意志为转移的客观规律，大国的经济发展也不例外。大国综合优势理论关于大国优势和战略的系统原理，对我们更好地把握大国综合优势的形成路径，促进产业升级和经济增长的机理以及提高我国经济竞争力的战略选择具有重要的理论指导意义。大国综合优势理论具有很强的针对性和适应性，对我国文化产业发展及文化产业“走出去”战略的选择具有重要的理论启示和指导意义。

① 裴长洪，郑文．国家特定优势：国际投资理论的补充解释．经济研究，2011（11）．

第三章

文化产业国际分工的发展现状与特点

第一节　文化产业全球化发展影响因素分析

随着经济全球化和服务经济深入发展，体现在产品和服务中的文化也随着全球化而在全球传播；知识经济和创意经济的崛起，让文化的重要性不断提升，无论是发达国家还是发展中国家都越来越重视挖掘自身的文化优势，并利用自身的文化资源优势参与全球产业链和全球竞争；科技的发展和信息技术的应用使得文化在全球的传播更加便利，也使得文化相关产品和服务可以通过更加便捷的方式传递，而在大数据时代，文化消费和需求也更加容易被识别出来；如同其他产业一样，文化产业的跨国公司大规模兴起，带动了文化产业要素分工的进一步发展，通过全球价值链和服务外包等方式，促使文化产业要素分工向纵深发展。

一、文化产业全球化是经济全球化和服务经济深入发展的必然趋势

随着经济全球和服务经济的深入发展，作为服务经济重要组成部分的文化产业也迎来了快速发展时期。经济全球化加快了文化的国际传播，也促进了文化产品和服务的贸易和投资；而服务经济持续深入发展则进一步深化了服务领域的国际分工，同时更加突出了创意的重要性，文化资源的价值也因而受到更多重视，主要经济体都致力于利用自身的文化资源来参与全球价值链和全球竞争，这也进一步促使了文化产业要素国际分工局面的形成。

（一）经济全球化促进了文化的跨域需求和国际传播

经济全球化不仅通过贸易和投资使得商品和服务在全球流动，也使得资本、人员、信息、技术等生产要素在全球流动，全球经济通过国际贸易、国际投资、资本流动、技术转移等各种方式形成了一个相互依赖、相互联系的有机整体。伴

随着经济全球化，文化的全球传播速度也越来越快，一方面体现在产品和服务中的文化和价值观随着产品和服务在全球流动，另一方面体现在国际贸易和投资的全球化所带来的跨文化需求。

文化在国际间的快速传播，一方面源自伴随产品和服务、贸易和投资的文化被动传递，另一方面是为了更好地跨文化交流而对不同文化的需求不断增加。产品和服务，特别是一些特色产品和服务经常会体现一定的文化内涵，产品和服务的国际流动就会带动隐含其中的文化的国际流动，出口国为了更好地销售产品和服务，会通过文化的宣传来带动其产品和服务的出口；同样，作为进口方，在引进和消费这些产品和服务的同时，就会进一步了解这样的文化，这一贸易过程就隐含着文化的国际传播。

由于不同的文化有不同的特点，当开展国际贸易和投资时，也会存在不同文化之间的差异所带来的问题，例如不同语言、不同偏好、不同做事方式等存在的差异，会对贸易和投资的正常进行带来障碍，认真对待不同文化的冲突和融合，开展跨文化交流成为全球化必须要面对和解决的问题。在这种情况下，为了更好地开展国际贸易和投资，对不同文化的了解和理解就成为一种需求，相应对文化产品和服务的需求也会不断增加，这又会进一步促进文化的国际传播。

（二）经济全球化加快了国际文化贸易和投资的发展

文化产业总体说来可以分为以下几类：一是与文化密切相关的产品，包括图书、报刊、影视、音像制品等，这是文化传播的重要载体，无论是国际贸易还是投资，无论是产品、服务、资本、技术、人员等的国际流动，都需要了解相关语言和文化；二是与文化相关的服务，如演艺、娱乐、人文旅游等。当前文化产品和服务越来越多地交叉在一起，以电影为例，除了有电影制作、电影播映、电影相关的音像制品、图书等相关产品的销售，还有相关演员的演出、相关产品的销售等。如迪斯尼的动画片除了有图书、音像制品，还有大量的玩具、游乐园、开发出相应的游戏等，文化产品和服务结合在一起，文化产业价值链应运而生。随着全球化的发展，文化产品和服务的供给也越来越全球化。一个国家拥有的文化资源会被其他国家拿来进行再创作，或者研发新的产品和服务，也就是说，文化产业价值链已经越来越全球化，例如，迪斯尼将中国的“花木兰”改编为电影，并在全球上映。迪斯尼的动画片在美国制作，但是相关玩具在中国生产。全球化在推动文化产业发展的同时，也进一步促进了国际文化贸易和投资的发展。

（三）服务经济深入发展促使文化产业要素分工日益细化

服务经济的持续深入发展使得服务领域的国际分工进一步深化，服务提供者在自己的领域内提供越来越细致的服务，也促进了服务业要素分工的细化。文化产业作为服务业的重要组成部分，其要素分工也随着这种国际分工的深化而不断发展。以动漫制作为例，故事原型或者游戏创意来自一家企业，设计开发相关的漫画或者游戏来自另一家企业，具体程序的编写可能来自第三家企业，相关玩具或制品的制造又会来自不同国家或者企业。在文化产品和服务的生产和提供过程中，越来越多的相关方参与其中，不同国家的不同企业根据自身优势资源参与其中，也使得文化产业要素分工进一步细化。

（四）服务经济深入发展重塑文化产业要素国际分工格局

随着全球经济的发展，人们收入的不断提升，也带来了消费水平的提升，除了生活必需的产品和服务外，对文化服务的消费需求也在不断增加，其中特别是文化活动和产品方面的消费在不断增加。同样，越来越多的企业和个人参与到这种服务的提供中，服务竞争增加，创意就更显得重要了。各国都会利用自身的要素优势参与到这一国际分工之中，比如有人文资源的会更加重视人文旅游和开发，计算机人才富裕的国家会更多参与到软件开发和程序设计环节，等等。此外，随着文化消费的不断增长，也会有越来越多的企业通过创意设计，使其产品承载更多文化功能和体验，与此相对应的，传统广告、设计、装潢等服务业也会承接更多文化服务内容，文化消费和文化旅游等也会受到越来越多的重视，这些都影响着文化产业要素国际分工格局的形成。

二、知识经济与创意经济的迅速崛起为文化产业全球化发展提供了内容支撑

知识经济与创意经济的快速崛起，是文化产业快速发展的基础支撑和创意源泉，也是当前文化产业可持续发展的不竭动力。

（一）知识经济的快速发展使得文化的重要性日益提升

知识和技术一直以来是经济增长的重要动力和来源，根据新经济增长理论，知识积累、技术进步以及人力资本的提升是经济增长的来源；而根据熊彼特的经济发展理论，创新也是经济发展的内在动力。经济合作与发展组织（OECD）1996年年度报告《以知识为基础的经济》首次指出："知识经济是建立在知识和信息的生产、分配和使用之上的经济。"就经济形态而言，知识经济社会与人类已经出现过的农业社会和工业社会两种社会形态相比，在交往手段、产业结构、自然资源及人力资源等方面有着完全不同的性质[①]（见表3-1）。知识经济自正式提出以来，发展迅速，进入21世纪以来更是快速崛起，并成为发达国家经济发展的重要支柱。作为知识经济的重要基础，知识的重要性受到更多的重视，与之相伴的文化的传播和使用也日益重要，这都促进了文化产业的发展。

① 王国荣．信息化与文化产业．上海：上海文化出版社，2005：20.

表 3-1 知识经济基本特征示意表

类别	农业社会 工业社会	知识经济社会
交往手段	物流经济	信息经济
产业结构	农业经济 工业经济	高科技经济
自然资源	难以持续发展的经济	可持续发展经济
人力资源	劳力经济	智力经济

OECD 关于知识经济的报告进一步引发了各国对知识经济的关注和重视，知识经济的理念在全球进一步推广，并在不同国家呈现出不同的侧重点，但无论哪个国家，都非常重视知识的创造、传播和使用，重视信息技术的应用，重视创新。作为以知识为基础的经济，离不开知识的载体——人和技术，离不开人力资本的提升和科技进步，而人力资本的提升又离不开文化、教育和培训等，而科技进步又离不开研究发明。可以说，高素质的人力资源和知识技术是知识经济的最重要资源，文化、教育和研发是知识经济的先导产业；创新是知识经济发展的最主要动力；信息化是知识经济的重要途径和特点。从产业发展的角度看，在知识经济时代，文化相关产业成为重要支柱。同时，知识经济时代知识更新速度也在不断加快，无论是企业还是个人要跟上时代的步伐，就需要终生学习，这也使得受教育和学习成为更加重要的事情，与之相伴的文化相关产业也必然会有更大的需求。随着知识经济的发展，文化的重要性日益突出，知识的复制、传播和应用越来越多地融入到经济发展的各个层面，与之相伴的文化生产和服务活动也越来越多。

（二）创意经济被联合国机构认可为一种新的发展范式

创意经济是基于知识经济而发展起来的一个概念，基于知识经济的创意经济更加聚焦文化相关产业并迅速崛起。2008 年，联合国贸发会议（UNCTAD）和联合国开发计划署（UNDP）南南合作局共同发布了《2008 创意经济报告——创意经济评估的挑战：面向科学合理的决策》，该报告同时还有联合国教科文组织（UNESCO）、世界知识产权组织（WIPO）以及国际贸易委员会（ITC）等机构参与，是联合国层面首次对创意经济开展的研究。报告认为，创意经济作为一种新的发展范式正在兴起，其将经济和文化联系在一起，综合包容了经济、文化、技术和社会发展的各个方面，强调创意、知识和信息的重要性，并认为这三者日益成为全球化世界中推动经济增长和促进社会发展的强大动力。报告指出，正在兴起的创意经济在大多数发达经济体中已经成为经济增长、就业和贸易甚至社会凝聚力的主导力量，发达国家运用智力资本扩大就业、增加收入、促进出口，创意部门成为发达国家经济增长的重要力量。但是在大多数发展中经济体中，创意潜力还没有得到开发。对发展中经济体来说，创意经济为他们提供了新的机会和选择。

随着创意经济的发展，会有越来越多的发展中国家加入到创意经济的全球分工体系，发展中国家有可能利用文化产业发展的契机，结合自身的人文资源或自然环境优势，发挥创造性，实现跨越式发展，缩小与发达国家之间的差距。

三、信息化与大数据技术的兴起为文化产业全球化提供了技术支撑

信息化是知识经济的重要特征，也是文化产业快速发展的重要保障，信息化使得文化传播的速度和效率得到极大提高，通过互联网实现了文化的即时传播，使文化产业的跨国分工成为可能；同时，随着信息化和网络化的发展，大数据时代到来，通过大数据可以更加容易地识别出各国文化产品和服务的需求以及各国文化产业相关资源的禀赋情况，有助于在全球范围内实现文化产业要素分工。

（一）信息化发展使得文化产业跨国分工成为可能

网络信息是跨国界流动的，信息流引领技术流、资金流和人才流，信息资源日益成为重要的生产要素和社会财富，信息掌握的多寡成为评价国家软实力和竞争力的重要标志。计算机和通信技术的发展使得信息化成为知识经济时代的重要特征。[①] 信息化使得文化传播方式发生了深刻的变化，从过去的纸质编排、出版、发行和流通，到数字编排发行并实现网络传播。互联网的发展也使得信息传播从单向传播向双向传播、即时传播发展。信息化推动文化产业能级不断提升，也推动了文化相关产业的发展。例如，人们利用互联网对影视产品进行前期宣传、推广、评价、跟踪报道等等，就会带动着相关的广告、营销、媒体等诸多行业的关注，并通过用户反馈信息来进一步提高影视产品的影响力。信息化和互联网进一步加快了信息传播速度，并很可能放大观众或消费者对文化产品的评价，从而对文化产品的消费产生影响。

信息化也拓展了文化产业的内容，并促进了文化产业链的形成。[②] 随着科技和信息化的发展，利用计算机和网络对文字、图像、声音和视频内容进行加工和处理成为可能，也促进了这些信息通过网络进行传播的可能性。信息技术的发展也使得电子商务和网上消费成为可能，特别是在文化领域，文化产品本身所具有的非实体存在特点，使得其更适合网上生产创作、流通和消费。当前网络在各领域的应用，包括网络通信、电子商务、信息咨询、视频点播、音乐播放、网络游戏、新闻等，也更促进了这种网上的文化创作和消费。如网络小说或文学作品，

---

① 中央网络安全和信息化领导小组组长习近平在 2014 年 2 月 27 日下午主持召开中央网络安全和信息化领导小组第一次会议上发表的重要讲话。

② ［美］费正清．美国与中国．张理京，译．北京：世界知识出版社，1999：189-190.

无论从该文化产品的创作加工、宣传推广，还是销售、消费以及评论，都要通过互联网来实现，并且可以实现互动，比如，根据读者的反馈进行后续创作；如果在网上评价好，还可能正式出版发行，甚至被拍成电视剧或电影，或者有相应的网络游戏、纪念品、服装等被开发出来，形成一条文化产品的价值链。如变形金刚系列电影就相应地开发了游戏和玩具；迪斯尼除了动画片之外，还包括一系列的文化产品，如学习用品、书包、玩具、服装等。

（二）大数据技术使文化产品和服务能更好地获得市场

如果说信息化过程使得大量文件和信息数字化，变成非纸质介质储存，那么数据化则意味着把这些信息用可衡量的数据来表示。大数据时代的到来，使得人们从浩如烟海的数据中提取信息的能力提升，数据之间的相互关系得以挖掘，成为新的认知源泉和价值创造源泉。维克托·迈尔·舍恩伯格在其《大数据时代》一书中指出，正如互联网通过为计算机增加通信功能而改变世界，大数据也将改变我们生活中最重要的领域，因为它给我们的生活创造了前所未有的可量化的维度。大数据已成为新发明和新服务的不竭源泉，而更多的改变正蓄势待发。①

大数据的核心就是预测，运用大量的数据去发现事务之间的相关性而非因果关系，把数学算法运用到海量的数据上来预测事情发生的可能性。大数据技术的应用对于文化产业的发展具有重要的意义。以视频行业为例，视频行业主要存在三类大数据：一是用户大数据，二是内容大数据，三是渠道大数据。在互联网时代，三者有机融合，可以识别出很多有用的信息。如由点击率很高或者用户评价很高的网络文学作品改编的电影或电视剧剧本，会有比较好的收视率，这一点已经被证实。同时，通过大数据，可以识别出哪一类群体喜欢哪一类的作品，这些群体通过哪些渠道来获得作品，这样就可以有针对性地创作作品并向识别出来的相关用户推广。由于不同人群对文化产品和服务的偏好差距较大，大数据技术的应用将使得文化产品和服务更有针对性地供给和消费，一方面进一步繁荣文化产业，促进文化产业要素分工的深化；另一方面也可以帮助消费者更快地找到其所需要的产品和服务。

四、文化产业跨国公司的大规模勃兴成为文化产业全球化的核心力量

与其他产业一样，跨国公司在推动文化产业全球发展、全球资源配置方面发挥了巨大的作用。

（一）欧美文化产业跨国公司影响力强大，引领全球文化产业发展

伴随着经济全球化的发展，跨国公司通过贸易与投资在全球配置资源，以实

① ［英］维克托·迈尔·舍恩伯格．大数据时代．盛阳燕，周涛，译．杭州：浙江人民出版社，2012：26.

现其利润最大化。在文化产业方面也是如此，大型跨国公司通过横向整合、纵向整合以及与其他行业在文化产业上建立分支来实现发展，这种发展往往包含着跨媒介、跨行业、跨地区的合并与拆分。在电影及传媒行业，一些影视巨头占据了很多国家电影市场的前三位。根据联合国教科文组织文化数据库统计，2005 年以来，不少大的电影集团在各国文化市场占据了重要地位。数据显示，United International Pictures、The Walt Disney Company、Warner Bros、Paramount/Universal、Fox、Sony (Columbia) 等文化跨国公司在阿根廷、墨西哥、德国等很多国家的市场份额都排在前列。

除了原来就规模很大的跨国公司之外，文化产业并购市场非常活跃，很多文化企业通过各种并购来实现资源的优化配置和结构调整。根据在文化产业非常活跃的投资银行 The Jordan, Edmiston Group, Inc. (JEGI) 统计，媒体、信息、影响和技术领域的文化产业国际并购交易非常活跃，2006 年共有 637 件并购案涉及交易额 606 亿美元。到 2007 年，这一数字达到 872 件和 1 044 亿美元的交易额。之后受金融危机影响，国际并购交易额下滑严重，2008 年和 2009 年都只有 300 多亿美元。金融危机之后，文化产业国际并购恢复很快，并呈现出明显快速的上升。2012 年，国际并购数量达 1 351 件，并购金额 747 亿美元（见图 3-1）。

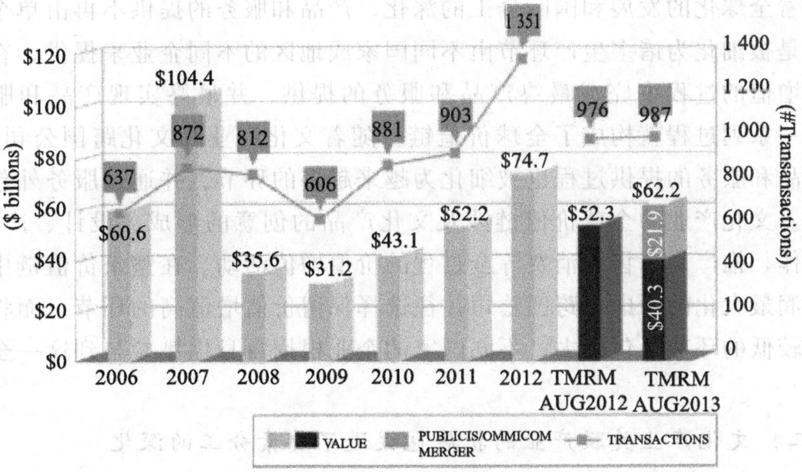

图 3-1 国际并购数量与金额

资料来源：JEGI, Annual M&A Outlook-2013 outsell Signature Event, 2014.2

(二) 文化产业跨国公司的全球扩张推动要素分工在全球展开

跨国公司在全球进行资源重组，通过国际并购进入不同的文化产业集群，最大化地发挥其中的协同效应，很大程度上也带动了文化产业全球价值链的形成。

如新闻集团作为文化巨头，注重垂直一体化投资，他们“在好莱坞生产电影，在世界各地生产电视节目，并通过福克斯电视网在美国、START 在亚洲、BskyB 在英国传播”①。进入 21 世纪以来，很多好莱坞电影公司被跨国公司并购，成为跨国公司的供应商，其电影产品在全球发行，与电影有关的产品也随之在全球范围内销售。文化跨国公司通过这样的资源整合，可以利用其跨国优势在全球配置资源，实现收益最大化，这也带来了文化产业要素分工的进一步细化。仍以电影为例，创作、制作、发行、放映、相关产品销售等各个环节既相互独立又相互联系，成为一个完整的价值链，在这个价值链中，参与各方利用自身优势参与分工，并从中获益。

五、全球价值链与服务外包的深入发展为文化产业全球化提供了战略选择

文化产业全球价值链的形成进一步促进了文化产业国际分工的细化，带动了文化关联产业的发展，从纵向和横向两个层面形成了一个文化产业全球价值网络。

（一）文化产业全球价值链和服务外包的发展使文化产业分工细化

随着全球化的发展和国际分工的深化，产品和服务的提供不再由单个企业完成，而是被细化为诸多生产环节由不同国家或地区的不同企业来提供，在不断实现价值增值的过程中完成最终产品和服务的提供，并最终实现产品和服务的消费，这一系列过程就构成了全球价值链。随着文化产业和文化跨国公司的发展，文化产品和服务的提供过程也被细化为越来越多的环节，并通过服务外包等形式来实现。文化产业的全球价值链涉及文化产品的创意的形成、设计、产品开发、生产制作、推广、销售、消费等全过程的价值增值活动。在整条价值链中，出于实现利润最大化的考虑，跨国公司往往选择保留价值增值高的环节，而将价值增值相对较低的环节外包出去，不同国家的企业根据自身优势参与到这一全球价值链中。

（二）文化产业关联产业的扩展也促进了要素分工的深化

文化产业的特点之一是涉及面广、辐射面大、影响范围也比较深远。以电影业为例，观众对电影的需求促进了电影业的发展，从电影剧本的创作、电影的制作、营销推广、发行到院线展映，完成了电影单条价值链的价值增值。同时，与之相伴的还有音像产业、出版产业、电视产业、游戏产业、动漫产业、玩具产业，甚至主题公园、旅游产业等其他衍生产业，这些产业又构成了一条横向的价

① 王英霞．鲁伯特·默多克——重新发明电视．环球企业家，2003（6）．

值链。在这个纵横交错的价值网络中，参与价值增值的各方会发现并强化自身优势，参与国际分工，实现价值增值，这反过来也会进一步促进要素分工的细化。

第二节 文化产业国际分工发展的主要特征

当前文化产业国际分工日益细化，科技发展成为国际分工的重要基础，参与分工的主体不断增多，外包成为分工的重要形式，不同主体处于价值链的不同层级，获取不同的价值增值。

一、文化产业分工主体多元化

随着文化产业国际分工的细化，参与国际分工的主体呈现多元化特征，其中既有来自发达国家的跨国公司，也有来自发展中国家的中小企业和个人；既有专注于创意的企业，也有专注于技术的企业，还有在生产制作上有优势的企业；既包括生产文化产品生产者，也有专注于营销推广、广告设计的服务提供者。来自不同国家的不同经济主体根据自身优势共同参与到文化产业的全球价值链中，这些主体在资本、人力资源、人文资源、科技等要素上具有不同的禀赋和优势，可能包括私募基金、制作公司和广告公司，也可能包括个人工作室或个人。以电影阿凡达为例，总投资5亿美元，其中60%出自两家PE（私募股权投资）公司，有1.5亿美元用于推广营销，涉及制作公司、发行公司、特技制作公司、全球各地影院等；制作环节又会包括很多分工，这些分工也由不同类型的主体完成。随着文化产业分工的深化，分工主体多元化特征会更加明显。

二、文化产业分工基础科技化

文化产业是基于知识经济和创意经济而发展起来，其中信息技术和网络的应用是文化产业快速发展的基础。当前文化产业国际分工在很大程度上依赖信息技术的发展，数字化是文化产品能快速推广和消费的重要保障。以动漫产业为例，动漫产品的设计、制作、编程、推广发布以及消费都离不开通信技术的发展，离不开计算机和网络。动漫创意人员在电脑上设计任务、编制故事情节、利用计算机编程制作具体内容、通过网络广告宣传，并且在网上播放和应用。诞生于20世纪80年代的数字电影也是高科技的产物，数字电影以数字技术和设备拍摄、制作、存储，并通过卫星、光纤、磁盘、光盘等物理媒体传送，将数字信号还原成符合电影技术标准的影像与声音，在银幕上放映。数字电影从电影制作工艺、制作方式到发行及传播方式上均全面数字化，其基础就是数字科技的发展。

三、文化产业分工形式层级化

文化产业的国际分工依据分工主体在价值链中所处的位置以及价值增值情况呈现出层级化特征。处于价值链上游的创意、设计等拥有知识产权的环节往往获得较大的价值增值，其中的广告设计、营销等高端服务业也获得很好的价值增值，而具体文化产品的制造环节则往往附加值较低。

从国家的情况看，往往发达国家在资本、技术和创意等方面拥有优势，也因此在分工中处于优势地位，获得更多利润和价值增值，而发展中国家则更多参与利润较低的生产环节，作为服务外包的承包方或者供应商参与分工，处于劣势地位。

从企业的情况看，大型文化跨国公司由于掌握更多资源、有更多优势，而在分工中处于主导地位和优势地位，相反一些中小型企业则往往需要依附于跨国公司而处于劣势地位。

四、文化产业分工要素全球化

全球化的发展使得文化产业的要素分工也呈现出全球化特征。跨国公司在全球配置资源，实现利润最大化，也带来了要素分工的全球化。一个文化产品的创作原型可能来自 A 国，创意来自 B 国，资金来自 C 国，制作来自 D 国，在全球推广发行，而相关的玩具又由 E 国生产。这种要素分工的全球化一方面使更多主体参与到国际分工中，另一方面也让跨国公司以最低的成本获得最佳的要素资源。

五、文化产业分工机制外包化

文化产业要素分工很大一部分是通过服务外包来实现的。如前所述，跨国公司为了实现利润最大化，会将很多次要环节或者专业环节外包出去，或者是为了利用更专业的技术和服务，或者是为了获得更有价格竞争力的服务或产品。在电影制作过程中，有很多环节是外包出去的，比如电影所需的群众演员由专门的经纪公司提供，外景拍摄外包给景点所在地的公司，中期制作和后期制作外包给专门的公司，纪念品或玩具等外包给玩具生产企业等。

六、文化产业分工价值链条化

随着文化产业国际分工的细化，文化产业价值链不断延伸，参与各方通过价值链联系在一起，并且通过参与价值链的相关环节来实现价值增值，而这一过程中各方又会相互影响。一方面，在垂直价值链中，在价值增值一定的情况下，不同主体之间的利益分配将在价值链下存在此消彼长的情况；另一方面，在相关领域，也可以通过创意开放，不断延长价值链，实现价值增值。如在电影制作环节成本和收益相对固定，但可以通过电视、出版销售音像制品、玩具、动漫、旅游等相关产业实现更大的价值增值。无论垂直还是水平来看，都有分工价值链条化特点。

第三节 全球文化产业的要素分布格局

全球文化产业相关要素主要包括人文资源、人力资源、文化科技资源、资本要素及品牌要素等内容。本部分将主要基于联合国教科文组织等国际机构的统计数据，分析当前全球文化产业的要素分布格局。

一、全球文化人文资源分布格局

文化是人类创造和积累的重要资源和宝贵财富，文化资源与文化产业发展之间存在着密切的关系，文化资源是文化产业发展的基础与前提，文化产业发展反过来为文化资源的拓展与延伸提供了条件。一个国家或地区，如果拥有深厚的文化底蕴、丰富的人文资源，那么其发展文化产业就具备了良好的文化资源基础。但应该指出，丰富的文化资源并不是文化产业发展的充要条件，只有将文化资源优势转化成产业优势，才能更好促进文化产业发展。2013 年 6 月 27 日第 37 届世界遗产委员会大会在柬埔寨文化遗产吴哥窟的所在地暹粒闭幕，会上产生了世界各大洲和各国最新的遗产数量。世界文化遗产的数量在很大程度上反映了一个国家或地区所具有的文化资源多寡和文化底蕴深度。从世界各大洲的世界遗产数量来看，六大洲（南极洲未列入）的排名依次为：（1）欧洲共计 416 项（1 项为与亚洲共有，17 项为 2 国共有，1 项为 3 国共有，1 项为 6 国共有，1 项为 10 国共有）；（2）亚洲共计 244 项（1 项归属未定，1 项与欧洲共有）；（3）非洲共计 128 项（4 项为 2 国共有，1 项为 3 国共有）；（4）北美洲共计 99 项（3 项为 2 国共有）；（5）南美洲共计 66 项（1 项为 2 国共有）；（6）大洋洲共计 29 项。欧洲和亚洲的世界遗产数量占到总数的近 70%。从世界各国的遗产数量来看（见表 3-2），在遗产数量达到 10 项以上的国家中，大部分都为发达国家，中国作为最大的发展中国家，遗产数量居全球第二，具备良好的文化资源基础和条件。如何进一步深度挖掘中国的文化资源底蕴，合理开发利用文化人文资源，提升文化产业附加值，促进文化产业“走出去”，是值得深入思考和探讨的问题。

表 3-2　世界各国拥有的世界遗产数量排名（遗产数量 10 项以上的国家）

遗产数量排名	国家	世界遗产数量合计（项）	分类别		
			文化遗产	自然遗产	双重遗产
1	意大利	49	45	4	0
2	中国	45	31	10	4
3	西班牙	44	39	3	2
4	法国	38	34	3	1
4	德国	38	35	3	0
6	墨西哥	32	27	5	0
7	印度	30	24	6	0
8	英国	28	23	4	1
9	俄罗斯	25	15	10	0
10	美国	21	8	12	1
11	澳大利亚	19	3	12	4
11	巴西	19	12	7	0
13	加拿大	17	8	9	0
13	希腊	17	15	0	2
13	日本	17	13	4	0
16	伊朗	16	16	0	0
17	葡萄牙	15	14	1	0
17	瑞典	15	13	1	1
19	波兰	14	13	1	0
20	捷克	12	12	0	0
21	比利时	11	11	0	0
21	秘鲁	11	7	2	2
21	瑞士	11	8	3	0
21	土耳其	11	9	0	2
25	韩国	10	9	1	0

资料来源：根据联合国教科文组织关于世界遗产列表统计整理。

二、全球文化人力资源分布格局

文化产业的发展离不开知识经济的发展，在知识经济时代，为了更好地促进创新、促进基于知识的社会发展，各国政策制定者都非常重视研究人员的储备。全球文化人力资源中比较重要的因素包括研究人员的分布情况、国民的受教育程度等内容。

根据联合国教科文组织统计机构对研究人员的统计①，从2002年、2007年和2009年的数据看，亚洲是研究人员数量最多的地区，2002年研发人员数量占全球研发人员总数的35.2%，2007年更达到历史最高比重，占全球的40.9%，2009年占比略有下降，也达到38.2%；其次是欧洲地区，2002年占全球比重32.3%，2007年下降到29.7%，2009年又有回升，达31.1%；再次是美洲地区，从2002年28.2%下降到2009年的26.5%。从国家或地区的情况看，美国、欧盟、中国和日本的研发人员数量位于前列；中国的研发人员占比从2002年的14%增长到2007年的19.9%，2009年又有小幅回落，占比16.5%；日本研发人员占比情况变动不大，维持在9%～10%；美国和欧盟的研发人员数量约占全球的20%左右，其中美国的研发人员占比呈下降趋势，而欧盟的则呈上升趋势，2009年占比上升到21.8%。

总体说来，发达经济体自2002年以来研发人员占比有所下降，但是2007年以来又有小幅回升，其中美国占比下降明显，而欧盟的德国、法国等变化不大；而中国等发展中国家研发人员比重则呈上升趋势。

从文化产业就业占总就业比重看，瑞士文化产业就业人数比重最高，达6.51%；其次是英国，为6.2%；瑞典和美国文化产业就业人数比重也比较高，都在5%以上（见图3-2）。

可见，当前文化产业的人力资源主要集中于发达国家，虽然发展中国家近年来研发投入较大，但总体来说占比还有待提高。

三、全球文化科技资源分布格局

文化产业的发展离不开知识经济的发展与科学技术的进步，而科技进步又与一国的研发投入规模相关。根据世界银行的统计（见表3-3），2011年，R&D（研究与开发）占GDP比重的世界平均水平是2.08%，经合组织成员是2.32%，东亚与太平洋是1.81%，拉丁美洲和加勒比海地区是0.83%，欧洲货币联盟是2.13%，欧盟是2.05%，欧洲和中亚为0.71%（均为2010年数据）。从2009年

① UNESCO, Human resources in R&D (2012), 2012.12, http://www.uis.unesco.org/FactSheets/Documents/sti-hr-rd-en.pdf.

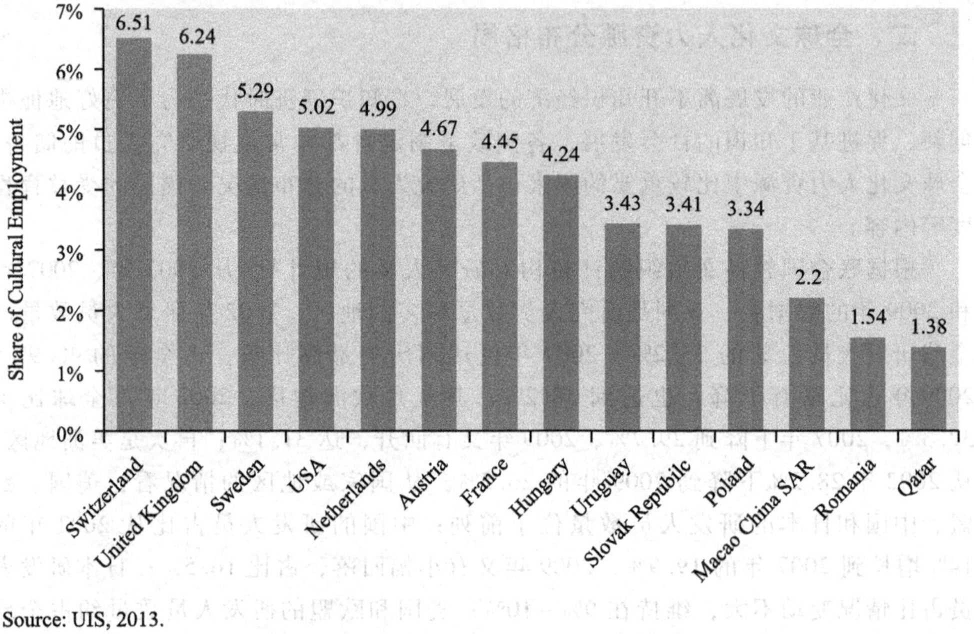

图 3-2 文化就业人数占总就业人数的比重

资料来源：OECD，创意经济报告，2013

到 2011 年的数据看，全球 R&D 投入占 GDP 比重最高的国家是以色列，约 4.4%。而在欧洲国家中，芬兰和瑞典也是研发投入占比很高的国家，在 3% 以上，芬兰更甚，接近 4%。在亚洲国家中，韩国和日本的研发投入占 GDP 比重较高，在 3% 以上，其中韩国在 2010 年 R&D 占 GDP 的比重达 3.74%；相比而言，中国研发投入占 GDP 比重较低，但呈明显上升趋势，从 2009 年的 1.7% 上升到 2011 年的 1.84%。可见全球科技资源主要还是分布在发达经济体，发展中经济体研发投入占比相对较低，科技资源相对落后。

表 3-3　　2009—2011 年各国 R&D 占 GDP 比重　　单位：%

国别＼年	2009	2010	2011
以色列	4.49	4.35	4.39
芬兰	3.94	3.9	3.78
瑞典	3.6	3.39	3.37
韩国	3.56	3.74	–
日本	3.36	3.26	–
丹麦	3.16	3.07	3.09

续表

年 国别	2009	2010	2011
美国	2.91	2.83	2.77
德国	2.82	2.8	2.84
奥地利	2.71	2.79	2.75
新加坡	2.43	2.09	–
法国	2.27	2.24	2.25
斯洛文尼亚	1.86	2.11	2.51
比利时	2.03	2	2.04
荷兰	1.82	1.85	2.04
加拿大	1.94	1.85	1.74
爱沙尼亚	1.43	1.63	2.38
英国	1.84	1.8	1.77
中国	1.7	1.76	1.84
爱尔兰	1.77	1.71	1.75
挪威	1.78	1.69	1.66
捷克共和国	1.47	1.55	1.84
葡萄牙	1.64	1.59	1.5
卢森堡	1.72	1.48	1.43
西班牙	1.39	1.39	1.33
意大利	1.26	1.26	1.25
俄罗斯联邦	1.25	1.16	1.12
匈牙利	1.17	1.16	1.2
巴西	1.17	1.16	–
马来西亚	1.01	1.07	1.07

资料来源：根据世界银行 WDI 数据库整理。

四、全球文化资本要素分布格局

资本要素对现代经济的发展具有重要作用，是经济运行的血液。与其他产业的发展一样，文化产业的发展也需要资本市场的支持来提高市场活力，解决文化产业发展的资金瓶颈问题。金融资本与文化资源的有机结合是促进文化产业发展的有效手段。文化产业作为新兴产业，虽然在资本市场所占份额还相对较小，但正在吸引越来越多的关注。英美等传统资本要素丰裕的发达国家，在资本市场一直非常活跃且处于领先地位，其文化产业的发展也受到更多的重视。因此，其文化产业更早引起资本市场的关注，在文化产业发展中也呈现出资本要素丰裕的特征，大量文化产业的跨国并购由英美等国的文化跨国公司完成便是最好例证。发展中国家作为资本要素相对稀缺的国家，其文化市场发展也相对薄弱，文化产业与资本要素的结合相对落后。

随着经济的发展和资本的不断积累，近年来我国资本存量总额不断提高，占GDP的比重也在不断上升，但人均资本存量还较低。汇丰银行和龙洲经讯都曾对我国资本存量进行研究。据龙洲经讯估算，2010年中国资本存量为82万亿元人民币，若按人均资本存量计算，则低于美国1930年的水平；汇丰银行的估算数据相对较高，2010年中国资本存量约为93万亿元，仅为美国的三分之一。[①]最近十年来，中国资本存量得到快速增长，根据世界银行的统计，2000年，中国资本形成总额占GDP的比重为35%，而2012年，这一比重达48%，远高于同期世界平均水平21%，也远高于发达国家和其他发展中国家（见表3-4）。

随着我国资本存量的提高，资本要素的充裕，资本要素在文化产业发挥作用的空间也越来越大。党的十八届三中全会提出"建立多层次文化产品和要素市场，鼓励金融资本、社会资本、文化资源相结合"，也为国内闲置的资本要素寻找到了可行的投资方向。

表3-4　　2000年和2012年主要国家资本形成总额占GDP比重　　单位：%

年 国别	2000	2012	年 国别	2000	2012
阿根廷	16	22	印度尼西亚	22	35
澳大利亚	26	28	意大利	21	18
奥地利	25	23	日本	25	20
巴西	18	18	韩国	31	28
加拿大	20	22	墨西哥	24	25
中国	35	48	俄罗斯	19	26
法国	20	20	英国	18	14
德国	22	17	美国	21	15
印度	24	36	世界	22	21

资料来源：THE WORLD BANK，"World Development Indicators 2013"，http://wdi.worldbank.org/table/4.8#，更新日期为2013年9月23日。

① Nicholas Borst，"China：Capital Stock….and Flow"，June 1st，2012，http：//www.economonitor.com/piie/2012/06/01/china-capital-stock-and-flow/

五、全球文化品牌要素分布格局

随着文化产业跨国公司的发展，文化品牌的全球影响力开始显现。当前知名的文化品牌主要分布在发达国家。

美国文化产业知名品牌业务遍布全球：迪斯尼品牌已经深入世界各国的消费者之心，其品牌价值的辐射影响也日益显现；玩偶王后芭比娃娃几乎是所有女孩，甚至成年女性心仪的玩偶；影视大亨好莱坞占据世界上最大的电影市场份额，其影视作品广受海内外观众好评；纽约百老汇与众不同的风险投资模式，使其横霸国际演艺市场半壁江山；AE、暴雪公司享誉全球游戏界，坐拥全球最多游戏玩家。

瑞士的手表不仅仅是制造业范畴，而且属于文化创意产品类别，著名品牌 Swatch 让手表不再只是一件单纯的计时工具或昂贵的奢侈品，而是一件戴在手腕上的艺术品。每款精心打造的手表都是艺术家们创造力的体现，极具收藏价值。

法国的文化旅游堪称世界一流，对法国国内生产总值的贡献率超过 7%，解决了 200 万个就业岗位。2012 年法国旅游业收入约为 770 亿欧元（约合 1 027 亿美元），是法国的支柱产业之一。

英国一直致力于文化创意产品的创新，是文化产业的老牌强国。伦敦作为国际演艺之都，拥有与纽约百老汇并驾齐驱的演艺聚集区——伦敦西区。西区拥有先进的经营管理模式、优秀的演艺人才和完善的体制机制，它们强有力地带动了周边的餐饮旅游、交通运输、文化产品等产业，外溢效果可见一斑。

韩国的电视剧在亚洲具有巨大的影响力，广受青年男女的青睐。韩剧服饰展现出前卫潮流的设计、丰富多样的款式，演员多为俊男美女、着衣光鲜亮丽，而这些，都让该国服装和化妆品市场成为韩剧衍生品中最受益的赢家。同时，韩国游戏公司 Nexon、Neowiz 和 NHN 在亚洲颇具影响力，使韩国超过日本夺得亚洲游戏产业头号强国的称号。

印度宝莱坞素有“东方好莱坞”的美称，是世界上最大的电影生产基地之一，拥有数十亿观众。其作品大多是通过精心雕琢的娱乐片，符合大众口味，其中《三傻大闹宝莱坞》堪称宝莱坞的经典之作。近年来，宝莱坞逐渐走出亚洲，打入西方影视强国，并具有一定影响力，是发展中国家影视产业发展的标杆。

第四节 全球文化产业的产业分布格局

一、美英法德成为全球文化产业四强，产业优势各有千秋

（一）美国

美国在音像和交互媒体、表演和庆祝活动、设计和创意服务、体育和娱乐等领域都具有很强的优势。美国文化产业尤其重视版权产业的发展，包括文化艺术业（含表演艺术、艺术博物馆）、影视业、图书业和音乐唱片业，其中与电影制作和销售相关的领域在全球占据绝对优势。

从联合国教科文组织统计的电影制作和电影票房情况看①，从2005年到2011年，美国无论电影制作数量还是各国票房情况都很有优势。以2011年为例，在各国电影票房榜上，美国独立制作或者与其他国家联合制作的电影占据绝对优势，从数据上看，在480个统计中，美国独立制作的占了303个，与英国、法国、德国、新西兰、阿联酋等国联合制作的有80个，两者加起来共383个，占比80%。除了泰国排名前十的电影中没有美国电影，土耳其、日本、意大利三国排名前十位的电影中有五部及以上本国电影，其他国家的电影票房多数被美国电影所控制。“哈利波特”系列电影等美国与英国联合制作的电影也占有很重要的地位。从联合国教科文组织的统计数据看，2005年以来，随着电影业的不断发展，一些国家逐渐放开国内市场，使得美国电影登上各国排行榜，同时，也促使一些国家更加重视电影制作，使本国电影有更好的发展。从总体情况看，日本、韩国、泰国、中国等亚洲国家在排名前十位的电影中有更多本国电影，而美国和英国的电影票房也始终被美国电影或美国与英国联合制作的电影所垄断。美国好莱坞多年来垄断了世界电影市场，成为世界上最大的电影生产基地。迪斯尼、华纳兄弟、派拉蒙、20世纪福克斯等美国的电影巨头占据了很多国家电影市场份额的前三位。

美国电影对全球的影响巨大，根据2012年2月1日亚太总裁协会发布的《全球文化产业发展报告2011》，好莱坞电影占据了世界电影市场份额的92.3%，50%以上的收入来自海外市场；美国公司生产的影片放映时间占全球的50%以上，电影票房占全球的三分之二以上，在欧洲电视播放的电影中，美国电影占70%以上；美国控制了世界75%的电视节目和60%的广播节目的生产与制作，在世界125个主要市场播出，每年向国外发行的电视节目总量高达30万小时；美

---

① 根据联合国教科文组织关于文化的统计数据库数据分析得来，http：//stats. uis. unesco. org/unesco/ReportFolders/ReportFolders. aspx.

国节目在许多发展中国家播出的电视节目中占比高达60%～80%，这些发展中国家成为美国文化的宣传站和美国电视的转播站，但美国自己的电视节目中，外国节目占比仅为1%～2%。①

此外，美国的唱片产业和出版产业也非常强大，2010年，在全球385亿美元的音乐唱片市场中美国唱片产业占有高达37%的份额，美国唱片业主要由华纳兄弟公司、BMG公司、索尼音乐娱乐公司等十几家主宰。在出版行业，诸如麦格劳-希尔出版公司、时代出版公司、麦克米伦出版公司、西蒙与舒斯特出版公司等大型美国商业出版社从20世纪60年代起已经逐渐发展成为跨国出版集团。②

《全球文化产业发展报告2011》表明，2010年，美国文化产业的产值已占美国GDP总量的18%～25%；其中版权产业增加值为1.627万亿美元，占美国GDP的11.1%；提供了1 060万劳动力就业岗位，占所有劳动力的比例为8.19%；版权产品出口总额为1 340亿美元，而同期飞机出口总额为775亿美元、汽车为498亿美元、农产品为602亿美元、食物为519亿美元、药品为364亿美元。不难看出，文化产业对美国GDP和就业的贡献率已经超过其他产业部门，成为美国国民经济名副其实的支柱产业，并在美国出口增长中扮演着非常重要的角色。在美国400家最富有的公司当中，文化公司占据72家，文化产业已超越航天航空工业，高居出口贸易额的首位，占据40%的国际贸易份额。③

此外，美国的NBA篮球运动带动了篮球文化的发展，与之相伴的是篮球比赛、电影和电视转播、篮球用品、服装等一系列相关领域的发展。

（二）英国

英国是较早从政府层面推动创意经济的国家，早在1990年，英国就开始探讨国家文化艺术发展战略，并于1993年首次以官方文件形式颁布了国家文化政策——《创造性的未来》；1997年，英国首相布莱尔创立英国文化、媒体和体育部（DCMS），内设创意产业工作组（Creative Industry Task Force）并亲自担任主席，推动创意产业的发展，并明确提出“创意产业”这一概念。④ 此外，英国还通过一系列战略和政策来推动创意产业的发展，1998年和2001年，英国文化、媒体和体育部两次出台创意产业纲领性文件（Creative Industries Mapping Document），提出了创意产业发展战略和相关政策。英国全面支持文化产品的研

---

① 郑雄伟．全球文化产业发展报告．[2012-2-6]. http://www.ce.cn/culture/gd/201202/06/t20120206_23048110.shtml.

② 同上注。

③ 同上注。

④ 柯亚沙，常禹萌．英国创意产业及其对我国文化产业的启示．[2014-2-19]. http://culture.people.com.cn/GB/209261/209286/13501557.html.

究开发、生产制作、销售和出口，并出台财政扶持政策，如融资、税收等，促进了文化产业的快速发展。英国将创意产业划分为三个产业集群，分别是生产类、服务类和艺术工艺类。在一系列战略和政策的推动下，创意产业在英国得到快速发展，并成为可与金融业相比的支柱性产业。

根据英国文化、媒体和体育部 2014 年 1 月发布的《创意产业经济估算统计公报》，2012 年，英国创意产业总增加值（Gross Value Added，GVA）达 714 亿英镑，占英国经济的 5.2%，而 2002 年创意产业的 GVA 是 534 亿英镑；不考虑通货膨胀，自 2008—2012 年，英国创意产业 GVA 增长 15.6%，而同期英国经济增长 5.4%。2011—2012 年，创意产业 GVA 增长 9.4%，远高于任何其他蓝皮书产业部门。

从具体行业看，2012 年 IT、软件和计算机服务业 309 亿英镑，广告和营销 102 亿英镑，电影、电视、影音产品和摄影等 98 亿英镑，出版 97 英镑，音乐、表演和视觉艺术 46 亿英镑（见表 3-5）。

表 3-5　2008—2012 年英国创意产业总增加值 GVA 按行业分布

创意产业 Creative Industries Group	GVA（£ m）				
	2008	2009	2010	2011	2012
广告营销 Advertising and marketing	8 347	6 967	6 840	8 099	10 229
建筑 Architecture	3 565	3 205	2 638	3 223	3 491
手工艺 Crafts	195	218	268	266	248
设计：产品平面设计和时尚设计 Design: product graphic and fashion design	1 856	1 886	2 049	2 504	2 491
电影、电视、录像、广播及摄影 Film, TV, video, radio and photography	8 801	6 923	7 973	9 979	9 752
信息技术，软件及计算机服务 IT, software and computer services	26 018	26 403	26 991	27 939	30 904
出版 Publishing	9 255	8 968	9 580	9 228	9 706
博物馆、美术馆及图书馆 Museums, galleries and libraries	–	–	–	–	–

续表

创意产业 Creative Industries Group	GVA (£ m)				
	2008	2009	2010	2011	2012
音乐、表演及视觉艺术 Music, performing and visual arts	3 740	3 779	3 434	4 039	4 574
创意产业总增加值 Total	61 784	58 391	59 852	65 277	71 395
英国 GDP UK Total (ONS Blue Book, ABML)	1 312 112	1 280 261	1 327 923	1 360 925	1 383 082
占英国 GDP 比例 Percentage share of UK Total	4.71%	4.56%	4.51%	4.80%	5.16%

资料来源：Department for Culture Media & Sport, Creative Industries Economic Estimates Statistical Release, January 2014.

从就业情况看，2012 年，创意产业提供了 168 万就业岗位，占英国就业岗位总量的 5.6%；2011 年到 2012 年间，创意产业提供的就业增长了 8.6%，远高于英国整体的就业增长率 0.7%。如果再加上创意产业之外围绕创意产业产生的就业，整个英国创意经济提供了 255 万就业岗位，在英国每 12 个岗位中有一个是与创意经济相关的，其中 IT、软件和计算机服务占 79 万，约占创意经济就业的 31%。2011 年到 2012 年间，创意经济提供的就业增长了 14.3 万，增长 6%。①

具体说来，英国的表演艺术产业包括舞蹈、歌剧、话剧和音乐剧行业，有传统的优势，拥有伯明翰皇家芭蕾舞剧团、皇家芭蕾舞剧团、北方芭蕾剧院和兰伯特舞蹈团等世界最杰出的舞蹈剧团；在舞蹈、歌剧等创作、演出、节目制作、灯光道具的设计生产等领域具有优势，英国的伦敦地区作为世界最重要的音乐剧产生基地之一，成为美国百老汇的盟友和最大的竞争对手之一。英国音乐产业成为其创意产业的支柱，年产值超过 47.9 亿美元，出口额占创意产业出口总额一半以上，仅次于美国。②

英国文化艺术品市场十分活跃，共有 2 500 多家博物馆和画廊对公众开放，大英博物馆和苏格兰国家肖像馆文化艺术品馆藏丰富；英国艺术品拍卖也很发达，伦敦成为仅次于纽约的世界艺术品销售中心，吸引了全球著名的艺术品拍卖

① Department for Culture Media & Sport, Creative Industries Economic Estimates Statistical Release, January 2014.

② 郑雄伟. 全球文化产业发展报告. [2012-2-6]. http://www.ce.cn/culture/gd/201202/06/t20120206_23048110.shtml.

行和销售商。

在体育运动方面，英国足球运动的发展促进了足球文化的传播以及相关产业的发展。

（三）法国

法国的文化产业主要涉及旅游、出版、电影、音乐、表演和时尚等。法国作为欧洲拥有世界自然和文化遗产以及世界非物质文化遗产丰富的国家，文化旅游是其重要文化产业，博物馆、美术馆、歌剧院等颇具特色，表演、音乐和时尚也都是法国文化产业的重要组成部分。可以说，法国在文化和自然遗产、视觉艺术和手工艺、书籍和报刊、设计和创意服务等领域都有不错的发展。

法国有丰富的文化和自然遗产，文化旅游是法国文化产业的重要内容；各类博物馆、美术馆、歌剧院数量众多，馆藏丰富，特别是卢浮宫聚集了大量艺术精品；法国作为时尚之都和文化艺术长廊，时尚产业享誉全球，也吸引了大量游客和从事艺术创作的人前来旅游、学习。此外，法国的设计和创意也使得法国拥有很多国际知名的品牌，吸引了大量游客前来消费和购物，构成了文化旅游的一个部分，体现了法国文化产业的特点。

法国电影业也很有特色，作为电影的发源地，在电影制作和推广方面仍有很大优势。除了法国本国拍摄的电影，其主办的电影节及电影展也是文化产业的重要组成部分。创立于1939年的戛纳电影节是当今世界最具影响力、最顶尖的国际电影节之一，与德国的柏林电影节、意大利的威尼斯电影节、加拿大的多伦多国际电影节以及捷克的卡罗维发利电影节合称为世界五大电影节；又与柏林影展、威尼斯影展以及俄国的莫斯科影展并称世界四大艺术电影展。

此外，法国出版业比较发达，早在1990年就制定了出版援助计划和翻译计划，随着数字化时代的到来，法国自2008年开始实施数字图书推广计划，推行电子图书。

（四）德国

德国的文化产业关注点是文化和创意产业，其中又以设计产业最为突出，设计和创意服务领域很有优势。

根据贝恩德·费瑟尔和迈克尔·松德尔曼的《德国：文化和创意产业发展报告》①，德国文化产业包括9大文化部门，2004年为德国创造了360亿欧元总增加值，占国内生产总值（GDP）的1.6%，比能源部门（占GDP1.5%）和农业部门（占GDP1.1%）排名要高。2004年德国文化和创意产业实现总增加值580亿欧元，占GDP的2.6%；创意产业营业额比上年增加了2%以上。比较而言，

① 贝恩德·费瑟尔，迈克尔·松德尔曼．德国：文化和创意产业发展报告．http：//wzb.mof.gov.cn/pdlb/tszs/201208/t20120809_674364.html.

汽车产业增加了0.3%，化学工业增加了3%。2005年，创意产业被列入德国联邦政府的议事日程，并于2006年首次应用到德国文化部门经验数据中。

德国文化产业企业数量众多，德国税务当局登记了超过151 000家文化产业纳税企业，包括年收入超过17 500欧元的自由职业艺术家、新闻从业人员、个体企业家、文化部门的自由职业者，以及拥有2~5名雇员的小企业及中型企业，比如图书出版社或者唱片公司。那些并没有在税务当局登记，年收入少于17 500欧元的自由职业者的数量估计为210 000名。

创意产业的核心部门由大约35 000个企业组成，总营业额为116亿欧元，大多数企业由个体企业主或者自由职业设计事务所组成。每个设计事务所或者企业的平均年营业额为330 000欧元（不含增值税）。设计行业是德国文化产业的重要组成部分，包括传播设计产业、工业设计产业以及产品设计等。传播设计产业参与传播或者图文产品和服务的创新。在2004年，至少有20 000个设计事务所或者企业，注册的总营业额为96亿欧元；工业设计产业与机器和工业用具设计尤其相关，2004年有2 800个企业，营业额为4.84亿欧元；产品设计类包括纺织品、珠宝、家具和时尚设计以及平面造型设计等，年营业额150万欧元。

二、日韩文化立国战略强势推进，文化产业日益崛起

（一）日本

日本文化产业的发展是日本经济发展到一定阶段、人们收入水平和生活水平达到一定程度后的必然产物，是日本社会从温饱型转向富裕型后，人们对精神享受追求的结果。人们对精神文明的追求促进了日本文化、出版、演出、动漫、影视、博物馆、茶道、插花等各类文化产业的发展，成为泡沫经济破灭后日本经济的一个亮点，也成为日本参与国际竞争的有效平台。根据日本政府总务厅统计数据，1965—1990年，日本国民用于个人娱乐和修养的费用急剧上升，“余暇”消费从年均10万日元迅速增长到90万日元。同一时期，日本的新闻出版、电视和博物馆等行业，实现“井喷”式发展。报纸发行量从1960年的2 444万份增至1980年的4 639万份；书刊发行量实现了从1965年16.2亿册到1980年43.2亿册的跨越；人均年购书额从1965年的近1万日元增长至1990年的约5万日元；同一时期，观看电影和现场演出的费用更是实现了从人均不足4 000日元到3万日元的剧增。日本几大电视台也正是在该时期基本形成了今天的规模。①

从联合国教科文组织的分类标准看，日本在视觉艺术和手工艺、书籍和报刊、音像和交互媒体行业发展较快。从影响力看，日本的报业、出版业、动漫和

① 刘华．日本：文化产业成“失落二十年”亮点．新华网，2011-10-14.

动画等都非常有竞争力。2003年举办的第56届世界报业联合会曾发表一篇报告，介绍世界报业发展情况，指出日本为人均购买报纸最多的国家，世界上销量最大的五份报纸都在日本，分别为《读卖新闻》（1 440万）、《朝日新闻》（1 240万）、《每日新闻》（568万）、《日本经济新闻》（470万）和《中日新闻》（460万）[①]。日本出版业也异常发达，除了漫画作品，畅销书的销售也非常好，这样促使了讲谈社、小学馆、角川书店等一大批世界知名出版集团的涌现，还有遍布地铁站、居民街区以及商业街的各类书店营销体系。[②]

日本文化产业中动漫产业最为突出，动漫产业已成为日本的第三大产业。日本动漫文化产业规模巨大，有“动漫王国”之称，是世界上最大的动漫制作和输出国，目前全球播放的动漫作品中有60%以上源自日本，日本动漫在欧洲的比例超过80%。根据日本动画协会发布的《日本动画业界及动画市场动向（2011年版）》数据显示，2010年，日本实际上映的电视动画总数达195部，总制作时长为89 586分钟；上映的动画电影数量为55部，总票房收入高达4.1亿美元；影像制品（DVD、BD、UMD、录像带）的总销售额为9.3亿美元。[③] 日本动漫产品的全球播映，使得一些动漫形象深入人心，《机器猫》、《千与千寻》、《Hello Kitty》、《樱桃小丸子》、《机动战士高达》等在很多国家有很大市场，并成为玩具、学习用品、饰品、服装等品牌。据中国台湾地区《经济日报》报道，日本文化产业正积极通过卡通形象和动画授权扩大海外盈利，如拥有《Hello Kitty》的三丽鸥（Sanrio）和拥有热门动画《机动战士高达》的创通公司，都藉海外授权大幅增加获利，日本政府也把推广内容产业到海外市场纳入“酷日本”计划。三丽鸥2013年度亚洲盈利达43亿日元（约合2.6亿元人民币），比上一年度增长近五成；此外还授权海外企业开展主题公园业务，在马来西亚和中国都有主题公园或乐园项目[④]。日本还通过电影电视作品推广日本的文化和旅游资源，吸引大量游客到日本旅游，为日本带来丰厚的经济效益。

（二）韩国

韩国的文化产业是1997年金融危机之后由政府推动快速发展起来的，总体上说，韩国在表演和庆祝活动、音像和交互媒体、设计和创意服务等领域在亚洲国家中有较大影响力，并且韩国也非常重视文化和自然遗产及非物质文化遗产，

---

① 世界报业发展一览　中国日销量第一．［2013－6］．http：//www.china.com.cn/chinese/WISI/344497.htm.

② 刘华．日本：文化产业成“失落二十年”亮点．新华网，2011－10－14.

③ 郑雄伟．全球文化产业发展报告．［2012－2－6］．http：//www.ce.cn/culture/gd/201202/06/t20120206_ 23048110.shtml.

④ 日本文化产业靠海外授权盈利 hello kitty 成招财猫．［2013－8－26］．http：//world.huanqiu.com/exclusive/2013－08/4285534.html.

通过电影电视等形式加以宣传。

韩国政府高度重视文化产业的发展，从政策制定、管理部门的建立、财政补贴等多方面提供支持。到 2010 年，韩国文化产业产值超过 650 亿美元，占全国 GDP 的比例为 6.5% 以上。游戏、动漫、电影、出版、音乐等主要产业部门一直保持很高的增长率，构成了韩国核心文化产业，其产值在整个文化产业中占比在 60% 以上。①

在韩国文化产业中，电影和电视产业发展迅速，韩剧在很多亚洲国家非常受欢迎，韩剧人物的服装、饰品等受到很多年轻人的追捧，形成了一股韩流文化。随着韩剧在很多国家的播映，韩流文化影响也日益体现。据韩国贸易协会在一份关于“韩流”经济影响的报告中称，2004 年，仅对中国大陆、中国香港和台湾地区、日本和泰国的与“韩流”相关的商品出口就高达 9.18 亿美元，占韩国对上述 5 个经济体出口总额的 7.2%。②

此外，韩国的游戏产业也是韩国文化产业的重要组成部分，在全球占有很高的市场份额。韩国官方发布的《2011 年韩国游戏白皮书（报告书）》中数据显示，2010 年韩国游戏市场规模高达 67 亿美元，其中网络游戏占整个游戏市场的 64.2%，市场规模为 42.9 亿美元；韩国游戏的对外出口额相比 2009 年增长了 29.4%，为 16 亿美元。③

三、发展中国家文化产业发展滞后，文化资源潜力尚未释放

总体说来，发展中国家由于经济发展水平相对落后，保留了很多传统的工艺和做法，文化和自然遗产以及非物质文化遗产相对丰富，特别是文明古国，文化遗产更加丰裕。但是文化产业发展相对滞后，潜力尚未充分释放出来。这一方面是源于文化产业的起步较晚，政策和制度保障不到位，缺乏资金支持，市场化程度较低，缺少文化产品营销渠道，科技水平跟不上文化产业发展需求等自身原因；另一方面也是由于欧美等强势文化产品的全球推广，在一定程度上抑制和挤压了发展中国家文化产业发展的空间。

与发达国家相比，多数发展中国家文化产业产值占 GDP 的比重相对较低，尚未构成经济发展的支柱产业；但在全球文化产业发展大背景下，发展中国家的文化产业也得到快速发展，特别是在创意产业方面，发展中国家创意产品发展迅速，且出口规模也在不断扩大，但创意服务仍有待发展。

---

① 郑雄伟．全球文化产业发展报告．[2012－2－6]．http：//www.ce.cn/culture/gd/201202/06/t20120206_ 23048110.shtml.

② 金禅智．韩国文化产业的发展及其对中国的启示．北京：对外经济贸易大学，2006：4.

③ 郑雄伟．全球文化产业发展报告．[2012－2－6]．http：//www.ce.cn/culture/gd/201202/06/t20120206_ 23048110.shtml.

根据联合国贸发会议的《2010创意经济报告》，创意产品出口是发展中经济体创意经济发展的新动向。2008年，发展中经济体创意产品出口占全球创意产品出口比重为43%，而创意服务出口只占全球的11%（见图3-3），其中中国创意产品出口占发展中国家创意产品出口的近一半，占全球的20%。

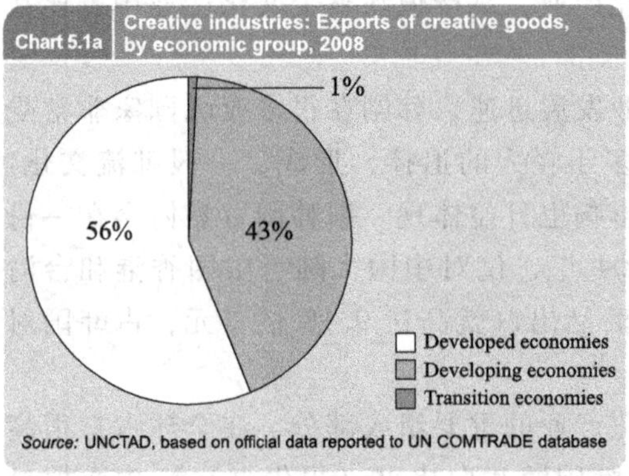

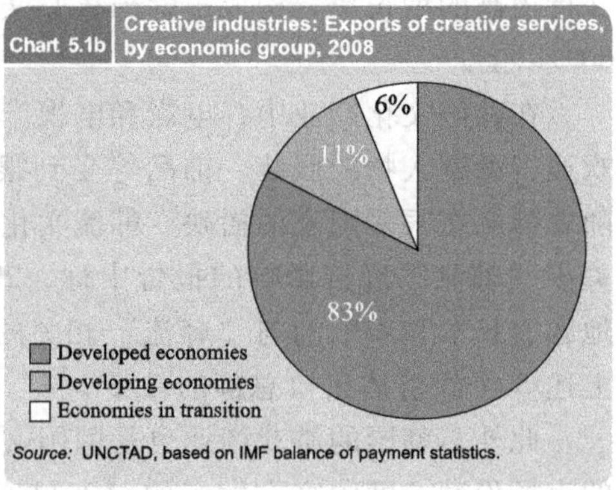

图3-3 创意产品和服务出口情况统计

资料来源：联合国贸发会议，《2010创意经济报告》。

《2010创意经济报告》显示，中国创意产业发展较快，且出口份额也在不断增长。但对于大多数发展中国家来说，文化产业发展尚处于起步阶段。多数发展中国家，特别是文明古国，文化多样性相对丰富，文化产业发展已经开始受到关注。不同国家采取不同措施来支持文化产业发展，也呈现出不同特色，如非洲国家音乐和艺术领域有特色，埃及手工工艺有特色，印度电影业有影响力，巴西的音乐、艺术等发展迅速。发展中国家的文化产业发展更多是和其国内的文化需求相结合的，体现出这些国家的文化特色，与发达国家相比，主动性相对较弱，科技含量也较低，以文化产品为主，文化服务有待加强。

第五节 全球文化贸易与投资现状

一、全球文化贸易现状

随着文化产业的发展，全球文化贸易也随之发展，贸易规模不断扩大，但金融危机以来增速放缓；创意产业产品贸易和服务贸易呈现不同发展态势；创意相关产业的产品和服务贸易快速发展。

（一）全球文化产品贸易规模不断扩大，但增速放缓

据联合国贸发会议数据库统计（见表3-6），2002年以来，全球创意产品出

口总额不断增加，从2002年的1 982亿美元增长到2011年的4 540亿美元，增长近一倍，其中2008年金融危机对创意产品出口产生了较大影响，2009年创意产品出口从2008年的4 089亿美元回落到3 508亿美元，但之后又快速增长。从具体行业看，设计类产品出口额最多，是增长最快的行业，也是唯一在金融危机发生后仍保持正增长的行业，其出口额从2002年的1 147亿美元上升到2011年的3 013亿美元，增长1.6倍。新媒体行业作为新兴的文化创意产业，2002年以来发展迅速，出口额从2002年的175亿美元发展到2008年的538亿美元，增长2倍，但金融危机使得该行业出口受挫，并在之后呈下降趋势，2011年出口额回落到437亿美元。此外，工艺和视觉艺术产品也发展较快，2011年两者全球出口额分别是342亿美元和311亿美元。

表3-6　　2002—2011年创意产品出口额按行业分布　　单位：百万美元

产品类别＼年	2002	2003	2004	2005	2006	2007	2008	2009	2010	2011
总计	198 240	226 002	261 729	290 472	316 456	370 631	408 936	350 798	391 760	454 019
工艺	17 503	21 269	24 017	25 759	27 904	30 796	32 498	26 821	31 492	34 209
音像	455	569	665	667	737	815	793	735	637	492
设计	114 694	132 983	156 481	175 142	190 783	220 623	243 521	216 074	248 800	301 262
新媒体	17 506	17 854	20 343	24 062	27 757	43 979	53 809	44 718	43 769	43 744
表演艺术	2 754	3 227	3 245	3 468	2 940	-	-	-	-	-
出版	29 908	33 613	37 204	39 326	41 353	45 161	48 379	39 837	40 429	43 077
视觉艺术	15 421	16 487	19 774	22 048	24 983	28 907	29 731	22 505	26 507	31 127

资料来源：根据联合国贸发会议数据库整理。

从创意产品进出口增长情况看（见表3-7），2002—2011年，所有行业进出口额的平均增长率都是正的，其中新媒体增长最快，进出口增长率都在13%以上；其次是设计，出口年均增长10.07%，进口增长7.56%；视觉艺术和工艺也保持了较高的增长率。但是如果把时间段缩短，2007—2011年，多数行业的年均增长率是负的，只有设计行业进出口都保持了正的增长，分别是6.66%和2.24%；工艺品出口增长1.8%，进口为-1.4%；而音响和新媒体行业出口都呈严重负增长。

表 3-7　　2002—2011 年创意产品进出口增长情况　　单位%

产品类别 \ 年 进出口	2002—2011		2007—2011	
	出口	进口	出口	进口
工艺	6.33	2.99	1.8	-1.41
音像	1.59	2.29	-11.59	-8.39
设计	10.07	7.56	6.66	2.24
新媒体	13.8	13.51	-2.15	-5.25
表演艺术	-	-	-	-
出版	3.47	3.63	-2.7	-3.56
视觉艺术	7.11	5.15	0.33	-3.23

资料来源：根据联合国贸发会议数据库整理。

（二）全球文化服务贸易持续增长，但增速趋缓

全球文化服务贸易随着文化产业的发展而不断发展。根据联合国贸发会议数据库统计（见表 3-8），2002—2011 年，全球创意服务贸易持续增长，其中计算机和信息、版税和许可费、其他商业服务及信息服务都保持了 10% 以上的增长速度，2007—2011 年，虽然增长放缓，但也保持了 5% 以上的增长速度。

表 3-8　　2002—2011 年创意服务进出口贸易增长情况　　单位：%

类别 \ 年	2002—2011	2007—2011
计算机和信息	17.5	9
版税和许可费	11.4	7.2
特许权和类似权利	15.4	12.3
其他版税和许可费	24.6	12
其他商业服务	12.3	6.9
广告、市场研究和民意调查	14.9	6.8
研发	13.9	8.4
建筑、工程和其他技术服务	14.1	3.7
个人、文化和休养服务	7.4	6.2
信息服务	10	5.8

资料来源：根据联合国贸发会议数据库整理。

（三）发达国家是全球文化服务贸易的主要提供方

根据联合国贸发会议数据库统计（见表3-9），总体说来，发达国家是创意服务贸易的主要参与方。2000年以来，主要创意服务参与方进出口额呈上升趋势。2011年，德国、荷兰、加拿大、西班牙和比利时的创意服务贸易额在100亿美元以上。文化产业发展较好的日本和韩国创意服务进出口额并不多。可以看出，发展中国家服务贸易额总体比较低，中国作为创意服务贸易额较多的发展中国家，总量也只有41亿美元。从服务贸易增速上看，各国服务贸易增长多数呈现倍数增长，只有印度、日本等国服务贸易额没有明显增长。

表3-9　　主要创意服务贸易国进出口贸易额　　单位：百万美元

国别＼年	2000	2005	2008	2009	2010	2011
比利时	628	6 075	7 209	9 145	9 677	10 286
巴西	1 919	2 962	6 331	6 356	6 476	8 472
加拿大	6 423	9 271	11 116	9 935	11 431	12 722
中国	590	1 210	2 020	2 410	3 008	4 141
法国	1 590	2 158	2 231	2 677	3 546	4 136
德国	8 367	20 923	32 631	31 433	32 525	34 540
印度	0	3 345	5 096	3 036	3 922	-
意大利	3 759	5 434	7 951	5 893	6 279	7 398
日本	116	97	155	164	151	160
韩国	150	395	2 292	2 095	2 228	2 751
荷兰	4 473	902	31 060	26 905	27 630	31 552
俄罗斯	0	3 384	6 994	6 203	6 684	8 165
西班牙	2 686	5 763	10 547	9 806	8 756	10 349
英国	1 973	4 082	4 211	3 168	6 468	4 598
美国	8 716	10 300	13 977	0	0	0

资料来源：根据联合国贸发会议数据库整理。

（四）创意产品和服务带动性强，进出口规模不断扩大

除了创意产品和服务贸易快速发展外，创意相关的产品贸易近年来也快速增长，从2002年的3 758亿美元上升到2011年的8 422亿美元；其中新媒体、音像、设计以及视觉艺术行业出口额较多，在220亿美元以上（见表3-10）。

表 3-10　　2002—2011 年创意相关产品出口额　　单位：百万美元

类别＼年	2002	2003	2004	2005	2006	2007	2008	2009	2010	2011
所有产品	375 833	442 647	558 242	637 564	710 620	711 842	728 102	611 936	738 583	842 224
音像	140 932	157 954	209 008	254 069	301 058	256 372	250 214	214 478	244 779	274 938
设计	65 792	82 627	99 660	116 789	123 665	149 903	169 552	136 936	176 120	227 973
新媒体	133 277	161 625	204 084	221 236	240 179	260 831	263 387	222 959	275 809	294 226
表演艺术	3 696	4 183	4 990	5 312	5 531	6 184	6 867	5 731	6 589	7 651
出版	10 025	11 706	14 174	15 490	16 404	14 725	14 919	12 149	13 701	15 113
视觉艺术	22 112	24 552	26 327	24 669	23 783	23 827	23 162	19 682	21 586	22 322

资料来源：根据联合国贸发会议数据库整理。

在创意产品和服务相关服务领域，主要存在计算机和通信服务以及版权和许可的问题。随着创意产业的发展，创意相关产品和服务的出口也在不断增加。2002 年以来，创意相关产品的出口年均增长为 7.35%，进口年均增长为 7.68%，其中设计、新媒体、表演艺术和音像的进出口年均增速较高，而视觉艺术年均增长率则为负。2007—2011 年，创意相关产品的进出口增长趋势基本延续了 2002 年以来的趋势，只不过增速放缓，其中值得关注的是 2007 年以来的出版出现负增长（见表 3-11）。

表 3-11　　2002—2011 年创意相关产品进出口变化情况　　单位：%

产品类别＼进出口＼年	2002—2011		2007—2011	
	出口	进口	出口	进口
所有相关产品	7.35	6.78	3.57	3.45
音像	5.61	7.44	1.19	1.79
设计	12.46	9.8	9.16	5.53
新媒体	7.49	5.7	2.91	4.81
表演艺术	7.09	5.88	3.92	1.98
出版	2.33	2.75	-0.33	-1.4
视觉艺术	-1.48	-1.34	-1.99	-3.6

资料来源：根据联合国贸发会议数据库整理。

二、全球文化产业国际投资现状

文化产业的全球化发展通过文化产业国际贸易和投资双轮驱动，文化产业跨国公司通过在全球投资，进行资源配置，以实现最大利润。由于文化产品和服务消费具有明显的区域或地方特色，离不开当地的文化价值观的认同，因此，跨国公司越来越多地参与到东道国的文化产业发展中，以获得更多的机会；同时，新兴经济体国家也开始关注文化海外投资问题。

（一）发达国家文化产业跨国公司海外投资空前活跃

由于文化产业辐射和带动面广，无论垂直还是水平角度价值链都比较长，为了更好地控制价值链，获得更大利润，文化产业跨国集团往往通过国际投资等方式来扩大其对文化产业价值链的影响，更多地参与到文化产业集群之中。以电影业为例，早在20世纪末，索尼就投资哥伦比亚/三星公司，新闻集团公司投资福克斯公司等，以此进入电影产业集群，实现价值链的利益最大化；此外，时代华纳、迪斯尼等文化跨国公司也在全球投资营销渠道或销售网络以及主题公园等。当前发达国家的文化跨国公司正在通过海外投资来促进文化产业资源的重组和整合，进入特定国家的文化集群，或者入驻文化创意城市，以充分利用当地资源。

（二）发展中国家和新兴经济体开始重视文化海外投资

近年来，发展中国家加快了文化产品和服务的“走出去”，但更多的是产品和服务的出口，而不是企业的对外投资。随着文化产业的进一步发展，中国等发展中国家和新兴经济体也开始重视文化产业海外投资，如2012年万达收购了全球第二大院线AMC，现在已有望成为全球最大的电影院线运营公司，目前已占了10%的市场份额。①

第六节 全球文化产业发展的总体评价

一、文化贸易与文化投资已成为国家获取海外利益的重要手段

2008年全球金融危机爆发之后，世界经济尤其是国际贸易受到了强烈的影响，欧美的实体经济也同样遭受极大冲击，经济增长缓慢甚至停滞不前，失业率居高不下。文化产业的发展同样也受到波及，但相比其他产业，文化产业助推经济发展的动力作用却得到了很好的体现，在国民经济中的作用更加凸显。

---

① 梁薇薇．中国文化产业“走出去”：内容+平台双管齐下．中国产经新闻报，2013-5-30.

文化产业已成为全球资本竞相投资的焦点。全球文化市场的规模持续扩大，使文化贸易成为国际贸易的重要组成部分和主要竞争领域，各国都在积极发展本国的文化贸易以获取海外利润，并以此来巩固和提升本国的文化产业竞争力和文化影响力。

根据联合国贸发会议（UNCTAD）的数据统计，2002—2011年间，世界文化创意产品的出口额由1 982.4亿美元增长至4 540.2亿美元，年均增长率为8.83%，进口额由2 200.7亿美元增长至4 176.2亿美元，年均增长率为6.95%（见图3-4），增长速度远远超过其他产业。2009年受金融危机的影响，文化产品进出口贸易额经历了短暂下滑，之后随着经济的复苏强势回升。由此可见，文化贸易在国际市场中的地位越来越显著，引起了国际社会的广泛重视。可以预见，在今后很长一段时间里，文化产业在世界各国尤其是西方发达国家经济社会发展中的地位、作用和所占比重仍将继续提高，文化贸易与文化投资将越来越成为各个国家获取海外利益、挖掘“文化金矿”的重要手段。发达国家凭借自身雄厚的经济实力、丰富的人力资源优势、全球化的资源配置网络、先进的跨国文化营销能力等，逐步推动文化产业向规模化、集约化和高科技含量方面发展，在文化贸易和文化投资中处于绝对的强势地位。全球范围内的文化产业并购重组势头仍将继续加强，市场竞争日益加剧。抢占文化产业发展的国际制高点，提升文化贸易国际竞争力，最大限度地开拓国际市场、获取海外利益成为世界各国的共同战略选择。

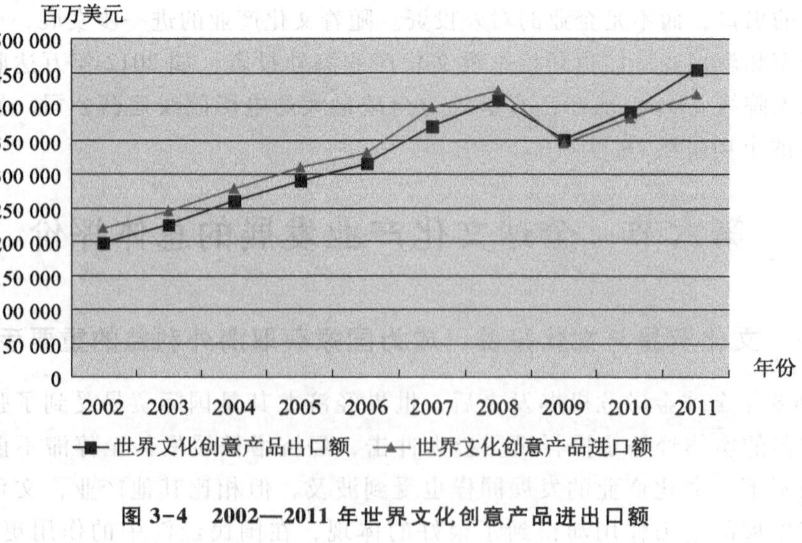

图 3-4 2002—2011 年世界文化创意产品进出口额

二、南北文化贸易出口结构不同体现国际分工鸿沟日益扩大

（一）发达国家主导创意创新型内容产品和文化服务制高点

从世界范围内的分布来看，文化贸易的发展状况呈现明显的不平衡性特点。如前所述，主要发达国家在世界文化贸易中依然占据绝对强势地位。发达国家文化产业发展相对成熟，文化贸易的起步也比较早，而且发达国家拥有先进的生产力和高科技，主导着全球文化贸易的进程，占领着文化贸易中创意创新型内容产品和文化服务的制高点。发达国家及发展中国家文化创意产品的分类别出口情况如表3-12所示，发达国家在出版印刷、音像制品等文化内容含量较高的产品出口方面处于优势地位，而这些文化贸易的核心产品也正高度体现了文化产业的精髓和价值，传播了文化理念，实现了文化输出。2011 年，在新媒体、出版印刷、视听媒体、视觉艺术等核心文化商品的出口中，发达国家和发展中国家所占比重分别为71.4%和 27.2%（转轨经济国家为 1.4%）。在意识形态较强、更加涉及文化理念的视听媒体领域和出版印刷领域，发达国家出口所占的比重分别高达 81.3% 和78.1%。在文化服务贸易领域，发展中国家更是远远落后于发达国家。据相关统计数据显示，2010 年全世界个人、文化和娱乐消费服务出口额在 1 000 万美元以上的9 个国家全部为发达国家，占全球市场总额的 74.7%。在个人、文化和娱乐消费服务项下的视听服务出口额最多的 10 个国家依次为：美国、加拿大、英国、匈牙利、德国、法国、西班牙、比利时、荷兰和俄罗斯，其中除俄罗斯以外全部是发达国家。这些国家视听服务出口额共占世界视听服务出口总额的 91.5%。①

表 3-12　2002—2011 年世界、发达国家及发展中国家文化创意产品分类别出口情况

单位：百万美元

区域	产品类型	2002 年	2003 年	2004 年	2005 年	2006 年	2007 年	2008 年	2009 年	2010 年	2011 年
世界	文化创意产品	198 239.8	226 001.8	261 728.6	290 472.4	316 456.0	370 631.2	408 936.1	350 798.4	391 760.2	454 018.9
	工艺品	17 502.7	21 268.9	24 017.0	25 759.3	27 903.8	30 795.8	32 497.8	26 820.9	31 492.5	34 208.9
	视听媒体	454.7	568.6	665.0	667.3	736.7	815.5	793.0	734.7	636.7	491.5
	设计	114 694.1	132 983.3	156 481.2	175 142.3	190 782.5	220 623.3	243 520.5	216 073.9	248 800.3	301 261.6
	新媒体	20 259.7	21 081.1	23 587.7	27 529.9	30 696.9	43 979.2	53 808.9	44 717.6	43 769.5	43 744.0
	出版物、印刷媒体	29 908.1	33 612.9	37 203.7	39 325.6	41 352.7	45 161.4	48 379.0	39 837.0	40 428.7	43 077.2
	视觉艺术	15 420.6	16 486.8	19 774.1	22 048.0	24 983.3	28 907.3	29 731.2	22 505.4	26 506.8	31 127.2

① 米宏伟．文化贸易全球化现状与特点．国际经济合作，2012（12）．

续表

区域	产品类型	2002 年	2003 年	2004 年	2005 年	2006 年	2007 年	2008 年	2009 年	2010 年	2011 年
发达国家	文化创意产品	123 169.0	135 503.4	152 618.7	164 907.9	179 295.9	211 036.9	227 171.0	184 686.6	195 900.8	222 596.7
	工艺品	8 256.4	9 291.9	10 067.3	10 029.1	10 483.4	11 551.6	11 451.6	9 176.2	9 663.4	10 653.5
	视听媒体	417.1	521.6	613.7	607.6	681.1	739.1	706.5	659.5	530.3	399.8
	设计	60 969.6	67 699.0	77 080.2	83 904.7	93 532.7	108 756.9	117 820.3	96 581.3	105 545.7	127 238.8
	新媒体	15 548.8	16 192.9	17 761.8	20 395.2	21 394.7	30 535.7	35 716.4	29 471.0	29 076.0	28 917.7
	出版物、印刷媒体	26 060.8	29 266.1	31 865.5	33 126.3	34 172.6	36 519.9	38 814.5	31 763.0	31 588.7	33 649.8
	视觉艺术	11 916.3	12 531.9	15 230.2	16 845.0	19 031.5	22 817.4	22 543.9	16 928.9	19 393.4	21 630.9
发展中国家	文化创意产品	73 890.2	89 126.5	107 198.6	123 379.6	134 762.1	156 853.0	178 064.2	163 211.5	192 837.4	227 867.1
	工艺品	9 201.3	11 928.7	13 882.6	15 657.4	17 344.1	19 147.6	20 881.9	17 521.2	21 690.2	23 383.2
	视听媒体	34.6	44.9	47.3	57.4	53.0	58.2	76.4	71.2	101.4	89.7
	设计	53 362.1	64 755.4	78 579.1	90 320.3	96 227.1	110 620.9	123 962.2	118 193.4	141 790.6	172 223.1
	新媒体	4 661.4	4 837.2	5 713.9	7 019.3	9 160.8	13 267.7	17 737.9	15 064.2	14 506.3	14 607.0
	出版物、印刷媒体	3 157.2	3 630.0	4 473.1	5 217.4	6 122.2	7 532.3	8 187.4	6 836.1	7 653.3	8 106.0
	视觉艺术	3 473.6	3 930.3	4 502.7	5 107.7	5 854.9	5 994.8	7 131.0	5 523.9	7 073.3	9 456.2

资料来源：根据联合国贸发会议数据库整理。

（二）发展中国家文化产品出口较为强劲，但出口结构和层次仍居低端

在全球文化贸易快速发展的大背景下，发展中国家也日益重视文化贸易，文化产品出口增长势头强劲。2002—2011 年，发展中国家文化创意产品的年均出口增幅达到 12.13%，比发达国家高出 5.89 个百分点，其中，工艺品和设计类文化产品领域的出口年均增幅分别为 9.32% 和 12.31%，比发达国家分别高出 7.73 和 4.75 个百分点。此外，视听媒体、新媒体、出版印刷等文化创意产品的出口也呈现出较快的增长态势。

必须看到的是，虽然发展中国家的文化创意产品出口增长势头强劲，但其出口的产品大部分处于价值链的低端，出口结构单一，产品层次较低。如表 3-12 所示，发展中国家在世界文化创意产品出口中比重较大的为工艺品、设计类产品。2011 年发展中国家工艺品出口的比重为世界的 68.4%（发达国家为 31.3%），设计类产品的出口为 57.2%（发达国家为 42.2%）。发展中国家出口的工艺品和设计类产品主要为发达国家所消费，但工艺品和设计类产品大部分属

于劳动密集型产品，文化含量不高，对发达国家文化影响有限。根据统计，设计类产品主要包括建筑设计、时尚设计、室内设计、玻璃制品、珠宝首饰及玩具等六大类产品，这些产品主要以加工贸易的方式出口，其上游的产品设计研发与下游的市场营销基本掌控在发达国家手中，发展中国家只能获得较低的附加值。而工艺品主要为传统技艺制造的竹制品、木制品等编织产品及树石盆景等产品，大多属于劳动密集型产品。① 发达国家长期以来享受着由发展中国家提供的低附加值文化产品，而将更多精力集中在利润与附加值更高、文化与科技含量更高、文化影响力与渗透力更强的核心文化产品的生产与出口上。就文化产品的进口来源地而言，发展中国家进口的主要核心文化商品仍来自发达国家，这体现了发达国家对发展中国家的文化影响和渗透。②

三、大型跨国文化公司已成为分享全球分工收益的主要抓手

随着经济全球化的深入推进和文化产业集团规模化的发展，文化产业集约化经营模式凸显，大型跨国文化巨头在国际贸易舞台中发挥着越来越重要的作用。从 20 个世纪 90 年代开始，在全球范围内兴起了跨国公司并购热潮，文化企业并购也开始大量进行，世界文化产业格局加速调整，目前少数跨国集团已经垄断了国际文化市场，而美国、西欧和日本的跨国公司涵盖了全球国际文化贸易量的三分之二，因此，跨国公司已成为国际文化贸易的重要主体。如表 3-13 所示，世界 500 强企业中经营文化产品和服务的几家跨国文化集团都属于发达国家。目前全球已经形成了迪斯尼集团、时代华纳、新闻集团、维亚康姆、贝塔斯曼、索尼、维旺迪、默多克、大日本印刷、美国电讯公司、国家广播环球公司、哥伦比亚广播公司等主要的大型跨国文化集团。据统计，全球媒体娱乐公司 50 强占据了世界上 95% 的娱乐和出版市场，90% 以上的新闻制作由美国和西方的文化创意产业集团垄断，其中 70% 左右由跨国大公司垄断。哥伦比亚和时代华纳等跨国电影公司创造的利润占据了美国电影市场的 80% 左右。③ 这些跨国文化巨头不仅在国际文化市场上占据垄断地位、赚取垄断利润，而且在文化产品的内容、文化审美、文化价值观等方面设立发达国家的标准，这些都成为包括中国在内的发展中国家走向国际文化市场的重要障碍。

---

① 陈伟雄．中国内地创意产品贸易及国际竞争力分析．河北科技大学学报：社会科学版，2012（2）．

② 米宏伟．文化贸易全球化现状与特点．国际经济合作，2012（12）．

③ 陈伟雄．世界创意产业发展态势．中国社会科学报，2013-5-20．

表 3-13　2010 年世界 500 强企业中经营文化产品和服务的 9 家公司

500 强排名	公司名称	中文名称	总部	主要业务	营业收入（百万美元）
69	Sony	索尼	日本	电子游戏、娱乐	77 696
189	Vivendi	维旺迪	法国	娱乐	37 712
199	Walt Disney	华特迪士尼	美国	娱乐	36 149
255	News Corporation	新闻集团	美国	娱乐	30 423
274	Time Warner	时代华纳	美国	娱乐	28 842
376	Maruhan	株式会社 Maruhan	日本	娱乐	22 843
392	Bertelsmann	贝塔斯曼	德国	出版、娱乐	22 036
478	Time Warner Cable	时代华纳有线电视	美国	娱乐	17 868
500	Dai Nippon Printing	大日本印刷	日本	出版印刷	17 053

第四章

国际分工视角下中国文化产业“走出去”现状分析

第一节　中国文化产业开放及国际化进程

我国的文化产业伴随着改革开放的日益深化而逐步兴起、发展和壮大。改革开放之初，我国文化产业的发展处于起步阶段。1979 年年末，广州市东方宾馆开设了第一家音乐茶座，开启了文化与市场相结合的新尝试，这标志着我国文化市场开始兴起。20 世纪 80 年代初，音像业在我国逐步发展起来。此后，广告业、文化艺术业等也开始逐步发展。但这一时期我国的文化贸易还处在萌芽阶段。我国的文化贸易起步较晚，从 20 世纪 80 年代中期才开始小规模进入国际市场，直到 90 年代中后期，伴随着商业电影的崛起和国外文化产品加工贸易的兴起，我国才开始出现了真正意义上的文化产品出口，文化贸易由此逐渐发展起来。20 世纪 90 年代中后期，文化产业在中国快速发展，初步形成了演出娱乐业、音像制品业、电影业、图书出版业、艺术培训业等各大文化产业门类。21 世纪初，我国加入 WTO 后，文化产业发展进入了重要的战略机遇期。加快我国文化产业“走出去”步伐，成为新时期我国文化产业提升产业整体实力和国际竞争力的战略重点。在党的一系列重大会议、报告和文件中，文化产业都被频频提起[①]。在

---

① 十六届三中全会提出要“完善文化产业政策，促进各类文化产业共同发展，形成一批大型文化企业集团，增强文化产业的整体实力和国际竞争力”；十七大报告进一步强调“大力发展文化产业，实施重大文化产业项目带动战略，加快文化产业基地和区域性特色文化产业群建设，培育文化产业骨干企业和战略投资者，繁荣文化市场，增强国际竞争力”；党的十七届六中全会作出了《关于深化文化体制改革，推动社会主义文化大发展大繁荣若干重大问题的决定》，明确提出“加快发展文化产业，推动文化产业成为国民经济支柱性产业”的战略决策；党的十八大报告也提出要“深化文化体制改革，解放和发展文化生产力”、“增强文化整体实力和竞争力”；十八届三中全会进一步强调要“建立健全现代文化市场体系……提高文化产业规模化、集约化、专业化水平”，“提高文化开放水平……扩大对外文化交流，加强国际传播能力和对外话语体系建设，推动中华文化走向世界”。

这样的背景下，促进文化贸易和文化投资发展，提升我国文化产业国际贸易竞争力，加快文化产业“走出去”步伐，成为政府部门、理论界和企业界共同关注的重大课题。

一、文化产业的对外贸易现状

在全球文化产业和文化贸易大发展的趋势下，中国也紧跟文化出口大潮，文化进出口额快速增长，贸易总额中文化贸易额的比重也不断增加。2002 年，中国的文化创意产品出口额为 323.23 亿美元，到 2011 年，这一数值增长为 1 256.46 亿美元，年均增长率达到 14.74%；文化创意产品的进口额由 2002 年的 26.63 亿美元增加到 2011 年的 95.78 亿美元，年均增长率达到 14.36%。

中国各种类别的文化创意产品的进出口额也都呈现较快增长态势。具体来看，工艺品的出口额由 2002 年的 35.69 亿美元增加到 2011 年的 128.67 亿美元，年均增长 14.58%，进口额由 5.14 亿美元增加到 11.26 亿美元，年均增长 8.49%；设计类产品的出口额由 2002 年的 235.29 亿美元增加到 2011 年的 966.72 亿美元，年均增长 15.03%，进口额由 11.65 亿美元增加到 47.56 亿美元，年均增长 15.75%；新媒体产品的出口额由 2002 年的 25.22 亿美元增加到 2011 年的 62.19 亿美元，年均增长 12.21%，进口额由 6.53 亿美元增加到 25.41 亿美元，年均增长 15.72%；出版印刷产品的出口额由 2002 年的 5.35 亿美元增加到 2011 年的 26.61 亿美元，年均增长 20.68%，进口额由 3.01 亿美元增加到 10.06 亿美元，年均增长 14.54%；视觉艺术产品的出口额由 2002 年的 21.69 亿美元增加到 2011 年的 72.26 亿美元，年均增长 11.52%，进口额由 0.29 亿美元增加到 1.3 亿美元，年均增长 17.97%。①

中国文化创意服务贸易的规模相对较小，但增长速度较快。广告创意、市场调研等服务的出口额由 2002 年的 3.73 亿美元增加到 2011 年的 40.2 亿美元，进口额由 3.94 亿美元增加到 27.73 亿美元；文化娱乐休闲服务的出口额由 2002 年的 0.3 亿美元增加到 2011 年的 1.23 亿美元，进口额由 0.96 亿美元增加到 4.0 亿美元。2002—2011 年，计算机与信息服务、特许与许可服务、广告和市场调研服务、文化娱乐休闲服务等项目的年均出口增长率分别达到 37.38%、25.30%、28.44%、20.28%，年均进口增长率分别为 16.60%、19.78%、24.75%、18.92%。即使受金融危机的影响，2007—2011 年的文化贸易增速放缓，但计算机与信息服务、特许与许可服务、广告和市场调研服务等项目的年均出口增长率仍然达到 27.82%、21.22%、19.18%，年均进口增长率达 11.00%、15.08%、16.29%；文化娱乐休闲服务的出口受到较大的影响，2007—2011 年以 -26.78%

① 数据来自联合国贸发会议网站。

的年均速度下滑，但年均进口增长率高达25.69%。①

伴随着文化创意服务贸易迅速增长，其结构也日益改善，新兴文化服务贸易比重不断增加，出口成效较为显著。2011年，我国旅游、运输和建筑服务等传统服务贸易出口额占服务贸易出口总额的比重为54.2%，比2002年下降了15.3个百分点；新兴文化创意服务贸易在服务贸易中的比重快速上升，特别是高附加值服务贸易出口增势强劲。2011年计算机和信息服务、专有权利使用费和特许费、咨询和广告宣传出口额占服务出口总额的比重为24.9%，比2002年上升18.8个百分点。文化服务的出口潜力得到了进一步发掘。②

二、文化产业的利用外资现状

长期以来，文化属于意识形态领域，关系到国家文化安全和社会主义事业建设，因此，我国对外资进入文化产业有较为严格的控制。进入21世纪以后，我国文化领域的开放程度逐渐加大，文化产业利用外资水平有所提高。2005年，为适应加入世贸组织的新形势，进一步规范文化领域引进外资工作，提高利用外资质量和水平，更好地维护国家文化安全和促进文化产业健康有序发展，国家发展改革委、商务部、文化部、广电总局、新闻出版总署等五部委联合制定了《关于文化领域引进外资的若干意见》，规范文化产业外商投资。与此同时，中宣部、文化部、广电总局、新闻出版总署、商务部、海关总署等六部门也联合下发了《关于加强文化产品进口管理的办法》，以提高文化对外开放水平，维护国家文化安全。2009年7月国务院审议通过了《文化产业振兴规划》，提出了我国要积极吸收外资进入政策允许的文化产业领域，促进文化产业发展。党的十七届六中全会通过的《中共中央关于深化文化体制改革推动社会主义文化大发展大繁荣若干重大问题的决定》提出要“吸收外资进入法律法规许可的文化产业领域”，“鼓励外资企业在华进行文化科技研发，发展服务外包”。近年来，在政府的大力扶持下，我国文化产业发展迅速，吸引了大量的外商投资。新元文智集团的统计数据显示，2011年中国文化产业投融资总规模高达39.78亿元，该数额占此前6年总规模的61%。而在2011年的市场“井喷”中，外资投资规模占比超过8成，构成了主导市场的投资力量。③

应该看到，我国在推动文化产业利用外资方面取得了很大的进步，利用外资的范围在不断扩大，利用外资的形式也更加多样。但是目前我国在广播影视制作、新闻出版、互联网文化经营等领域，对外资进入还存在限制，甚至禁止外资

---

① 数据来自联合国贸发会议网站。

② 国家统计局．对外开放实现跨越式发展——从十六大到十八大经济社会发展成就系列报告之四．http：//finance. chinanews. com/cj/2012/08-21/4123026. shtml.

③ 路虹．“梦工厂”入华提速我文化领域开放．国际商报，2012-2-23.

进入：首先，在文化产业外资所占比重上有限制。许多开放的文化产业领域都要求中方控股，而外资所占比重不得高于49%。其次，在文化产业外资进入形式上也有限制。除大型主题公园和体育场馆经营、健身、竞赛表演及体育培训和中介服务外，在其他鼓励或限制类的文化领域，均要求外资通过合资或合作的方式进入，其中广播电视节目和电影的制作业务只能以中外合作的形式进行。最后，在外资进入文化产业的程序上有限制。在外资准入程序中，我国对外资进入文化产业一律施行特别许可制，从严发放许可证。① 随着本土文化产业竞争力的提升，我们要在坚持保护国家文化安全的基础上，实行更加积极的文化产业利用外资和对外开放策略，发挥“引进来”的车轮驱动作用和连接国际国内两个市场的桥梁作用，通过外资文化企业的示范效应、技术溢出效应和竞争效应，把全球文化产业中的先进理念、高端技术和成熟管理引进来，从而更好地推动我国文化产业在理念更新、产业升级和科技创新等方面的发展。

三、文化产业的海外投资现状

近年来，随着我国总体经济实力的急剧提升，我国企业海外投资步伐不断加快。据商务部数据显示，2013 年，我国境内投资者共在全球 156 个国家和地区的 5 090 家境外企业进行了直接投资，累计实现非金融类直接投资达 901.7 亿美元，同比增长 16.8%。总体而言，我国对外直接投资相对集中，2013 年，我国内地对中国香港、东盟、欧盟、澳大利亚、美国、俄罗斯、日本七个主要经济体的投资额共计 654.5 亿美元，占我国同期对外直接投资总额的 72.6%。从行业情况看，投资门类齐全且重点突出，九成的投资流向商务服务业、采矿业、批发和零售业、制造业、建筑业和交通运输业。流向商务服务业的投资为 294.5 亿美元，占投资总额的 32.7%；对采矿业投资 201.6 亿美元，占 22.4%；批发零售业为 136.7 亿美元，占 15.2%；制造业为 86.8 亿美元，占 9.6%；建筑业为 65.3 亿美元，占 7.2%；交通运输业为 25 亿美元，占 2.8%。文化体育和娱乐业发展起步较晚，但属于投资增速最快的领域之一，同比增长 102.2%。

近年来，在政府的大力推动和支持下，我国文化产业海外投资步伐持续加快。当前，我国一大批有实力的文化企业积极开拓国际文化市场，“走出去”势头正旺。其中，国有企业成为文化企业“走出去”的引领者，民营及中小文化企业在文化大发展大繁荣的背景下也不断兴起，成为“走出去”新的生力军，在国际文化市场发挥着重要作用。

我国文化企业开展海外投资，主要是基于以下三方面的动因：其一，文化资源寻求型对外直接投资。虽然我国是文化资源大国，但对于诸如世界顶级文化大

① 李本美，刘宝. 我国文化产业的外资利用策略研究. 长春工程学院学报：社会科学版，2012（2）.

师、演艺人才、创意创新人才等高端文化要素，仍然十分缺乏，通过对外直接投资，缩短了获取这些高端文化要素资源的距离，有助于我国文化企业占领未来国际文化竞争的制高点，如1990年科学出版社在美国纽约创建分公司，是国内最早采用直接投资方式进入海外市场的企业；2002年，中国外文局（现中国国际出版集团）收购美国的中国书刊社，并在此基础上成立长河出版社（Long River Press），开创了21世纪中国出版业实体走向海外的先河；2007年，中国出版集团公司和澳洲多元文化出版社在澳大利亚的新南威尔士州合资注册成立“中国出版（悉尼）有限公司”等，为这些出版企业获取原汁原味的当地文化要素和资源提供了便利。其二，文化销售渠道寻求型对外直接投资。渠道对于企业的发展至关重要，渠道是平台，也是文化竞争的阵地。我国文化企业通过对外直接投资在国外建立或获取销售渠道，能够为我国文化产品和服务走向世界搭桥铺路，提供“走出去”的舞台，如2012年万达收购了全球第二大院线AMC，从而获得了全球最大的电影院线运营渠道。其三，文化科技寻求型对外直接投资。我国文化企业缺乏先进技术和文化品牌，在国际文化竞争中处于极为不利的境地，文化科技型对外直接投资可以降低获取国际先进文化科技的成本，提升文化科技的获取效率和更新速度。如2010年，博纳影业集团作为登陆美国纳斯达克（上市代码BONA）的首家中国内地影视公司，能够更好地获得影视制作等相关的文化科技。

从我国文化企业“走出去”的区域分布来看，广东省、江苏省、上海市等沿海发达省市的文化企业“走出去”占比较大，文化贸易因区域经济差异而呈现不平衡的发展格局。从我国文化贸易的流向来看，发达国家和地区由于具有广阔的文化消费市场，依然是我国文化企业“走出去”的首选目的地。而新兴业态类文化企业“走出去”成为亮点，艺术品、网络游戏、电影、动漫等新兴业态产品对外贸易额居前，出口模式呈现多样化。[①]

第二节 中国文化产业贸易和国际投资的主要特点

一、我国文化贸易及投资规模持续快速增长，但发展水平较低

通过第一节的分析可以看到，近年来我国文化贸易和文化投资都取得了快速的增长，发展潜力和空间得到不断释放。但是，我国文化贸易发展结构不平衡：文化贸易以文化产品贸易为主，而文化服务贸易实力相对薄弱。我国的文化贸易中，文化产品贸易比例远远高于文化服务，其中文化娱乐休闲服务贸易逆差较为

① 王海文．我国文化企业“走出去”：现状、问题及对策．理论探索，2013（4）．

严重。文化产品在文化贸易额中所占份额总体来说很高，文化贸易基本上以文化产品进出口为主。从文化出口贸易来看，根据可获得的数据计算，2011年我国文化产品出口贸易占文化贸易出口额的比重达96.81%，其中工艺品、设计类文化产品出口所占比例高达84.4%；而文化服务出口所占的比例很低，特别是特许服务等核心文化服务在我国的文化出口贸易中所占比例非常低，虽然在2000年之后逐年上升，但都低于0.1%。而从规模化、集约化发展来看，我国文化企业基本是以中小企业为主，大型文化企业的数量偏少，经济效益和集约化程度不高，综合竞争力不强。据商务部业务统计，我国文化、体育和娱乐业对外直接投资由2006年的76万美元增加至2013年的1.8亿美元，应该说发展势头良好，但与发达国家相比，我国文化企业"走出去"的能力亟待提升。

二、我国文化产业在国际分工中总体处于产业链底端，缺乏内容创新

文化产业价值链是由安迪·普拉特最先提出的概念。普拉特认为，文化产业的实质是通过产业化运作，将抽象的文化转化为具有经济价值的产品，转化过程中的各个环节涵盖：（1）生产性投入或基础设施支持；（2）内容创意与制造；（3）再生产、服务供应与分销。[①]

与发达国家相比，我国文化产业在国际分工中总体处于产业链的底端，文化产品和服务的科技含量不高，创新能力不足，缺乏自主知识产权，从而在文化产业的国际利润分配中处于不利地位。我国出口的文化产品主要是初级加工的文化产品，依靠自身廉价的劳动力和资源等要素禀赋只能参与全球价值链的低附加值位阶，属于劳动或资源密集型产品，进入门槛低，替代性强。由于目前我国文化贸易企业主要集中在价值链底端和市场价值最小的生产环节，因此在内容创新、市场营销及衍生品开发等附加值较高的环节还存在较大缺陷，远未形成完整的价值链体系。

以文化创意产品的衍生品开发为例，发达国家十分重视衍生品开发这一文化贸易价值链的高端环节。在文化产品创作初期，发达国家的文化企业就从整个产业链的系统思维出发，将衍生品开发纳入发展规划中，建立了比较成熟的衍生品开发系统。《哈利波特》从图书到电影再到光盘及魔法公园等，形成了完整的衍生品价值链体系。而国内文化的衍生品开发则因循保守，在尝试创新和市场开拓方面乏力，错失了很多创造附加值的机会。这种粗放式的发展模式使得我国文化产业难以更好地走向世界。制约文化产业发展的主要因素不是文化资源禀赋，而是创意，创意起着四两拨千斤的画龙点睛之效。中国有着五千年的悠久历史文化，融入创意对其进行有效合理的开发利用具有重要作用，是提升文化产业价值

---

① 张斌．论文化产业与文化贸易的关系．艺术探索，2011（6）．

链层次、实现内容创新的重要抓手。美国在文化产业的内容创新方面就十分注重吸收世界其他各国文化精髓，经过加工创新后为己所用，如《功夫熊猫》、《花木兰》、《角斗士》等都是由他国传统文化改编的好莱坞电影，在全球都取得了良好的票房。这种做法值得我国借鉴。

三、文化贸易呈总体顺差、结构性逆差状态，文化服务贸易逆差严重

尽管我国文化产业处于国际分工产业链的底端，但从文化贸易进出口总额看，我国文化贸易总体上为顺差，部分文化产品和服务为逆差。根据联合国贸发会议公布的数据，2011 年我国文化创意产品的出口总额为 1 256.46 亿美元，而文化创意产品的进口总额为 95.78 亿美元，文化产品贸易的顺差达到 1 160.68 亿美元，相比 2010 年 901.62 亿美元的文化产品贸易顺差进一步扩大。在文化产品贸易中，除了视听媒体产品领域的逆差达到 1 801.9 万美元外，其余类别的文化产品均实现顺差。但在部分领域的细分行业中仍有逆差的情况存在，如新媒体领域下的大众媒体产品、出版印刷领域下的新闻报纸行业等。① 而从文化创意服务的进出口情况来看，可获得的数据显示，2011 年我国文化娱乐休闲服务的贸易逆差达到 2.77 亿美元，研发创意服务、建筑设计、工程设计及其他技术服务等也存在较大贸易逆差。与其他贸易领域的巨额顺差相比，这些文化贸易领域存在的逆差不但与我国作为世界贸易第一大国的地位不相称，更与我国作为文化资源大国的地位不匹配，必须扭转文化贸易当中存在的结构性逆差局面，尤其是要改变文化服务贸易逆差的状况。

第三节　中国文化产业“走出去”的现实障碍

一、影响我国文化产业“走出去”的国内障碍

（一）文化产业基础差、集聚度低

从总体上看，中国文化产业仍处于培育阶段，文化产业“走出去”战略更是处于探索发展的初级阶段，这主要源于我国文化产业基础较差。

从规模上看，目前，中国文化产业总产量还不大，2012 年尽管文化产业总值突破 4 万亿元，但在 GDP 中的比重不足 4%，同期美国文化产业占 GDP 的 25%左右，与发达国家比差距比较明显。在文化消费上，据国家统计局数据，由于家庭可支配收入水平等限制，2011 年我国城镇居民人均文化娱乐支出占总支

① 陈文敬，米宏伟．中国文化贸易发展现状、问题及对策．国际贸易，2013（1）．

出比重为 12.1%，也不具有竞争优势。

从结构上看，影响我国文化产业基础的一个重要问题是文化产品的供求结构性矛盾，相对于社会对文化产品和服务的多样化和高科技的需求，文化产业有效供给相对不足，尚不能满足日益增长的精神文化需求，特别是不能适应日益变化的国际文化市场的需求。

从水平上看，我国文化产业生产社会化、产业化程度不高，文化消费产品品种单一（主要集中在旅游产品上，对于传统文化项目关注度很低），文化消费层次不高，处于粗放式发展阶段。

从物质精神配套环境看，城市化水平、科技水平等基础设施建设远远未达到文化产业高度发展所需标准。据第六次全国人口普查数据，我国城镇人口比重为 49.68%，城市化水平制约着文化产业的发展。我国互联网络信息中心发表的数据表明，2010 年我国国际互联网普及率为 28.9%，这说明利用网络信息技术进行文化产品流通的使用率仍有待开发。此外，全社会还未形成人文精神文化，据联合国《2011 人类发展报告》统计，中国人文发展指数为 0.687，排名比较落后。与文化产业密切相关的教育水平也存在问题，我国公共教育支出一直没有达到国家设定的占 GDP4% 的目标，低于国际平均水平。人文因素的匮乏使文化产业发展潜力不足，缺乏向高级文化要素升级发展的动力。

文化产业是规模化产业，需要集约化生产才能提高效率。我国文化产业由于起步晚、管理体制分散、文化产业集聚度不高，在面向国际市场发展过程中缺乏国际竞争力。从数量上看，我国文化企业数目众多，文化产品品种丰富，但从规模上看，文化企业普遍较小，资金不足，没有形成真正的产业规模化和集约化运营，缺乏大规模、高水平的龙头企业和知名品牌，缺乏文化产业的战略投资者。据《2012 年新闻出版产业分析报告》数据，全国新闻出版业资产总额仅为 15 729.58 亿元；从单个文化企业看，作为我国国有最大媒体集团，中央电视台 2008 年年营业额仅为 230 亿元，而美国时代华纳营业额已高达 223 亿美元，虽然金融危机后营业规模受到冲击，但仍远超中国文化企业；《纽约时报》2008 年日均广告额 1 000 万美元以上，这已超过同期《人民日报》全年广告额；2008 年我国全国出版社年产值为 600 亿元左右，而德国贝塔斯曼公司一家销售额就为 139 亿欧元。这些数据表明，我国文化产业内部大规模、高水平、产业结构完整、综合竞争实力强的现代大型企业严重不足，严重影响我国文化产业的整体水平和国际竞争力。从产业集群化和关联度上看，数目众多的文化企业多处于各自为政、行业区域分割状态，要素配置极为分散，专业化水平不高，分工合作机制尚未真正建立，大量低水平文化产品重复生产，规模经济效应影响甚微，自我发展能力薄弱，效益低下，文化资源整合和文化企业的整合已迫在眉睫。

为增强我国文化产业的集群化程度，全国各地兴办了大量的文化产业集聚区和文化产业园区，但由于发展较晚、经验不足、园区服务体系不健全、功能性不足，这些文化产业园区在产业集聚效应发挥上还存在许多不足。首先，园区建设重复性强，特色定位不清，尤其是与区域特点联系不够密切，造成资源浪费。其次，园区内文化企业信息交流、专业合作体制不充分，大部分园区仅停留在统一规划、共享基础设施和优惠政策方面，园区内企业内部封闭生产制约着集聚效应的发挥。园区内企业与外部也缺乏有效联系，产业链条无法有效延伸，增加了企业的交易成本。最后，园区内企业融资渠道狭窄，经费来源主要依靠企业自有资金、银行贷款、财政拨款等，尚未建立完善的风险投资机制和民间资本融资体制，无法支持日益扩大的文化产业投资规模。

（二）文化开放水平低

从文化产业对外开放的规模来看，当前我国文化产业国际化步伐虽然加快，但对外开放水平仍比较低。根据《2011 年中国文化发展报告》，我国文化产业占世界文化产业的比重不足 4%。与中国其他行业产品对外开放度相比，文化产业的国际份额很低；与世界文化产业强国相比（美国约占世界份额 43%、欧盟约占 34%、日本约占 10%），差距也是非常明显。在文化产业出口中，核心文化产品和文化服务出口均不到我国同期出口贸易总额的 1%。这既与中国贸易大国、经济大国的地位不相符，也与文明古国地位和优良的传统文化积淀不相适应。

从发展趋势看，部分文化产业部门增长规模停滞或下降，反映了文化产业对外开放工作的曲折性和长期性。根据《2012 年中国文化发展报告》，2011 年 55 部国产影片销往 22 个国家或地区，海外票房和销售收入仅为 20.46 亿元，相较于 2010 年 35.17 亿元出现明显下降；根据《中国广播电影电视发展报告（2013）》，2012 年虽然有 75 部国产影片销往 80 个国家或地区，但海外票房与销售收入仍处于下降趋势，约为 10.63 亿美元。此外，中国演艺产品“走出去”仍处于成长期，在国际市场的影响力扩展并不显著。体育用品虽有在国际市场上打开知名度的国产品牌，如李宁、特步等，但国际市场主要份额依然把持在国外大品牌手中，国内体育用品国际化进程面临发展瓶颈。

从文化产业对外开放的结构上看，当前中国文化产品出口处于严重逆差；产品出口品种比较单一，主要集中在电影电视、图书版权、文艺演出、动漫产品等；文化出口地理方向过于集中，最大的目标市场仍为港台地区和东南亚地区。这些数据说明我国文化产业扩大对外开放仍有较大的空间。

（三）审批制度桎梏较多

行政审批制度是国家管理文化产业的一项事前控制手段。自 2002 年国家实施文化产业行政审批制度改革以来，文化部取消、下放和划转了多项行政许可和非行政许可[①]，但文化产业审批制度的桎梏并未完全解除，主要问题集中在非行政许可类审批项目的取消和下放以及行政审批改革的质量上。一方面，我国文化产业对非行政审批事项缺乏权威定义，造成各职能部门和各地区的理解存在一定的差异，一些部门管理职能也被误解为非行政审批事项，职能部门不便管理；文化产业非行政审批项目还存在法律依据不清晰的问题，习惯于确定什么能做，而对于什么不能做并没有非常明确的划定；文化产业的非行政审批法律层次也较低，审批事项的设立依据多为职能部门的规章和规范性文件，尚未有统一规定的法律条文。另一方面，我国文化产业行政审批改革也有需要进一步完善的地方，主要问题是行政改革绩效过于强调“数字效应”，只公布削减行政审批项目的数量，表明文化产业审批改革存在形式化的问题，过于简单，无法对文化产业审批项目的质量把握起到应有的保障作用。事实上，文化产业审批改革不应是项目多少的问题，而是应以合理性和合法性为衡量标准，要切实提高文化产业审批制度的行政效率。

（四）文化管理思维和管理体制落后

文化管理思维和管理体制是文化产业发展的动力。2005 年 12 月开始，我国持续进行了全面深化文化体制的改革，目标是培育现代文化市场体系、健全宏观文化管理体制。然而，与市场经济体制改革的步伐相比，特别是与党的十八大后我国进一步完善市场经济的改革目标相比，我国文化管理思维相对滞后，非市场化的管理体制尚未彻底调整，很大程度上制约着我国文化产业的发展，并束缚着我国文化产业全面参与全球文化要素配置。

首先，我国文化管理思维仍存在固化、排他的意识。改革开放前，政府通过垄断国内文化业，直接参与文化业的经营管理，在文化领域内主要推行意识形态，文化不具有商品属性。改革开放以后，特别是我国加入世界贸易组织后，在全球掀起文化产业战略发展的潮流下，虽然大量的国际文化交流和国外文化产品进驻中国市场，冲击着僵化的非商品文化价值取向，但文化管理思维固有的意识形态性质仍比较浓厚，文化领域的主体是文化事业，文化很少以产业方式来运作。在对外文化关系方面，文化长期以来只是对外交流的方式，而非当作生意来进行，缺乏文化贸易意识。各级政府从文化安全角度对开放国内文化市场、中国文化产品进入国际市场仍进行一些政治性限制，在保持本土文化特色和与外来文化融合方面不能完全创新思维，使文化企业在文化产品“走出去”的宣传、制作、发行销售等方面无法完全放开手脚，文化产品的经济贸易属性仍需开发。固化的文化管理思维，不利于扩大海外文化市场份额，不利于中国文化产业在国际

---

① 2014 年初，《关于公开文化部目前保留的行政审批事项的通知》再次简化了行政审批项目，目前仅保留 4 个行政审批事项。

市场上的增值。

其次，我国文化管理体制仍未去行政化。目前，我国文化产业发展和“走出去”的主要推动力来源于各级政府、科研部门和政府主导的主流媒体和国有对外文化交流企业，政府与对外文化经营单位的行政隶属关系尚未彻底理清，政府管得过多、过死造成依附关系仍未彻底清除。许多国有经营性文化单位企业改制工作进展缓慢，市场配置资源机制混乱，法人治理结构不完善，文化产业经营者难以形成真正的市场主体和法人主体。在我国文化产业起步阶段，政府与文化产业的关系相对于文化发达国家来说更为紧密，但不能据此就实施文化产业的行政化管理，我国政府应探索新的适合市场机制的文化管理模式，增加文化产业的发展活力。

再次，我国文化管理体制设有行业壁垒，内生发展动力严重不足。目前，我国文化产业市场结构仍存在行业垄断，市场准入门槛较高，平等竞争的环境还不充分，特别是非公有制文化企业在部分行业和地区进入文化产业存在体制性障碍，社会团体、群众自治组织以及普通民众传播先进文化和进行文化产品创新的积极性和主动性得不到充分发挥。例如在影视动漫行业，尽管国务院发布了鼓励非公有资本进入文化产业的若干举措，也出现了万达文化国际公司、华谊兄弟传媒公司、深圳华强文化科技集团、上海盛大网络发展有限公司等民营龙头企业，但行政性垄断和政府过度重视做大国有文化企业的情况没有得到根本解决，民营影视制作企业与中影集团等国有文化企业的平等竞争环境仍备受争议，多种所有制共同平等发展的文化产业格局未真正形成。

最后，我国文化管理体制存在部门分割、管理不科学的问题。在文化产业领域，我国实行分行业的专业化分工管理，在行政隶属上又具有明显的行政区分隔。部门、行业和区域的分割使文化产业管理体制分散，不仅难以进行跨行业、跨区域的资源整合，而且还可能出现职能部门交叉管理或谁都管不着的灰色地带，导致文化产业政出多门，文化企业难以适从。在文化单位内部，管理体制不科学的问题也大量存在，人为治理方式普遍，单位内部员工激励、竞争和约束机制缺乏法律依据和制度保障。

（五）产业政策支持体系不够

文化产业政策主要涉及行政法规、部门规章、部门文件、相关法律等，而我国的相关文化产业政策主要限于行政法规层面，具体通过各种行政管理部门的法规、条例来实施。这说明我国文化产业政策一般只停留在国家战略规划层面，因此，文化产业所涉政策的权威性无法与国家法律相比，执行过程中随意性较大、解释也不统一。例如在广电行业，政策性产业扶持文件约占80%左右，而广电产业特别需要的“电影法”、“电视法”、“广播法”却一直未能出台，产业政策支持体系不完整。

文化产业发展政策目标也不够具体明确，政策扶持体系缺乏稳定性和前瞻性。目前，国家层面仅对文化产业发展提出纲要性的规划，而对文化产业的具体领域如影视、演艺、图书版权、体育用品等都没有明确细致的发展方向和发展措施，缺乏从具体产业角度考虑的配套扶持方法。政策扶持体系的稳定性也受到质疑，例如在对待旅游资源的开发和经营政策支持上，大力开发后便迎来建设部的一些禁令，使投资方心存顾虑，微观主体无所适从，不利于相关文化产业的长期发展。文化产业是一项长期积累的领域，需要产业扶持政策具有前瞻性，而我国文化产业支持政策在前瞻性目标设定与具体实施举措上不能完全配套，造成了文化产业在全球化环境中无法保持前沿发展的问题，甚至成为文化产业"走出去"发展的阻力。

此外，文化产业扶持政策渠道还有待丰富完善。虽然各级财政对文化建设投入比较重视，但实际投入比重不高，与文化发展需求仍存在差距。此外，我国文化产业扶持资金渠道狭窄，主要依赖财政资金，缺乏广泛的投融资渠道；电子政务水平也较低，开放性不强，错失了中国文化产业"走出去"的商业机会，降低了信息资源共享的程度。

（六）知识产权法律保障缺乏

文化产业是典型的知识密集型产业，其每一项内容都与知识产权有关。因此，知识产权保护是文化产业发展的重要基础和保障，各国文化产业发展水平很大程度上依赖于知识产权特别是版权保护。

目前，我国文化产业领域内知识产权保护程度处于世界中级水平，文化产业的知识产权保护还存在一些空白或不完善的空间，有的落后于文化产业的发展形势，直接影响了我国文化产业的良性发展。尤其是我国文化产业面临全球化市场，在实施"走出去"战略中，文化立法执法差异会制约文化产业的国际竞争能力。从立法上看，第一，我国著作权立法保护不能完全适应新科技形势下的文化产业发展需求。版权立法保护意识仍有待加强，对作品所有权的界限认识模糊，对作品的商品属性认识不足。在网络版权保护世界发展潮流中，我国相关立法严重滞后，网络媒体地位始终未明确，缺乏对网络作品版权的有效保护，版权技术措施与合理使用的平衡不能适应市场需要；第二，商标和品牌保护意识仍不高，大多数文化企业没有自己的商标，文化产品与文化生产企业语境指向脱离，商标的多语义现象比较普遍，不能适应鲜明性特征的要求，域名保护意识更为薄弱，地理标志保护严重滞后，导致文化产品和服务的知名度颇低；第三，专利权保护未有实质突破，文化产品的技术成果受到专利保护的水平不高，存在立法上的瓶颈；第四，缺乏商业秘密保护意识，相关法律规范也不完善，对于我国一些优势文化产品如川剧变脸、云南白药等价值在国际市场上的发挥不明显；第五，民族传统文化走出国门受到知识产权保护的挑战。国际知识产权保护体系中，对传统知识的产权保护一直还处于争议中，因此，这些民族传统文化走向国际市场存在如何有效进行产权保护的问题。从执法水平看，我国文化产业知识产权保护主要问题是版权执法混乱，盗版侵权问题始终未得到彻底解决，如音像制品市场上，虽然国家花大力气治理，但盗版音像制品仍占整个市场的绝大多数份额。

（七）文化产业链条短，缺乏创意和品牌

文化产业本是以内容为主的行业，在产业化的作用下，文化产业链条日渐丰富，资产增值渠道渗透到策划、设计、制造、衍生文化等领域。在信息技术的融合背景下，文化产业链条进一步扩展，传统产业链升级（如网络媒体），新型文化企业集团出现（如信息服务）。文化产业在世界各国之所以都处于战略性支柱地位，前提是其文化产业链条较长较宽，形成的文化产业发展网络是国民经济增长的源泉之一。《全球竞争力报告（2011—2012）》指出，中国文化企业价值链宽度显著不足，排在世界第13位，与制造业、服务业等平行产业的关联度严重不足，文化因素未在相关产业价值增加中发挥更大的作用，也难以随着我国制造业和服务业出口发展而增加文化产业的国际市场份额和价值。中国文化产业链条的长度也不足，除旅游、体育、教育等传统产业延伸产品相对成熟外，新型文化创意产业向高层次产业延伸显著不足，其他文化产业领域内虽有产业链条延伸的意识，但实践效果存在问题。文化产品的设计、开发、创新、制作等环节联系松散，互动协调机制匮乏。如旅游产业大多以观光景区为主，配套服务业发展缓慢。可以说，我国还未形成真正意义上的文化产业链条和网络，出口文化产品多以单件产品形式出现，导致我国文化产品在国际市场上品牌关注度低、影响力小；文化产品人物形象和附属产品等关联产业受制于国际交易渠道和国际市场融资困难而开发不足，整体结构不完整，难以提升文化产品价值，严重制约着中国文化产业“走出去”的步伐。

放置于全球文化产业链条发展中，我国文化服务出口比重在全球市场上微乎其微，存在明显的竞争劣势，这在一定程度上表明我国文化产业多处于全球产业链的末端。目前，我国文化产品加工能力突出，是全球颇受欢迎的外包基地，但前期创造与后期衍生文化开发能力相对不足，文化产品所需的设计营销创意和技术等高级要素禀赋缺乏竞争力，这导致文化产品出口单价相对进口单价来说较低，出口仍以资源型和成本型为竞争武器，创意性文化产业发展不足。此外，具有创意和研发水平的文化企业不多，我国文化产业缺乏自主高端文化品牌，缺乏形式新颖、内容深刻、风格独特、技术先进的精品文化产品，在文化出口中，我国不仅缺乏像时代华纳、迪斯尼这样的国际知名文化企业品牌，缺少李安、宫崎骏、卡梅隆这样的国际文化巨擘，还缺少诸如美国《指环王》、韩国《江南Style》、日本《千与千寻》等一类拥有众多文化受众、引领国际文化潮流的精品力作。就连作为我国演艺业最早以商业渠道为主“走出去”的艺术门类——杂技，出口份额虽然占据我国演艺类文化产品出口的半壁江山，同样也面临着品牌化不足、出口模式单一、营销能力不够、低价竞争等现实挑战。总体看来，我国文化产业核心竞争力不足，成为中国文化产业"走出去"的突出掣肘。

（八）企业外向型发展意识及国际化经营能力不足

面对文化产业全球大发展的趋势，我国文化产业适时提出了"走出去"的战略，这是经济全球化背景下文化产业升级发展的根本渠道。面对这一新的历史课题，刚刚起步的我国文化产业出现了外向型发展意识落后和国际化经营能力不足的问题。

一方面，作为市场参与主体的各文化企业外向型发展观念相对滞后，视野局限，缺乏参与国际市场和国际竞争的意识。首先，文化产业化意识薄弱。对文化的产业属性、开发价值、经济功能认识不足，没有最佳地结合文化产品的精神价值和经济价值，导致文化产品对外传播数量不够，在东西方文化对撞的时代，更多地在接受和退守。其次，依靠市场化机制发展对外文化产业的意识不强，尤其是对体现中华民族几千年文化积淀的传统文化精品市场化开发不足，有经验的传统对外文化经营单位也习惯于政府扶持、垄断性的经营模式，导致文化产品国际化资源配置不合理，文化产业价值判断不准确，这为对外文化市场设置了诸多障碍。再次，对外文化产业投融资模式市场化渠道匮乏。国有文化经营单位习惯于政府财政和金融的扶持，不熟悉从社会上吸引资本的途径，丧失了一些进入国际市场的机遇；民营企业投融资的政策限制基于文化安全考虑也十分严格，加剧了文化产业"走出去"的资金障碍。最后，国家文化产业安全内容不明确。我国加入世界贸易组织后，文化产业对外开放空间大幅提高，文化产业贸易和投资的巨大风险可想而知。除总量上的差距外，更大的差距来自自主知识产权产品的严重不足，维护国家文化产业安全十分必要，但如何科学维护文化产业安全更加重要。闭关锁国早已不适应现代文化产业的发展，在全球化背景下，我国必须大力鼓励文化产业"走出去"，树立在国际市场竞争中增强实力、维护安全的信念。

另一方面，目前我国文化产业市场主体还不成熟，具体的国际化运作实践还较少，国际市场经验不丰富。首先，文化产业国际拓展的全球格局尚未规划，文化产业外向发展空间传统上集中在亚洲市场，近些年又极力开拓欧美发达国家市场，过分依赖于少数国际文化市场阻碍了我国文化产业"走出去"的空间，空间覆盖率极低，极易受到发达国家的制约，造成文化产业"走出去"的被动性和不稳定性。其次，文化产业国际拓展的科学研究还不够深入，缺乏对国际文化市场的分类把握，不能细分国际文化市场的消费特征、经营规则、市场准入、法律制度等，导致根据国际文化市场需求策划、生产、营销文化产品和服务的能力有限。再次，文化产业国际拓展缺乏良好的管理体系。许多文化产业没有国际资本运作的经验，不擅长产业经营，在市场定位、企业发展等方面单纯追求文化商品利润，忽视文化产品内涵的延续效应。最后，文化产业国际拓展的创新意识需要持续开发，掌握核心技术和关键部件的制造技术氛围不强烈，不能广泛应用信息技术成果，使我国文化产业进入国际市场的产品普遍技术含量低，缺乏开拓国际市场的高端品牌，无法进入主流市场，某种程度上决定了我国文化产业在国际市场的现有竞争地位。

（九）文化企业的人才储备不足

相比发达国家文化产业发展而言，我国文化产业发展起步较晚，现有文化企业中大多数员工是从原有事业单位转换身份过来的，这其中有不少人熟悉文化作品的创作规律，但却不太精通文化企业的运营管理，容易过度强调文化产品的意识形态属性和精神价值，而相对忽略其产业属性和经济价值。通过市场招聘引入的一批高层管理人员，虽然对企业的运营管理和市场开拓比较熟，但对于文化产业的内在发展规律把握未必能到位，往往容易将工作重心过多置于文化产品经济价值的开发和推广上，而相对忽视文化作品的文化内涵和精神价值。特别是现阶段我国大多数文化企业仍将主要目标定位在国内市场，对国际文化产业及市场的关注不够，不太熟悉国际文化市场的运作规则，在进入国际市场的初期必然会面临很多始料未及的挑战和难题。

二、影响我国文化产业“走出去”的国际障碍

（一）文化市场准入壁垒

文化产业是各民族文化精神和文化传统的表现和产业化，是各民族宝贵的精神财富。出于对本民族文化的保护和世界范围内文化安全矛盾升级的考虑，以及文化产品本身的唯一性和难以衡量的特点，各国都会对本国文化实施特别保护，设立文化市场准入壁垒。目前，中国文化产业“走出去”面临的主要市场准入壁垒包括：第一，歧视性税收，即对外国文化产品规定进口关税。目前很多文化产品进口国对于影视作品拷贝、报刊杂志等都征收进口关税，可以提高进口文化产品的价格。歧视性税收还表现为国内税的差异上，如法国对境外视听产品征收较高的视听税。第二，非关税壁垒。如很多国家对境外音像制品、出版物实行进口许可证和进口配额制，配额以内凭证进口，超过配额禁止进口或缴纳较高的税款罚金。如我国台湾地区规定每年从大陆引进影片不得超过规定数目。第三，直接数量限制。这在影视作品播放时长上经常被使用，如加拿大规定私人电视台全天播放电视节目中进口文化节目不得超过40%。第四，服务壁垒。对进口作品的翻译、配音等作出本土化的规定，不仅可以提高进口作品的播放成本，还可有效延迟播放时间。第五，严格的审批制度。例如，法国、韩国等国对敏感、不适合公开的传媒文化产品进行严格审查，很多国家设立了文化产业外来投资的审批制

度，包括对设立外国文化企业的资金限制、对企业人员的限制、对外国文化企业活动范围的限制等，这些都是准入政策的具体体现。

（二）跨文化交际能力低，文化折扣严重

文化产业国际化不是文化产品的跨国交易，而是文化内容的跨国交流和沟通。不同国家间总存在不同程度的文化差异，文化产品能否赢得当地消费者的认同是文化产业“走出去”、赢得国际市场的基础。对目标市场的语言文字、文化传统、风俗习惯、历史发展等文化内容缺乏了解，就会降低文化出口产品的当地认同度，出口产品市场会受到限制，进而产生“文化折扣”。我国文化产品出口以往主要针对亚洲市场，“文化折扣”现象不甚严重，而近些年来，文化产业走向国际市场，开拓了欧美发达国家和一些发展中国家市场后，“文化折扣”问题就变得十分突出。“文化折扣”的来源有多个方面：可能产生于不同的文化背景和审美预期，例如中美电视剧作品中关于幽默桥段的认可存在很大的差异；还可能来源于历史传统，如以往国外对少林的理解需要相关影片作出较长的铺垫和解释；更直接来自于语言，汉语相对于英语来说世界普及率相差甚远，这也能部分解释英文文化产品输入中国相对容易的现象。在以这些“文化折扣”较严重地区为输出目的的文化作品创造过程中，简单的语言翻译很难让这些受众理解东方文化的内涵。在创作阶段必须充分尊重东西方文化和思维方式的差异，以目标国文化受众所能理解的思维体系和话语体系去演绎中华文化。当前，我国文化企业在开展对外文化贸易时，缺乏在创作阶段充分考虑东西方文化的差异，大都只对现有的文化产品和服务进行简单的语言翻译，就一厢情愿地推向国际市场，从而导致许多文化产品和服务的内涵难以被西方受众所理解和接受，“文化折扣”严重。国外消费者无法理解中国文化，也就无法接受中国文化产品和服务。所以，文化产业“走出去”，传播中国文化不能不讲效果，只追求中国文化的本色。本土化程度低，难以进入主流国际文化市场，使中国文化长久以来并未在世界范围内广泛传播。

（三）传播手段和营销方式落后

相对于进口文化产品而言，我国文化产业“走出去”过程中跨文化运营还不完善，传播手段和营销方式比较狭窄落后，宣传手段缺乏灵活性，限制了我国文化产业的国际化发展空间。我国文化产品，包括一些优秀的、有市场潜力的文化精品也停留在国内市场，不为外界所熟悉。目前，中国文化产品走出国门主要通过三个渠道：一是利用国内外文化产业博览会。如中国90%的版权交易都是在法兰克福书展、北京国际图书展览会等进行的；北京举办的第八届国际文化创意产业博览会，目标之一就是助推中国文化“走出去”。二是融入国际文化企业巨头的国际销售网络，通过国外发行代理公司进行分销。例如影视作品发行一般采取国外代理垄断发行模式。三是加入国际或海外文化产业相关协会，参加协会组织的高规格文化交流活动，向协会成员宣传中国文化产品，获取更多的会员间合作沟通的机会。这些渠道具有明显的局限性，主要问题是由于市场、资本、人才的制约，借助这些传播手段和营销方式无法畅通无阻地开拓文化产品国际化的常态规模和交易平台，无法拓宽文化产品交易广度，是中国文化产业“走出去”的途径障碍。归根结底，中国文化产业真正实现“走出去”战略，必须要构筑自己的运营和销售网络，建立直接的海外分销机构，投资海外文化企业，充分利用网络平台，建立快速准确的反应机制，最终建设中国文化海外发展基地，获得中国文化产业国际化发展的长期支持，逐渐加入到主流文化传播媒体中。

(四) 多方面国际风险较大

文化产业融入国际分工和“走出去”，同所有产业国际化发展一样，都面临着政治风险、经济风险和文化政策风险。政治风险是指出口国与进口国的政治关系发生变化、国际政治变动或东道国、进口国国内政治因素变动对文化产业跨国运营构成的风险。文化产品由于涉及价值观或历史评价，一些敏感题材往往会遭遇政治审查，主要涉及文化传媒企业的影视作品、报刊文章或广告。经济风险是指与文化企业国际化经营活动相联系的、与国际市场价格变动或消费变动相关的各种经济因素的不确定性带来的风险，是文化产业国际化进程中最常遇到的风险。文化产业往往存在产品创意风险大、市场反响不确定性强、可抵押资产少、市场竞争激烈、人员流动频繁、行业操作不规范等问题，加大了经济风险的可能性。如出版业中的版权跨国归属争议，影视服务业操作中的跨国投融资风险、选题判断、制作风险、发行结算风险等，直接影响投资回报率。文化政策风险是指政策的可变性导致文化建设规划失策而产生的各种损失风险。文化项目跨国经营建设规划资金一般规模较大，动用人员较多，收益回报需要年限，因此，各国文化政策的风吹草动可能导致文化项目的经营环境不可控制，从而产生国际运营风险。

第四节 中国文化产业“走出去”的主要途径

文化产业“走出去”是文化产业全球化高度发展的必然选择，是文化产业跨国界、跨民族、跨行业的国际化交流与合作。加入世界贸易组织后，开放文化产业、提升文化产业的国际竞争力、实施文化产业“走出去”战略成为我国文化产业发展的重要目标。近年来，在政府各项政策的扶持下，在我国相关文化企业的努力开拓下，中国文化产业“走出去”的途径日渐多元，既包括直接的产品营销市场国际化，也包括要素配置和生产过程的国际化以及文化产业内企业经营国际化，逐步形成了适合中国文化产业特性的“走出去”方式，努力在全球范围内实施对文化产业资源和经营能力的优化组合。

一、文化产业借助国际销售渠道和发行网络等国际化平台“走出去”

文化产业国际竞争力必须落实到市场层面才具有衡量的意义，这需要合适的市场载体。中国文化产品“走出去”的传统市场载体主要是借助国际销售渠道和发行网络，组建文化产业国际推广平台和国际市场网络，实现文化交流与文化产品的可接受，从而在文化产业的国际市场上实现利润。这种模式主要集中在演艺业、影视业和图书出版业。

中国民族艺术由于具有鲜明的民族文化特色，近些年来，中国艺术团体走向国际市场的意识不断提高，开发出了多种形式的国际销售渠道，演艺产品在国际文化市场上具有较强的竞争力。首先，1998 年成立、2012 年更名的中国演出行业协会每年组织会员参加各类国际演艺交流活动，积极寻求与国际演出协会的合作，借鉴国际运作模式，主动与国际同行交流；其次，各演出公司和民间艺术团体也积极加入具有较高知名度和巨大影响力的国际演出行业协会等行业组织，如美国艺术表演主办者协会、英国表演权协会等，利用其强大的网络关系资源和国际演艺平台，加大宣传和推介中国演艺产品；再次，中国文艺演出团体加强与国外知名商业演出机构或演出场所的合作，结成市场战略联盟，相互提供市场，积极参与国际大型演出，增加单独演出场次和场所，提高中国文化产品的国际市场占有率；此外，为降低国外演出成本和演出风险，一些中小型演出团体还寻求国外专业演出代理公司担任经纪公司，利用它们熟悉国际演出运作机制经验和雄厚的市场资源和市场关系，组织出国演出，提高运作效率，加快“走出去”的步伐；最后，中国演出行业协会等各级组织还积极筹办参加国际演出交易会，如自 2001 年起每年一度的中国国际演出交易会、2013 年参加美国演艺出品人年会演出博览交易会并组织“中美演艺合作研讨会”等，为中国演艺产品搭建了良好的国际营销平台。

在利用国际发行网络走向国际市场方面，我国影视业和图书出版业积累了一些经验。传统上，中国影视产品的发行渠道主要通过海外发行商或付费电视台进行海外买断发行，主要集中在香港、台湾、东南亚等地区。随着海外市场日益成为重要的收入来源，一些大型影视公司开始尝试全球范围内的海外买断发行。2002 年张艺谋的《英雄》为这一领域开拓了成功范例，此后，《十面埋伏》、《无极》、《夜宴》等相继以此方式成功地将影片推向全球市场。在《夜宴》的全球发行上，华谊公司还在中国出口信用保险公司的支持下，与欧美一些大发行商尝试采用了保底分账发行模式，即海外发行方一次性支付版权费、再结合放映后实际票房成绩进行分账，开拓了中国电影海外发行的新模式。此外，根据国内制片商与国外发行方对影片的认可程度不同，还出现了细分市场发行销售的模式，与不同市场分别签订不同版权费的发行销售合同。在图书出版业，中国国际出版集团、世界图书出版公司、中华书局等国有企业与民营出版公司共同致力于中国图书的多语种国际发行。如在以版权贸易闻名的法兰克福书展上，近几年来，中国国际出版集团每年都会在展会上达成上百项谈判，完成多项出口意向，其中多语种出版是该集团最突出的特征。一些民间团体也积极参与，如 2014 年晋城市人民对外友好协会编著的《走进晋城》，采用中、英、法、韩四种文字在美国正式出版。

二、打造文化产业集聚生产基地和国际文化贸易园区，促进文化产业“走出去”

文化产业具有显著的集聚效应。为提高文化产业的规模化和专业化水平，近年来，我国打造了一批文化产业集聚生产基地和国际文化贸易园区。它们通常集聚在城市边缘区域，或与高新技术园区融合，利用当地政府的扶持政策，从地方特色入手，规划了一批具有地区资源优势的文化产业生产基地和贸易园区，促进文化产业的集约优化发展，成为我国文化产业发展和实施“走出去”战略的重要组成部分。

我国文化产业集聚区和园区大多依托于文化发达的大中城市，其中以北京、上海最为突出。作为传统的文化中心，北京已形成内容丰富、领域繁杂的文化产业集聚区和产业园区。北京知名的艺术集聚区包括潘家园古玩艺术品交易园区、798 艺术区和宋庄原创艺术与卡通产业集聚区；北京文化展示区主要包括孔庙和国子监等国家文化展示区、颐和园和天坛公园等皇家园林文化展示区、什刹海的四合院文化体验区等；北京文化演出集聚区包括奥林匹克公园的现代演艺功能区、天桥的传统特色演艺区等；北京创意产业集聚园区包括石景山数字娱乐产业示范基地、中关村文化产业先导基地、国家新媒体产业基地星光影视园等。上海文化产业园区发展具有鲜明的规划性，2005 年上海正式成立首批 18 家“文化产业集聚区”，到 2011 年上海市创意产业集聚区已达 89 个，文化产业园区已达 52 个，营业收入约为 780 亿元，同比增加 20%[①]。目前，北京、上海借助文化产业集聚生产基地和文化产业园区，已成为全国影视节目与动漫游戏制作交易中心、出版发行中心、文艺演出中心和文化展览中心，是我国文化产品国际化的重要生产和交易基地。

在北京和上海文化产业园区建设的示范作用下，我国各地不同类型的文化产业园区发展速度也极快。影视娱乐基地方面，全国现有影视基地上百个，其中比

① 数据来源：http：//www.china.com.cn/chinacity/2012-05/02/content_ 25284770.htm。

较知名的有浙江横店影视基地、上海影视乐园、长春电影世界城、无锡影视城、河北涿州影视基地、苏州同里影视基地、宁夏银川镇北堡西部影视基地、怀柔影视基地等；软件产业园区方面，全国共有北京、上海、大连、成都、西安等11个国家级软件产业基地，初步形成了北起大连、南至珠海的沿海与内地软件产业带，实现了软件产业的跨越式发展；在出版产业园区建设方面，河北、河南、湖北、湖南、北京、安徽、云南等省市建立了出版产业基地，上海、重庆、杭州等地建立了国家数字出版产业基地，它们分别以传统出版物、新媒体为目标，以书面和数字出版为特色，推动出版资源的整合和国际化；动漫产业园区数目更多，2004年在国家扶持政策指引下，北京、杭州、大连、深圳等多个城市都建立了动漫基地，这些措施对于充分发挥比较优势，切实提升动漫产业国际竞争力等具有重要作用。

中国文化产业集聚生产基地和贸易园区的建设模式包括民间行为和政府导向两种。民间行为是指文化产业从业人员自发形成的资源聚集模式，园区具有适合的产业发展环境和消费市场，成本比较低廉；此外，利用原产业的人才、科技、文化资源，并融入新型资源，形成新的产业链模式，也属于民间行为的建设模式。政府导向的建设模式一般倾向于建立全新规划区域、搭建公共服务平台，发挥地区资源集聚效应。

三、文化产业基于文化产品自主知识产权输出策略"走出去"

文化产业，特别是文化创意产业，是凝结着知识产权的创新产品和服务的生产扩散体系，其自主创新能力决定着文化产品的质量和效益，进而关系到文化产品的发展潜力和效益。文化产品自主知识产权输出策略是我国文化产业走出国门的必然要求，它要求我国文化产业积极利用自主知识产权和更多的"中国原创产品"参与国际竞争，以此来提升我国文化产业创新能力。这种策略主要出现在版权产品和创意产品国际化进程中，以打造具有自主知识产权的优秀文化产品和知名文化品牌为主攻方向，以全面提升文化"走出去"的水平为目标。

在政府层面，中央、地方政府在扶持创意产业发展中，都特别强调自主知识产权文化产品的优先发展。2011年国家十部门联合发布《关于进一步推进国家文化出口重点企业和项目目录相关工作的指导意见》，鼓励文化企业开发自主知识产权产品，提出建立健全版权和商标权价值评估标准和体系，建立知识产权等无形资产质押担保交易平台，增强文化产业"走出去"的融资能力。青岛市政府提出建设海洋文化名城的目标中，明确提出2015年拥有自主知识产权文化产品比例要达到38%。

在企业层面，一批具有国际竞争力的出版企业打造了具有重要影响力的自主版权国际交易平台。如2005年，长江文艺出版社以10%的版税收入、10万美元的预付款将《狼图腾》一书的全球英文版权转让给企鹅出版集团。影视音像自主版权交易发展势头更是猛烈。2005年中国录音录像出版总社与华纳公司合资采取多价格、多版本等灵活的知识产权保护方式推出自主知识产权音像制品，实现了自主知识产权文化产品的全新知识产权保护模式。深圳华强文化科技集团创作的《熊出没》动画片于2013年成功与迪斯尼签约海外版权，进入全球知名儿童频道，并在俄罗斯、伊朗等多个国家电视频道中热播。事实上，华强集团一直致力于文化产品的创意研发，它拥有300多项著作权和软件产品登记，其原创动漫作品已累计出口10多万分钟，这些作品覆盖至美国、意大利、俄罗斯等100多个国家和地区。2013年华强集团还研发出全景式4D球幕项目《西游传说》、大型室内抓举飞翔式RIDE表演项目《火焰山》、大型多自由度复合银幕影视项目《哪吒闹海》等多种新型主题娱乐项目形式①。在传统的杂技领域，中国杂技团有限公司一直致力于知识产权的保护开发工作，在美国、日本、法国等地注册组合商标，自主研发的可控旋转蹬技座、旋转爬杆、行走转动软钢丝架等申请了专利，《俏花旦——集体空竹》的每个版本都进行了版权登记，在走向国际市场进程中取得了巨大的经济效益。

四、文化产业与海外公司战略联盟以国际合资或合作方式“走出去”

随着中国文化产业的快速发展以及其在国民经济中的地位提升，外国市场对中国优秀文化产品的关注度大幅提高，中外文化产业交流已不再仅是产品进出口，而开始向文化企业合资、合作方向发展。2001年年底我国加入世界贸易组织后，特别是2005年国务院《关于非公有资本进入文化产业的若干决定》正式发布后，投入文化产业的外资明显增多。2008年国际金融危机后，国外文化市场受到影响较大，而我国文化产业受到的冲击远没有实体产业那么严重。因此，外资在我国文化产业的投资进一步增加。

我国文化产业借助国际合作方式（主要包括国际出版合作、中外影视作品制作与营销合作、中外演艺产品合资等）加快了进入国际市场的步伐，加强文化领域内的利用外资工作已成为中国文化产业实施“走出去”战略的一种有效渠道。在这种模式中，中方文化企业通过与外国实力较强的文化公司建立国际合资或合作企业，构筑战略联盟，共享渠道、共担风险、共负盈亏，从而实现共同发展。

在出版物领域，2002年12月，中国对外资开放了出版物的零售领域后，外商投资印刷企业、中外合资发行机构陆续成立，在未开放的报刊音像出版领域中，中外版权合作、广告代理、成立合资商业公司等变通手段频繁使用。如湖南

① 资料来源：《人民日报》2013年8月7日，http://ip.people.com.cn/n/2013/0807/c136655-22475193.html。

投资出版控股集团加强了与汤姆森出版集团、桦榭菲力柏契媒体集团等世界知名出版集团的战略合作，在优势文化产业如广电、出版、动漫等领域打造品牌特色产品，以此加大国际市场拓展力度；高等教育出版社在2006年和英国达成合作意向，通过中国社科学报集萃的形式走出国门，出版各个学科门类学报的英文译版；上海新闻出版发展公司从2004年开始与美国《读者文摘》合作出版文化中国系列丛书，每年推出20余种，并进入巴诺书店和亚马逊网上书店等美国图书主流销售渠道。

在影视作品领域，我国影视制作公司通过合资合作方式实现资本合谋，掌握影视制作的最新科技，并了解外国市场观影心理，找到符合全球观众的文化表达方式，借助海外发行渠道推广影视精品。目前，中外合拍片在海内外市场的票房份额已越来越大（2002年仅为5亿元，2010年达到最高值35亿元），打造国际团队协同发展成为中国电影产业发展的新方向。如《金陵十三钗》由奥斯卡影帝克里斯蒂安·贝尔担任主演，好莱坞BaseFX公司负责视觉特效；《一九四二》中日本电影"美术之神"种田阳平任美术指导，在《钢琴师》和《肖申克的救赎》中有出色表现的阿德里安·布劳迪和蒂姆·罗宾斯也加入拍摄；天津北方电影集团在与卡梅隆—佩斯集团合作中，学习了不少影视制作的新科技。在电视剧合作方面，2009年在中央电视台播放的华纳—索尼影视公司制作发行的作品《破茧而出》，由国内一线编剧与好莱坞悬念剧大师杰拉德·萨诺夫越洋合作而成，是好莱坞创作范式和中国式叙事结构的完美结合，在题材和价值观上也进行了全球化的整合。2012年，美国梦工厂动画公司与华人文化产业投资基金等单位签署协议，联合上海东方传媒集团有限公司、上海联和投资有限公司在中国上海合资组建"上海东方梦工厂影视技术有限公司"，进一步提高了中国文化产品通过合资合作方式进入国际市场的水平和层次。

五、文化产业通过直接投资、并购重组外国企业等方式实现海外运营

目前，我国优秀文化产品进入国际市场主要依靠直接出口或中外文化企业合作方式。在打造名牌产品时，大多包装在国外文化产品之中，这不利于中国文化产业真正实现国际化。随着中国文化产业"走出去"战略的加快实施，一批有实力的文化企业开始尝试进行海外直接投资或并购重组等方式从事境外文化产业投资，实现跨境运营。主要做法包括注册国外演出或电影制作公司、电视频道直接海外落地、投资海外艺术品等。通过建立跨国文化企业进行直接海外运营，跨国文化企业在东道国形成了自己的市场营销网络，可以单独组织经营国际市场演出或展览，提高了对市场的控制能力，享受国民待遇，并在国际市场上积极创建自主文化品牌，有利于开拓文化产业的国际市场。

我国文化产业海外投资虽然起步时间较晚、总体发展水平较低、规模不大，

但一些龙头文化企业的发展势头不可小视，海外投资是中国文化产业“走出去”战略中具有较大发展潜力的一种途径。我国文化产业海外投资领域比较集中，主要涉及演出剧场、电视台或电视频道落户播出、电影院线等；海外投资对象主要集中在美国等发达国家；海外投资或并购动机多为获取有利的无形资源，包括生产和营销资源、打破市场壁垒、获得进入这些国家市场的通行证等。2009年年底，中国港中旅集团所属天创国际演艺制作交流有限公司收购了美国著名演艺中心布兰森白宫剧院，我国文化企业首次拥有了属于自己的海外剧场，2010年起开始的长期演出为参与国际化竞争搭建了稳固的平台。在电视节目海外播放方面，中央电视台海外传播发展中心统筹协调国际频道海外落地推广业务，中央电视台国际频道增为7个，中文国际频道发展为亚、欧、美三个频道，外语频道开办了英语新闻频道、华语频道、西班牙语频道、俄语频道和阿拉伯语频道，“到2012年上半年，中央电视台中文国际频道和119个国家和地区的电视机构签订落地合作协议，信号覆盖171个国家和地区，用户总数超过3亿，海外落地酒店1 242家，酒店房间总量超过32万间”[①]。除完整频道落地项目外，中央电视台部分节目时段落地项目涉及45个国家和地区，在重大活动直播报道中外国主流媒体也会使用中央电视台国际频道的直播信号，其影响和效果并不亚于整频道落地。一些民营企业还积极并购国外电视台，如浙江商人叶茂西的西京集团全资收购了一家阿联酋国有电视台和一家英国本土卫星电视台，大力宣传中国文化和中国精英人物，引起相关国家地区对中国文化的关注。在影视文化产业投资领域内，2012年5月，万达集团并购了全球排名第二的AMC公司，是中国文化产业最大的海外并购案，涉及金额31亿美元，一跃成为国际第一大院线，占据国际院线市场10%的份额。

六、文化产业利用国家各类经济政策的杠杆扶持效应“走出去”

为实现文化产业跨越式发展、培育文化产业的国际竞争力，自国家“十五”规划将文化产业列入国家发展战略以来，我国政府出台了一系列文化产业扶持优惠政策，包括对出口文化产品、项目、文化企业和重大文化活动的专项资助、奖励计划、投融资支持等，使我国文化产业获得了较大的政策支持和良好的发展环境。

在我国文化产业国际化战略实施的初级阶段，文化产业的财政扶持政策具有重要的杠杆作用。根据保护幼稚工业原理，政府利用财政手段扶持文化产业，可以避免外部市场的冲击，增强中国文化产业的发展潜力，培养国际竞争能力。过去十几年我国文化产业的成熟发展与加速迈入国际化进程，与政府公共财政资金

① 资料来源：央视网，http://news.cntv.cn/special/hymtxzh3th/20121115/107405.shtml。

的大力支持密不可分。例如，安排文化产业发展的专项资金、贷款贴息、项目补助，奖励获奖文化产品，政府重点采购，要求媒体对文化产业宣传广告实施优惠收费，支持建立文化产业园区企业并实行与高新技术园区同等优惠政策，对新建文化企业免征企业所得税，采取先征后退和定期减免等直接税收优惠形式，等等。这些财政资金在撬动文化产业发展资源方面起到了积极作用，有力地推动着文化产业“走出去”战略的跨越式发展。例如，国家新闻出版总署启动的“中国图书对外推广计划”，截至2011年3月，已同54个国家322家出版社签订了资助出版协议，涉及1 558种图书，33个文版，资助金额超过8 100万元①。根据国家广电总局实施的《国产影片出口奖励暂行办法》，境内影视企业出品影片按影片海外票房的千分之二给予奖励，联合摄制影片按照该影片海外票房的千分之一给予奖励，卖断销售按海外销售合同金额两倍的千分之二或千分之一给予奖励。根据《文化产品和服务出口指导目录》，文化部和商务部每年公布国家出口文化企业和出口重点项目名单，培育了具有国际竞争力的文化企业和文化产品。

随着文化产业的壮大发展，政府政策扶持的重点开始发生变化：中国财政政策扶持力度逐渐减弱，金融政策扶持力度逐渐提高。政府扶持文化产业经费规模增长速度已从2007年的25.9%降为2010年的10.5%，而金融信贷投入成为政府金融支持文化产业发展的重点，文化产业“走出去”战略的经济政策开始逐渐市场化运作。2009年国家《文化产业振兴规划》鼓励银行业金融机构加大对文化企业的金融支持力度，倡导担保和再担保机构大力开发文化企业“走出去”的贷款担保业务品种，支持有条件的文化企业在国内外市场上市融资，发行企业债券，通过再融资方式并购重组。2010年九部委联合制定《关于金融支持文化产业振兴和发展繁荣的指导意见》，进一步强调文化产业与金融业的对接，金融部门应大力创新和开发文化产业信贷产品，努力改善文化产业国际化进程中的金融服务水平，这既是金融业务拓展方向，也是中国文化产业发展的政策扶持重点。2010年，新闻出版总署与农业银行、国家开发银行，广电总局与中国进出口银行，文化部与工商银行、农业银行分别签署战略合作协议，通过落实意向授信额度，积极推动银行业与文化产业有效对接。

七、文化产业依托国家硬实力和国际化企业载体“走出去”

实施文化产业“走出去”战略是一个系统工程，仅靠非规模化的单个企业是无法取得国际竞争地位的，必须依托于国家硬实力和有国际竞争力的国际文化产业集团作为载体才能成功地“走出去”。

---

① 资料来源：http://baike.baidu.com/link?url=7HoLoD7wuGgcERHF_7MGZJVsn-T0bVTv4WL8-_mmolPGY7gDYSqm4Sm0VbBWztci_dgbTWKKZ0jh95s3f0NL-K.

近年来，依托国家硬实力助推中国文化产业和文化观念"走出去"成效比较显著。首先，我国在境外建立的孔子学院是政府推广汉语及汉语言文化而设立的官方机构，为我国政府提供了文化交流平台，引起了西方政府的关注。其次，借助国际地位的提升，我国还特别关注把握国际传媒方向和提升在国际传媒中的话语权。我国政府积极进行全球传媒覆盖，重视互联网的传媒影响力，对国际传媒中关于中国的负面歪曲刻画采取积极措施消除不良影响，联合国内外媒体开设表达中国文化价值的专栏以树立正面积极形象。例如2014年年初习近平主席出席索契冬奥会开幕式中接受俄罗斯国家电视台的专访，充分体现了中国当代文化观念。再次，利用雄厚的经济实力实施中国文化出口战略，包括每年向全球推介一个汉字、一副对联、一个活动等"十个一"工程，进行文化元素的全面覆盖和持续推广，大力开发中国文化出口基地，形成大型有影响力的国家对外传播平台。最后，利用我国良好的外交网络，统筹驻外文化外交资源和政策，培训对外机构人员的文化沟通能力，挖掘文化交流合作的广泛渠道，建立文化产业信息网络系统来帮助文化机构和企业进行文化活动和文化产品推介营销。

近年来，文化产业企业运营模式也开始趋于国际化。一些有实力的大型文化企业集团成为中国文化产业国际化的重要载体，并开始占据国际文化产业链竞争的制高点。例如，中国对外文化集团公司是一家大型国有对外文化企业集团，每年在境内外举办亚洲艺术节、威尼斯双年展中国国家馆、中国国际合唱节等大型节庆和《图兰朵》、《武林时空》等重大演出活动，受中国文化部委托还承办了中法文化年和中俄互办国家年的系列演出展览项目，与林肯中心等世界一流演出场所以及《纽约时报》等主流媒体均建立了良好的合作关系，是全球最大的中国演出和艺术展览供应商和运营商。民营文化企业集团的发展更为迅速。例如，中国龙头民营企业万达集团，预计2014年资产达3 000亿元，已成为世界级跨国企业。在万达集团多元化发展中，文化产业是其重要的投资领域。2005年，万达集团开始大规模投资文化产业，创建了武汉中央文化区，与美国弗兰克公司成立合资演艺公司。2012年，在北京市政府的支持下，万达集团在北京成立了万达文化产业集团，涉及电影放映制作、大型舞台演艺、电影科技娱乐、连锁文化娱乐、报刊传媒、中国字画收藏等6个行业，2012年文化产业收入超过200亿元。2013年，万达文化产业集团继并购了AMC公司后，计划对欧美大型院线继续并购，计划到2020年占据全球院线市场的20%份额。万达文化产业集团的发展标志着中国民营文化企业在提高国际竞争地位的过程中迈出了实质性的步伐。

八、文化产业通过嵌入全球文化产业链条"走出去"

当前，国际文化产业竞争已不仅仅是文化企业和文化产品的竞争，更是全球文化产业链的全方位立体化发展与竞争。全球文化产业链包括产业间纵向的上、中、下游各环节的资源配置组合效率和规模效益的建设，文化企业以创意为龙头，驱动文化产品的制造、营销、后续产品开发、文化服务等，形成了全球规模的某一核心文化产品产业链条，通过一体化经营战略，创造巨大的经济效益。如当前各国娱乐节目，包括《中国好声音》、《超级女声》等节目在内，大多在传统节目制作基础上加入了节目品牌运营商、电信运营商、短信增值服务提供商、娱乐包装公司、广告代理商以及网络公司等大量新的运营主体。各种动画影视产品也普遍将动漫形象的文化价值延伸到相关服装业、玩具业、文教体育用品制造业等，为实现文化产业参与国际化运营提供了更多的条件和机遇。随着科技与文化日益融合，高新技术创造了文化传播的新媒体，从横向方面催生了网络服务、数字娱乐、信息咨询等文化消费，推动着全球文化产业链的横向组合发展，如文化产业跨区域、跨媒体的内容产业增值（信息技术对传统文化产业链的内容和形式创新）等，这些新的组合模式显示了更强的融贯性和扩展性。

在全球文化产业链条中，一般发达国家文化跨国公司占据优势地位，它们往往控制着文化产品的知识产权和品牌，掌握着文化价值链的核心资源。如美国影视跨国公司占据了全球影视版权市场份额的90%以上。与此同时，国际文化巨头将文化产业工业制造过程以外包形式转移给低成本的发展中国家，分解全球价值链，也为发展中国家文化产业和文化产品整合到国际价值链提供条件，充分实现要素禀赋在不同优势的国家之间进行全球化整合。例如，全球出版业巨头麦格劳·希尔积极打造全球化导向与本土化策略相结合的全球出版产业链条，在全球范围内寻求合作伙伴进行内容优化，实行合作出版。2006年麦格劳·希尔和中国外研社合作推出的《我和中国》，在中国和美国都具有不小的影响。

第五章

世界主要文化强国文化产业国际化经验分析

第一节 美国：强调自由竞争与全球要素利用

美国是当前全球文化产业最发达的国家，其文化产业起步早、发展快、门类全、规模大，文化产业的国际竞争力和总体实力遥遥领先，是世界各国发展文化产业竞相效仿的对象。依托其占有的科技制高点和强大的资本实力，美国文化产业全面开花，形成了以电影、音像、书刊、动画、体育业、娱乐业等为核心的多元文化产业群。在美国，文化产业大型跨国公司数量庞大，在最为富有的400家大型公司中文化产业占到了72家之多。借助跨国公司主导的全球生产销售网络，美国善于集聚和利用全球各类文化资源及高端文化人才，在各个行业率先而持续地进行创新改造，文化产业的先发优势得以长期持续。在其强势经济政治力量的带动下，美国文化产品和服务的触角伸向了全球各个角落，美国文化产业取得了高额的利润，"一家独大"，引领着全球文化产业的潮流。

一、以文化自由竞争和文化软实力扩张为取向

"国运昌，文运兴。"大国的崛起和扩张往往与文化兴起和传播紧密相连。诚如亨廷顿所言，"文化在世界上的分布反映了权利的分布……文化几乎总是追随权利。历史上，一个文明权利的扩张通常同时伴随着文化的繁荣，而这一文明几乎总是运用它的这种权利向其他社会推进其价值观、实践和体制。"作为世界唯一的超级大国，美国利用在全球化中的主导地位和政治、经济、军事和科技方面的优势，在"普世主义"的借口下，高举着"世界主义"的大旗，全面实施文化霸权和扩张战略，美国的电影、电视、生活方式、价值观念等大众文化产品借助发达的传播媒介，传播到世界上的每一个角落。文化产业作为美国国际战略

格局中的软实力，潜移默化地影响着国际行为及世界秩序的走向。

美国文化产业之所以能够领先于全球，关键在于其实施放松管制与提倡自由发展的文化自由竞争战略。美国奉行的自由主义经济政策所提供的经济基础和政策支持有助于其文化产业的快速发展和全球扩张。美国充分发挥市场体制、法律政策、中介机构和地方政府的作用，奉行“一臂之距”的宽松管理原则。应该说，作为全球市场化最成熟的资本主义国家，美国对文化产业的管理呈现出“无为而治”的特征，美国成为没有设立文化部的世界第一大经济强国，选择的是民间主导型的文化产业发展路径。这一路径的鲜明特点是充分发挥了市场机制的最大作用，排斥了政府不必要的干涉。政府的主要作用是为文化产业的发展创造宽松有利的制度环境和法律保障，而不对文化政策进行统一规制。这使得美国的文化产业能够充分利用市场机制的资源配置决定性作用，面对国内和国际市场作出快速有效反应，为文化产业发展提供的制度条件。美国顺应全球化大趋势，积极推行文化自由贸易原则，为文化产品和服务的顺利输出铺平道路，美国文化依托强大产业迅速涌入全球各国。美国的强势文化产业对其他国家相对弱势和稚嫩的文化产业以及国家文化安全造成了巨大压力。

二、以文化多元化作为产业崛起的基础

文化的滋养是经济发展不可或缺的要素。作为美国经济发展中越来越活跃的组成部分，美国文化产业深受美国多元文化的影响。美国是一个典型的移民国家，没有单一的宗教信仰和民族文化，没有传统文化的积淀，同时也没有文化的历史包袱和传统的民族价值观。美国文化作为由欧洲和世界其他国家舶来并杂糅融汇而成的“移植文化”，包容性极强，这使得美国文化中渗透着务实、创新的特质，更易于突破传统的藩篱，是一种开放和包容的文化，能够兼收并蓄，使各种文化现象共存共荣。从文化产品上看来说，多元民族、多元文化为文化产业不断发展提供了不竭动力。在市场化经济条件下，文化产品唯有尽可能满足最大多数人的需求才能获得最大的经济效益。不同的民族对于文化产品和服务的需求是多样性的，但是有一些元素确是人类共通的，比如电影中的爱情、亲情等元素都是具有普适性的，也是能被广大的世界人民所接收的元素，这也促使企业主们开发各种能够反映人性最基本特征的产品。美国电视剧以及电影在世界受到热烈的追捧就是一个佐证。

三、以获取全球各类文化要素为基本战略

文化产业作为一种产业化的商业形式，受一个国家及全球经济发展的影响和制约。美国作为经济全球化的领头羊，奉行自由主义的经济政策，极力倡导国际贸易自由化和全球市场开放，为美国在全球集聚各类文化要素和抢占文化市场创

造了便利条件。美国文化产业之所以雄霸全球，最显著的发展理念在于面向全球市场。在承载平民梦想的美国梦的感召和吸引下，在全球范围内集聚了一大批具有国际视野的高端文化创意人才，缔造了文化产业强国，而最大的优势在于通过对外贸易，美国文化产业形成了全球互动开放格局。美国文化产业给人最初的印象就是美国文化商品遍布全球，无孔不入。《时代》杂志封面、福克斯（FOX）的电视新闻、MTV 频道的流行音乐、好莱坞大片、ESPN 的体育直播、牛仔裤风格、广告形象和包装形式……都深深烙上了“美国制造”的印记。可以说，美国文化产业作为全球文化巨无霸，已经取得了向全球输出文化产品的主导权，与此同时，美国也成为全球首屈一指的文化产业进口国和各类文化要素消费国，从资金、信息、技术、人才等要素的全球自由流动中受益最多。美国整个文化产业并非完全自力更生的，其文化产业的制造很大程度上依赖于“劳务贸易国际化”。

在美国，资本市场上对文化产业发展的支撑作用非常显著。一方面，通过基金会、企业、个人赞助等方式，国家和社会资本的投入大量进入文化产业领域；另一方面，美国文化产业得天独厚的优势是其拥有一个庞大而完善的金融市场，从而能够获得源源不断的资金支持。美国一直以来都重视深耕金融全球化带来的机遇，充分利用其拥有的庞大而完善的金融市场，在全球范围内获取丰裕的资本来源，使美国文化产业发展有了持续不断的金融支撑。在很大程度上，尽管当下的美国文化产业大多由跨国公司来运营，但这些跨国公司中大部分并非以美国为主体，这些跨国文化企业大胆利用跨国公司及外来投资带来的投资。可以说，美国文化产业依靠跨国公司从全世界获利，虽然从国家层面来看美国仍是最大受益者，但最终控股的公司却掌握在其他国家商人手中。从好莱坞最具实力的电影制片公司便可见一斑，福克斯的老板为澳大利亚的新闻集团（News Corporation），哥伦比亚三星（Colunbia Tristar）的老板是日本的 Sony 公司。流行音乐产业部门也不例外，除美国 WEA 公司外，在美国市场上掘金的大多是德国的 BMG、荷兰的 Polygram、日本的 Sony 和英国的 Thorn-EMI 公司等。

四、以知识产权保护为战略保障

法治是市场经济的题中之义。作为发达的市场经济国家，美国文化产业发展中主要依靠完备的法律法规体系创造公平、公正、竞争、有序的良好市场环境，以克服“弱政府”的调控措施。美国非常重视包括知识产权法律保护在内的法治建设，充分有效的知识产权保护保障了美国文化产业的创新动力和健康发展。为了促进文化产业的发展，美国形成并颁布了包括《版权法》、《专利法》、《商标法》等在内的一套行之有效的法律体系。就制度层面而言，美国文化产业的发展受益于知识产权制度，尤其是版权制度的保护；就产业层面而言，美国版权产业又是文化产业的核心部分，其对美国文化产业的发展发挥着核心作用。

五、典型产业：电影产业

美国电影产业是其文化产业中不可或缺的一部分，在世界电影行业一直扮演着领头羊的角色，是世界电影的核心部分。19世纪末20世纪初，美国电影主要集中在纽约，寒冷天气给电影制作造成了一定的困难。随着美国电影产业的区位转移，好莱坞成为当代美国电影产业及其国际化的主要集聚地，当然大多数电影公司总部仍在美国东北地区，纽约仍然是美国最主要的电影制作中心。目前，好莱坞电影制作产量仅占世界电影产量的10%，但秉持着质量上乘的原则，其票房收入却占世界票房收入的70%，在北美地区已超过百亿美元。如2014年奥斯卡最大赢家《地心引力》，在全球票房累计6.7亿美元，其中北美票房2.56亿美元，中国票房4.5亿人民币①。好莱坞电影在世界电影文化产业中具有绝对优势，不断在世界电影产业发展中创造奇迹。

美国电影产业的发展与国际化模式的成功来源于其不断探索的市场运作模式和对高新技术发展的大胆开拓和使用。首先，在制作模式上，20世纪50年代以来，好莱坞用垂直分离的制作体系取代了垂直一体化的制作体系，体现了外溢的区位模式。最初这种区位溢出主要以加拿大的多伦多与温哥华为主，美国境内集中于少数比较发达的城市，后来蔓延到英国、澳大利亚、新西兰、爱尔兰和墨西哥等国或地区。目前这种区位溢出早已遍及世界各地，好莱坞电影分离制作模式炉火纯青。其次，在市场营销策略上，好莱坞电影经久不衰的一个重要原因就是运营明星策略。一方面对大腕明星加大宣传，以明星形象代表影片商标，吸引观众眼球，确保较高票房收入，也获得了更多的商业赞助，增加了影片营业利润；另一方面包装和挖掘具有偶像明星资质的年轻演艺人员，开发偶像明星的世界市场，不断贮备明星资源，继续推动好莱坞电影成为全球电影霸主。再次，在高科技制作技术运用上，好莱坞无疑走在世界的前列。利用不断发展的计算机技术，好莱坞电影广泛使用电子成像技术，不断呈现出高科技特色，如逼真的太空画面、星际格斗的特技镜头、机器大战的壮观影像、水啸雾都中的绝望场景等使观众们眼花缭乱、叹为观止。其中，最具有划时代意义的影片《阿凡达》是典型的艺术与科技相结合的作品，它从筹拍开始就在影片场景布置、画面设计、故事情节等方方面面遵从技术规律和技术要求，使影片画面质量达到了前所未有的高度，标志着世界电影产业3D时代的来临，数字化时代的到来将全面取代胶片电影，是世界电影史的又一次重大变革。

---

① 数据来源：http：//zhidao. baidu. com/link？ url = wCH89iZ8H3Kn48 - aYgPK2I - ef1DZEmfpwSG4hqxke5zZt24YbU8zNFTKhIAXvfKh6Pu8Kex4wJ2KD1vnGKLZmKDjv1uJ14wtjLvVck5jtGy.

第二节 英国：强调创意环境与创意人才培育

一、注重文化产业总体规划和统一协调

作为成熟的工业国家，英国高度重视文化和创意在国家产业发展、财富创造和就业提供中的独特作用。文化产业在英国称之为“创意产业”。从名称、内涵及外延来看，这一概念都凸显了英国对创意及创意产业的独到见解。创意产业作为英国经济最具活力的组成部分，跻身为英国六个战略经济产业之内。

“大文化”概念是英国政府创意产业管理的突出特点。英国注重政府文化管理机构改革，通过合并管理职能和扩大管理范围提升管理效果。1992 年，梅杰政府成立国家文化遗产部，将之前分散隶属于艺术和图书馆部、就业部、环境部、贸工部、内政部、科教部等 6 个部门的文化职责集于一身，对全国的文化艺术、图书出版、电视电影、新闻广播、园林古迹、文化遗产、体育和旅游等事业进行统一管理，并将文化大臣擢升至内阁核心成员。1997 年，布莱尔政府将国家文化遗产部更名为文化、媒体和体育部，使之成为英国创意产业最重要的政府行政管理部门。从最初的“创意产业特别工作组”，到文化、媒体和体育部，英国创意产业的推动和管理部门都较为集中，使得各项政策能够科学规划、总体部署和统一推进。在文化产业政策的具体执行过程中，各项举措之所以能够得到有效实施，主要得益于三大原则的贯彻落实，即其于 1945 年成立英国艺术委员会时采用的“一臂之距”（Arm's Length Principle）原则，政府主管部门只管文化不办文化的适当分权原则和所有文化事务均由文化、媒体和体育部专门、统一管理的“专”“宽”兼备原则。三大原则确保了英国文化产业发展的市场活力得到充分迸发，同时确保了支持文化创意产业发展的各项政策在“大文化”管理体制下的有效贯彻和落实，实现了市场和政府两只手的完美结合。

二、重视公民创意环境和人力资源要素的培育

作为由创意人才引领的“创新国家”，英国高度重视文化艺术的价值，强调文化艺术产品面向大众，鼓励全民特别是青少年参与各类文化活动，并为之提供各类参与机会。公民创意生活对创意大环境的营造具有重要意义，英国政府采取教育培训、博物馆开放、数据档案数字化等措施千方百计地使更多人充分享受创意生活和创意教育，这为产业发展奠定了坚实的社会基础。英国在 2008 年发布的“新经济下创意英国的新人才”战略报告宣告：要激发每个公民的创意才能，缔造一流的创意企业、培养一流的创意人才。报告第一条就开宗明义地强调要从

儿童教育抓起，尽早发现个人的创意才能，并针对青少年、成人创意才能培养及创意人才就业等提供帮助和有效通道。应该说，对创意人才的重视和培养成为英国文化创意产业发展的基石。英国政府非常重视培育和保护高端创意人才，为了确保向文化创意产业持续供应富有创意和懂得运营的高端人才，英国政府非常重视正规教育体系和成人业余教育等领域艺术教育的投入。英国文体部还专门推动成立了创意产业高等教育论坛，搭建高校和业界互动的沟通平台，盘活高校资源，为业界培养创意创新型人才。文化、媒体和体育部多次与其他政府部门联合发布人才培养报告和规划，为创意产业长远发展提供持续动力。在这方面，英国未来几年将会采取的发展举措包括：向所有孩子提供接受创意教育的均等机会；向学生传授满足创意产业工作需求的技能；为年轻人创作创意部门工作机会；建立新的技能培训基地；增强各个学习阶段的衔接度等。[①]

三、重视文化产业法律政策体系建设

在法律政策方面，英国给创意产业的发展提供了较大的自由空间。英国政府认识到创意产业对自然资源的依赖小，作为一种高增长、高附加值的发展方式，对于提高国民素质、推动经济持续发展和提升综合国力的意义重大，因此，推出了当前国际上产业架构最完整的文化产业支持和发展政策。英国虽然没有一部对文化形成全面宏观规制的法律，但对文化产业具体领域出台了包括广播影视、遗产保护和新媒体在内的一系列政策法规。如《广播影视法（1990）》(Broadcasting Act 1990)、《通讯法案（2003）》(The Communication Act 2003)、《电影法案》(The Films Act)、《历史环境保护法》(Protecting our historic environment: Making the system work better)、《传媒、通讯白皮书》(New Future for Communications White Paper)、《计算机滥用法》、《计算机信息系统安全管理法典》、《数据库保护法》和《电子商务法》等。同时，英国政府还出台了一系列的配套政策，通过劳工、税收、资金、培训以及市场准入等手段，积极引导和扶持创意产业的发展，高度重视个人的创造性活动，并将其逐步纳入到国家经济社会发展的统一规划中。通过协助企业融资、税务和规章监管、知识产权保护、创意出口推广、教育及技能培训和推动地方自主权等多项产业促进政策来鼓励文化创意产业市场发展。

四、典型产业：演艺演出

英国文化部对文化产业划分为13个类型，其中表演艺术产业是比重相当大的一个范畴，剧目类型丰富，主要包括芭蕾舞、现代舞、歌剧、话剧、音乐剧、

① 熊澄宇．英国创意产业发展的启示．求是，2012（7）：58-61.

木偶剧、儿童剧等，核心商业活动包括作品创作、节目制作、演出、巡回演出、道具设计及生产和灯光。英国表演艺术产业是市场性与公益性相结合的产业，表演艺术产业结构多样化，不但有大型商业公司进行专业化经营、自负盈亏，也存在着大量依赖公共经费的团体。为促进文化产业的发展，英国政府一方面对演艺界进行资金支持，如1998年到2001年陆续投资1.25亿英镑激励优秀作品的创作；最著名的5家规模庞大的剧院（皇家歌剧院、英格兰国家歌剧院、皇家剧场、皇家国家剧院和皇家莎士比亚剧院）均享受政府资助，有能力大胆尝试艺术创想，其艺术作品具有极高的文化价值，在国际上享有显赫的声誉；另一方面，英国政府也重视演艺演出产业的基础培育，特别重视对青少年群体艺术素质的培训，实施“人人参与艺术”等活动，强化演艺演出的教育功能，重视青少年群体市场的需求和引导。

伦敦西区是英国表演艺术产业的集聚区，在方圆不足1平方英里、商业和娱乐业高度发达的市中心集中了伦敦剧院协会管理的近50家剧院，是世界闻名的国际演艺演出舞台。从历史传统来讲，伦敦西区表演艺术产业发展起源于16、17世纪莎士比亚创造的大量戏剧作品，历经改建，逐渐形成了今日的规模。作为一项以戏剧和剧院为代表的文化产业，伦敦西区在英国经济中发挥着令人瞩目的作用。早在20世纪90年代末，伦敦西区40多家剧院平均每家年演出近400场，票房总收入超过2.6亿英镑，与观看演出相关的餐饮、住宿、交通、纪念品等收入超过4亿英镑。进入21世纪，伦敦西区表演艺术产业继续繁荣发展。2007年5家主要剧院共上演153部剧目，票房收入达4.69亿英镑，对伦敦经济的消费贡献超过15亿英镑。2008年全球金融危机背景下，伦敦西区戏剧仍然大卖，音乐剧预售票房比2007年仍高出13.5%①，伦敦西区表演艺术产业呈现出一种反周期态势。作为一项文化产业，伦敦西区在世界戏剧产业中的地位也是有目共睹的，出口创汇能力不容忽视。海外游客在伦敦的一项必备旅游项目便是参观西区剧院、观看戏剧演出，其相关消费占伦敦西区总消费的1/3；每年还有大量西区剧目在海外上演，特别是一些经典剧目常年海外巡演，如音乐剧《猫》和《剧院魅影》，为英国塑造了高端的文化形象并带来固定的外汇收入。丰富的文化生活更吸引了大量外国公司和国际会议，进一步提高了伦敦作为世界文化产业先锋的地位，伦敦西区表演艺术产业已成为英国稳定发展的一项文化产业。

除了著名的伦敦西区外，英国其他地区的表演艺术产业发展也值得关注，如爱丁堡为期三周的著名的国际艺术节，每年云集了世界各地的演艺人士和文化团体，大批旅游者奔赴此地欣赏文化艺术表演，文化艺术不断发展传播。

---

① 数据来源．百老汇和伦敦西区的文化产业启示录．第一财经日报，2009-10-20.

第三节　德国：强调国家创新与品牌形象塑造

德国非常重视文化对经济发展和社会全面进步的推动作用，文化产业高度发达。作为世界文化强国，文化产业在推动经济持续发展、创造就业机会和增加社会财富积累方面发挥着不可替代的重要作用，在德国整个经济体系中地位也更加凸显。根据德国联邦经济与技术部统计数据，2006年德国文化与创意经济所创造的增加值高达610亿欧元，占当年GDP的2.6%。相比其他传统产业，文化与创意经济发展迅速，紧随机械制造业740亿欧元和汽车工业710亿欧元（GDP贡献率3.1%）之后，居化工产业之前。2008年德国文化与创意经济所创造产值为630亿欧元，实现销售收入1 320亿欧元，占当年GDP的2.5%。近年来，德国文化创意经济蓬勃发展，已经成为经济社会发展的新增长点和强大引擎。

一、重视制度创新，力推“国家创新战略”

为了推动传统产业升级改造，提升经济发展质量和国际竞争力，德国将发展文化创意经济纳入“国家创新战略”。鲁尔工业区的改造可以说是“国家创新战略”的成功实践。鲁尔区曾是欧洲采煤、焦炭生产、机械制造、化工和钢铁的重工业核心区，也是全球在煤炭基地构筑综合工业生产的典型。但单一的经济结构和严重的工业污染使得鲁尔区的经济结构转型势在必行。鲁尔区依凭联邦政府政策干预和财政补贴，以及地方政府产业结构调整和区域规划的推进，对原有的废弃商业用地进行科学治理，培育创新和文化科技产业发展，设立工业文化博物馆（如埃森煤矿博物馆），举办园艺展，将老工业区脱胎换骨改造成为旅游目的地和服务业中心。2010年，德国埃森市与鲁尔区获得“欧洲文化之都”的好评，鲁尔区53个城市和乡镇联手使工业区华丽转身为文化和旅游的统一体。德国主打“文化”、“创意”牌，在全球重点推广“创意之国”主题。

二、综合协调发展创意经济

作为联邦制国家，德国由各联邦州政府管辖文化教育事业。联邦政府层面则设有专门的文化国务部长，联邦政府年度预算中都有一笔巨额文化事业经费，坚实的资金保障为文化创意经济的发展提供物质支撑。鉴于创意产业发展的辐射性和关联性，创意产业已经突破和超越了传统意义上单一的文化层面，德国政府针对情势变化，克服单纯依靠文化部门推动创意产业发展的局限，而由综合协调职能较强的经济部牵头负责创意经济的统筹和实施，这使得德国创意经济的发展协调性得以强化。对于文化创意产业个体经济成分大、规模总体较小、涉及领域较广等特点，德国设立了全国性、跨部门的促进机构和协调机制，完善了支持中小创意企业的发展政策和制度，促进文化创意企业投融资与风险分担、强化知识产权保护、大量培养年轻创意人才和积极开拓国际市场。应该说，创意经济的综合协调为各级地方政府部门在实际操作中更加规范高效地落实国家关于发展创意产业的各项鼓励政策提供了制度和政策保障。

三、重视知识产权保护和品牌建设

德国政府高度重视知识产权法律建设，适应经济和技术环境的变化，不断修改和完善相应的法律法规，使各种知识产权保护政策有章可循。近几年，德国修订了《外观设计法》、《专利法》和《规范信息社会著作权法》等知识产权法律。在执法和司法领域，简化了对专利和商标的行政程序，缩短了专利法院审理程序，赋予知识产权所有人对侵权人的知情权，并明确了律师向侵权人发警告信的收费标准上限等。

德国政府非常重视实施品牌战略，以举办大奖和大型节庆活动、设立基金等多种途径提升德国文化创意品牌知名度和国际竞争力。德国设立了包括 iF 设计大奖、德国电影大奖和回声音乐奖在内的几乎涵盖所有文化创意领域的重量奖项。为了配合品牌战略的实施，德国高度重视“文化大国”形象的塑造，建立了包括德国学术交流中心、歌德学院、洪堡基金会、对外关系学会和国际交流中心在内的各类组织机构，并给予定期和可持续的专项资助，通过拓展这些组织的国际知名度，提升了德国对外文化交流的水平，改善了德国国际形象。以 2006 年举办足球世界杯为契机，德国联邦政府与企业界联手打造“德国——创意之国”工程，通过开通“德国——创意之国”网站和举办系列活动向世界展示了一个蓬勃向上、极具创造力和竞争力的德国。该活动自 2006 年举办以来持续至今，对提升德国的国际形象和促进德国文化创意经济与旅游业的发展产生了积极影响。

四、典型产业：会展产业

德国是当前举世公认的会展业最为发达的国家，作为世界上首屈一指的展览强国，素有“世界展览王国”之美誉。德国会展业的蓬勃发展主要基于其优越的地理位置、成熟工业背景的支持、政府政策和资金支持、完善正规的人才培训机制以及完善的服务配套体系和监督体系等，其中基础设施一流的大规模展览馆、国际知名的展览会、诚信高效的展览公司是德国会展产业发展的基础，在世界十大知名展览公司中，德国就占席 6 个①。

① 杜塞尔多夫展览公司、汉诺威展览公司、法兰克福展览公司、科隆国际展览有限公司、汉维展览公司、慕尼黑展览公司。

会展业是一个产业链条长、上下游带动能力强的行业，与包括交通运输业、旅游业、餐饮业、酒店业、信息产业、广告业、包装印刷业、通信业等的相关行业密切相连，会展经济给德国经济社会发展带来了持续的动力。每年会展业为德国经济创造约 200 亿欧元以上的收益，并创造了高达 23 万个就业岗位。2010 年德国贸易展览业协会统计数据显示，德国会展业年营业额超过 23 亿欧元，包含大约有 150 个国际性和跨地区性展会，净展出面积超过 700 万平方米，吸引近 175 000 家参展商，超过 1 000 万参观者，其中近 250 万来自国外。规模最大的德国汉诺威博览会每年举办展览 50 个，参展商 2.48 万家，观众 250 万人次，营业额近 1 亿欧元。与此同时，会展业的强大相关产业带动作用，使得相关行业借势发展。如 2006 年，全球会议旅游收入约为 2 200 亿美元，在同期旅游总收入 8 560 亿美元中占到 27.5%；而同年德国旅游业收入 383 亿美元中，会议旅游收入达 125 亿美元，占总收入的 32.8%。值得一提的是，创办于 1949 年的法兰克福书展是世界最大的书展，堪称德国会展业的"明珠"。作为拥有 19 万平方米盛大规模的"出版业的奥运会"，法兰克福书展不仅对德国出版业意义非凡，而且成为世界出版业的风向标，为世界各地的出版商、代理商、图书馆人员和图书爱好者提供了一个洽谈版权贸易、出版业务、展书订书和参展观摩的大平台，每年吸引着全球 110 多个国家和地区的 30 余万人赴会，其中约 12 万名书业界决策人士专为图书贸易或寻求商机而来，全球高达 75%左右的版权贸易通过法兰克福国际书展达成。

第四节 法国：强调文化例外与文化折扣消减

法国是一个公认的文化大国，历史悠久的法兰西民族对世界文化的繁荣发展作出了卓越的贡献。法国总统蓬皮杜曾说："法国不产石油，但法国产生思想。" 16 世纪法国文艺复兴和思想启蒙运动的蓬勃发展为人类近现代文明贡献了彪炳史册的宝贵精神财富。法兰西民族特有的文化特性使得法国成为一个群星璀璨的"思想大国"，而这是法国文化软实力和影响力的源泉与基础。

一、强调"文化例外"与本民族特色文化产业的保护

法国政府非常重视本民族文化特色的保护及文化独立性的维护。在文化上，法国一直具有某种独特的文化自信和优越自豪感，始终致力于维护其文化的纯洁性和独立性。法国国家治理理念和对外战略思想深受崇尚独立自强的"戴高乐主义"影响。从第二次世界大战至今，法国一直高举"戴高乐主义"的大旗，在国际舞台上维护和发展法国利益，彰显法国作为文化大国的国际软实力。

在外资准入方面，文化领域也设有专门的限制。如规定所有欧盟投资者在法国不得持有超过25%的任何私营频道的股份；而非欧盟成员国或欧盟成员的经济合作与发展组织，不能直接或间接持有20%以上的股份，也不能直接或间接拥有被批准用法语播出的地面电视或广播节目；非欧盟成员不允许在有线电视机构中持有大部分股权。这与法国政府对文化及文化产业的认识紧密相连。法国政府一直认为，文化产业与其他产业有着本质区别，其发展不仅关乎国家经济收益，更是与国民素质、文化传统、民族凝聚力、国家形象及国家文化安全等息息相关，是一个超乎经济之外、影响深远而根本的特殊产业。在全球化浪潮中，法国政府不遗余力地主张“文化例外”原则，坚决反对把所有的文化问题（包括文化事业问题和文化产业问题）纳入世界贸易组织的商业规则之下，借以保护日益受到美国通俗文化侵蚀的民族文化。法国在1999年文化及通讯部所提出的“文化例外与文化多元化”一文中把文化领域分为两部分，其中戏剧、出版、新闻、建筑等部分可以参与全球化市场，影像事业（包括电影、广播、电视、图书馆、博物馆、档案及其他相关领域）等则为不可妥协的部分。为了限制美国文化的渗透和影响，构筑防范外来文化入侵的屏障，保护和扶持民族文化的发展，法国在文化领域的投资方面采取了与其他普通行业截然不同的政策，包括大力宣传本国文化、对本国影视制造业进行资助、设定电视台播放比例、强化与欧盟国家的文化合作等。①

二、发挥政府主导优势，重视提供政府资金支持

法国是政府主导型文化产业发展国家的典型代表，法国政府实行的政府主导型文化产业政策对国民文化生活影响深远。在文化发展方面，法国政府不太信赖市场的作用，更重视国家对文化产业的理性规划、管理和扶持，其对文化的重视在欧洲国家中最为突出。究其原因，一方面由于法国对其悠久灿烂历史文化的热爱和自豪，将文化看作社会发展的中心和经济社会全面发展的原动力；另一方面也是法国政府对美国“单边文化战略”的一种反制和回应。

作为欧洲国家中最早设立文化部的国家，法国一直采用政府管理和资助的形式介入到各个文化产业门类的管理中。政府运用金融财税和先进科技等方面的支持促进文化产业的发展。法国文化和通讯部对文化产业事务进行统一的直接管理，但相比一般国家的直接管理模式，法国的这种直接管理模式具有两个典型的特点：其一，采取“契约式”管理模式。以财政投入的方式，通过签订文化协定的契约而非直接的行政命令来确保文化发展和管理目标的达成。政府在提供经费支持时，与目标资助方签订合同，政府利用合同约定对资助方进行引导和监

① 熊澄宇．世界文化产业研究．北京：清华大学出版社，2012：229.

管，实现投入经费的高效利用和政府文化管理目标的推进。其二，采取“一竿子插到底”式的中央集权管理模式。与英国式的通过中介代理机构实施管理不同，法国政府向地方派驻文化代表，统一对全国文化事务实行协调管理。①

三、拓展国际影响力，努力消除文化折扣

法国非常重视法语文化的生存状态，认为其与法国国家利益和命运休戚相关，法国政府将保护和复兴法语文化的国际地位当作国家文化战略的核心内容。1970 年，法国在尼日利亚成立法语国家文化技术合作机构（Agency for Cultural and Technical Cooperation），作为首个政府间的法语国家组织，拥有 21 个成员国。1997 年，该机构改组为国际法语国家组织（International Francophone Organization，IFO）。经过 40 多年的发展，IFO 成员国家和地区增至 55 个，覆盖五大洲，分别占世界人口总数、世界工业总产量和国际贸易总额的 10%、12% 和 15%。IFO 作为具有浓厚法语文化色彩的组织，旨在增强以法国为轴心的法语文化的向心力。在其发展的过程中，法国不断强化其主导权。此外，法国还设立了遍布全球的大量法国文化协会，为他国法语教学派遣优秀教师，为他国法语教师赴法进修提供奖学金。至今，法国已在 152 个驻外使馆和 20 个驻外领事馆设立了文化处和文化组。法国还与 100 多个国家签订了文化协定与文化交流计划，在世界 68 个国家开办了 134 个文化中心和文化学院。

为了克服文化冲突，减少文化扩张中的“文化折扣”，法国政府非常重视将本国作品翻译成其他国家的文字出版发行。法国设有诸如布里顿、卡特兰和考科斯等各种政府计划项目，以支持不同文字之间的译介和传播，同时还专门规定由法国图书中心对这些项目进行统一管理。此外，法国政府还通过外交部的各种计划项目，如设在法国驻伦敦使馆的伯吉斯计划（Burgess Programme），对当下关注的图书进行翻译资助。应该说，进入 21 世纪，法国致力于用“文化大国”来提高其国际威望和政治地位的战略意图愈发明显。

四、典型产业：文化旅游产业

法国是世界上最早发展旅游业的国家之一，并一直保持着世界第一大旅游服务出口国的地位。2005 年初，世界旅游组织评选出“2004 年全球十大旅游胜地排行榜”，法国名列榜首，国际游客数量高达 7 510 万。目前，旅游产业对法国 GDP 的贡献超过 7%，是法国的支柱产业之一。作为拥有悠久历史的文明古国，法国文化艺术可谓精彩纷呈，拥有丰富而独特的文化旅游资源。法国全境被列为历史古迹的古代建筑和遗址大约有 1.4 万座，雄伟的凯旋门、高耸的埃菲尔铁

① 胡青丹．发达国家文化产业发展战略探析．经济师，2009（11）：74.

塔、古老的巴黎圣母院、新国家图书馆、蓬皮杜文化中心、卢浮宫、凡尔赛宫等4 000多个文化博物馆闻名于世，法国阿尔卑斯山、比利牛斯山的滑雪场以及南部、西部的海岸等自然景观的旅游文化配套设施也十分先进齐全，在国际上享有盛誉。凭借着得天独厚的自然地理环境、众多积淀深厚的历史名城和富有文化气息的名胜古迹，文化旅游产业成为法国文化产业的重头戏，每年吸引了一大批国际旅客慕名而至，成为法国经济增长和解决就业的一个重要产业。

法国文化旅游在世界上产生了较大的影响，具有很强的国际竞争力，概括起来主要有四个特点：（1）重视旅游产品中传统文化内涵与文化底蕴的开发与宣传，包括法国的历史风俗、文明古迹以及思想理念等，通过文化遗产旅游开发提供富有传统欧洲文化特色的创意旅游产品，打造文化旅游品牌。（2）在深入世界各地挖掘客源、了解客户文化需求的基础上，开发出品种丰富、做工精细、实用性强、具有浓郁法国文化特色的旅游纪念品，如浪漫新潮的埃菲尔铁塔模型、葡萄酒、薰衣草等，表现法国历史文化，突出法国文化大国地位，成为法国旅游业增长的亮点。（3）注重对历史文化遗产的规模化利用。国家新剧院规定低价位座位面向大众，国家每年举办历史文化遗产日活动、每年定期向国内外公众免费开放远古时期遗留的建筑古迹和国家行政机构，吸引世界各地的游客。（4）政府高度重视文化旅游资源的保护和开发。对文化旅游资源的产权保护使用制定严格的法律、政策；划定历史文物保护区，实施整区历史风貌的保护；历史文化古迹修复严格遵循“修旧如旧”的原则保持原貌，文物修复实施严格的审批制度；旅游资源保护开发列为政府的一项重要职能，政府在资金方面给予大力支持，每年法国政府在旅游资源保护和开发方面的开支约200多亿法郎，其中文化遗产专项拨款20亿法郎，博物馆专项拨款18亿法郎。

第五节　日本：强调文化立国与文化内容属性

一、实施自上而下的文化立国战略

1995年，日本文化政策推进会议在其报告《新文化立国：关于文化振兴的几个重要策略》中，首次确立了日本21世纪“文化立国”的新战略，而日本文化厅《21世纪文化立国方案》的制定则成为“文化立国”方略正式实施的标志。“文化立国”战略的提出及实施反映了日本高度重视文化对国家经济社会全面发展的重要作用，将文化产业的发展定位于立国、强国战略的高度，从战略上决定了日本文化产业的发展思路、未来方向及目标前景，对全国发展文化产业具有全局性、前瞻性和引领性的指导作用。近年来，日本更倾向于用“内容产业”

(Content Industry) 来取代"文化产业"的说法，实际上是更加强调文化产品中的文化内容属性。日本充分认识到打造知识产权文化内容产品是"文化立国"的核心，强调知识产权战略的实施不仅能推动经济社会的创新发展，强化国家"软实力"，还能提升日本的国家形象和持续竞争力。日本于2001年提出实施知识产权立国战略，确立了10年内将日本建成知识产权强国的宏伟目标。不断制定或修订的《内容产业促进法》、《著作权管理法》、《文化产品创造、保护及活用促进基本法》、《信息技术基本法》、《知识产权法》、《有关振兴文化艺术的基本方针》、《文化艺术振兴基本法》等一系列相关法律法规及方针战略，为文化产业发展提供了法律制度保障。

二、成功创造了产、官、学、研相结合的独特发展模式

日本经济实现高速增长，产、官、学、研的相互结合功不可没。日本政府认识到文化产业专业技术人才和科技的研发是产业发展的关键，探索建立了一套行之有效的产、官、学、研的协作机制以整合开发、研究和生产的各项流程和资源，使各个环节对接畅通和一体化运作。文化活动所提供精神产品较物质产品生产更依赖于市场和消费者。为此，日本在文化经济发展中，特别是在文化产业的发展中，依托其成功地创造了产、官、学、研相结合的模式，由政府提供法律和政策支持，学术和研究机构负责提供市场预测、发展前景等信息支持，企业通过与政府和研究机构合作谋求文化利益在更高水平的实现和发展。产、官、学、研相结合的独特发展模式为日本文化产业更加有效地推进科技成果的现实转换和科技创新铺平了道路。

三、重视文化产业国际化发展的开发策略

日本经济产业省于2004年制定了专门的《内容产业企业振兴政策：软实力时代的国家战略》，2007年出台《内容产业振兴政策》，提出日本创意（内容）产业要致力于开展国际业务，大量集聚世界各地人才，拓展融资渠道并推进融资国际化，推进技术革新与合作，主动应对知识产权全球化，依托IT技术积极扩大市场规模。此外，日本还积极搭建文化创意产业海外发展的国际平台。从2004年起，日本进一步完善了东京创意产品国际交易市场（TIFFCOM），实施了视频内容产品国际合作制作基础设施整备项目。①

日本政府在年度总预算中编列文化无偿资金，大量购买动漫版权，让外务省无偿提供给其他国家的电视台，供其自由播放。此举不仅让日本动漫成功走入欧美人民的生活，同时也鼓励产业不断创新、勇敢突破。随着日本动画片在国际市

---

① 台湾省"行政院文建会"，《2011台湾文化创意产业发展年报》。

场的成功，日本的动画风格逐渐成为国际时尚，《神奇宝贝》、《蜡笔小新》、《哆啦A梦》等卡通在全球引起广大回响。好莱坞电影公司争相购买日本动画片的电影改编版权，使日本成为全球首屈一指的动漫王国。[①]

四、积极发展自律和高效运行的行业协会

日本文化创意的行业自律运行得非常有效率，分别组织了各自的行业协会。行业协会通过制定行业规则、维护成员利益等方式发挥了积极作用。比较著名的行业协会主要包括：电脑娱乐提供者协会、日本音乐著作权学会等。这些协会在各自的领域内发挥着不可或缺的作用。比如日本音乐著作权学会负责征收音乐著作权的使用费、管理会员和作品；电脑娱乐提供者协会对行业发展情况进行调查研究、行业统计，制定游戏软件分级制度，对游戏内容和电影情节进行严格审查等。此外，日本的艺人等文化从业人员通常有自己的经纪人，在工作中，如果出现矛盾和纠纷，相关法律问题一般都由经纪人和律师负责出面处理。经纪人的存在有效地避免和解决了纠纷，帮助客户更好地安排签约和演出等事务，有效地维护了市场秩序。[②]

五、典型产业：动漫产业

在日本的文化产业中，动画、漫画和游戏三大产业的发展备受世人瞩目，是日本文化产业中的核心。日本电视台每周播放动漫节目80多集，动漫图书占日本出版物的40%，平均每天出版发行20多本漫画书，动漫王国的名称实至名归。日本动漫产业是高成长产业，据日本经济产业省统计，2001年日本媒体内容市场总利润为9 000亿元人民币，其中动漫产业利润规模为2 250亿至3 750亿元，这种盈利趋势不断持续，目前动漫产业产值和影响已超过汽车等传统工业。根据日本数字内容协会2012年发布的《数字内容白皮书》，2010年日本动漫产值达12.1兆日元（约1 200亿美元），动漫产业已成为日本第三大盈利性支柱产业。动漫产业具有较强的衍生能力，产业链条较长，直接产品包含动漫图书、音像制品、影视作品等，间接产品包含相关动漫形象的玩具、服装、餐饮、游戏、文具等。据统计，2004年全球数字动漫产业的产值为2 228亿美元，而与动漫产业相关的周边衍生产品产值则达到5 000亿美元以上，是前者的两倍多。2011年，仅从动画上来看，日本动画播映市场规模为1 581亿日元，而广义动画产业市场规模则达到13 393亿日元。从总体规模上看，2011年日本GDP约为5.8万亿美元，广义动漫产业年产值约为6 000多亿美元，占GDP比重超过10%，广义动漫产业

① 张京成，沈晓平，张彦军．中外文化创意产业政策研究．北京：科学出版社，2013：60.

② 陈慧颖，陈本昌，徐海峰．文化创意产业发展的经济学研究．北京：经济科学出版社，2012：68.

已成为日本国民经济的支柱性产业。

强大的产业发展基础为日本动漫产业积聚了较强的国际竞争力，日本动漫产业在国际市场中举足轻重。日本是世界上最大的动漫制作国和出口国，全球超过60%的动漫作品出自日本，在欧洲动画市场上映的影片中，日本动漫产品更是占据80%左右的份额；日本动漫作品中的形象魅力独特，一些西方国家将日本动漫产品形象称为Cool Japan，多啦A梦、一休、铁臂阿童木等已成为世界熟知并广受喜爱的动画形象。在游戏软件领域，日本经过30多年的产业培育，更是成为当之无愧的世界第一生产大国。游戏产业一直保持两位数的增长势头，也具有很强的国际竞争力，贸易顺差额较大。2001年日本出口游戏软件18 480万件，游戏市场输出额高达1 890.9亿人民币，而输入额仅为2.25亿人民币。当前全球电子游戏市场中，日本厂商控制了90%以上的硬件和50%以上的软件，游戏业成为日本经济名副其实的支柱之一。日本动漫产品设计与众不同，塑造了鲜明的"日本制造"标签。日本动画片受众面不设年龄限制，适合成人的动漫作品也较多；动画人物无国籍化，便于不同国家观众接受；情节设计篇幅较长，动漫作品强调历史性，既有新鲜感，又能塑造观众的依赖性，并推行东方特色的日本文化；影像技术逼真，更具有夸张性，强调表现力，弱化语言，从而弥补了日语不具备国际性的缺陷。

第六节　韩国：强调国家规划与国际市场获取

一、以文化立国为战略目标

韩国文化产业作为亚洲文化产业的后起之秀，是在亚洲金融风暴之后乘势发展起来的。亚洲金融危机后，韩国开始重新思考国家的发展战略，并寻求新的经济增长点。1998年，韩国正式提出将文化产业作为其21世纪发展国家经济的战略性支柱产业，明确提出"文化立国"战略，积极培育文化产业发展。韩国政府认为文化作为"情感产品"，具有震撼对方国民心灵的作用，能发挥比金钱更无法估量的巨大效益。在提出"文化立国"战略后，韩国政府颁布了详尽的产业发展规划，引导文化产业长足发展。《文化产业振兴五年计划》（1999年）、《21世纪文化产业的设想》（2000年）、《文化韩国21世纪设想》（2001年）、《漫画产业发展中长期计划（2003—2007年）》（2003年）等规划既涵盖文化产业的整体发展，也包括各个行业的具体规划，为从国家战略高度引领文化产业发展指明了方向。同时，韩国政府还非常重视文化产业的立法工作，颁布或修订了《文化产业振兴基本法》、《关于电影及录像制品振兴法律》、《影像振兴基本法》、

《著作权法》等法规，为文化产业发展提供了法律制度保障。为促进文化产业的发展，韩国政府还以各种渠道构建完善的投融资机制，为文化产业发展提供充足的资金保障。政府除了加大对文化的财政预算，还设立了多种产业发展扶持专项基金，推出“文化产业专门投资组合”，盘活社会资金，推动官民共同投资，这些投融资机制的完善为韩国文化产业的发展提供了有力的资金保障。

二、以国际市场为战略基点

韩国政府认识到了其国内市场的有限性，因而只有不断提升其文化产品和服务在国际市场中的竞争力，才能持续发展，抢占文化创意产业更多的市场份额。韩国文化产业瞄准国际大市场的发展，致力于在世界范围内寻求和拓展其文化利益，通过提升研发生产能力和文化产业的整体竞争力，优化资源配置，实现集约化、国际化经营，形成规模经济和范围经济。韩国文化产业把以中国和日本为代表的东亚地区作为迈向世界的阶梯，以国际大市场为目标，通过设立驻外文化院、文化机构和企业办事处以及网络宣传等各种渠道，大力发展国际文化贸易，积极举办和参加各种国际性展销洽谈活动，推动国际文化交流与合作，将国家文化产业发展的各环节纳入全球范围，从而实现文化利益获取的国际化。当前，韩国已然成为世界上公认的文化出口大国。以韩剧为代表的“韩流”席卷亚洲和其他地区，不仅韩国文化日益被广泛接纳和受到追捧，韩国的电子、美容、美食、服装等产品也开始借势流行，赴韩旅游观光、体验生活也成为一种休闲时尚。

三、以人才培育和人力资本优势为战略支撑

与美欧日相比，韩国发展文化产业相对起步晚，并无特别比较优势，但是韩国政府重视通过促进创造性的冒险精神发挥公民的潜力，围绕“培育创新能力，发展文化产业”出台了一系列的文化产业扶持政策。韩国政府高度重视文化的科技含量，认识到人才资源作为发展文化利益的主体，是文化产业发展的根本，通过各项措施完善人才培育和管理系统，充分利用包括全州文化产业大学、清江文化产业大学、网络信息学院等高等院校培养专门人才，设立专门的“教育机构认证委员会”，对文化创意产业教育机构进行认证，加强跨国人才交流与培训，建立文化发展的专门人才数据库等，为文化产业人力资本的培育、积累和活用创作便利环境。

四、典型产业：韩剧

20 世纪 80 年代，韩国政府对文化产业发展提供扶持政策，韩国文化产业迅猛发展并取得巨大成功。2012 年，韩国文化产业占全球文化产业的 2.56%，位

居世界第九位，文化产业增长率超过美日等发达国家，居世界前列。韩国文化产业涉及面较广，其中电影、电视剧风靡世界各地，并成为韩国文化产业的领头羊。

自从1993年我国引进第一部韩剧《嫉妒》起，韩剧风潮席卷全国。《天桥风云》、《蓝色生死恋》、《爱上女主播》、《人鱼小姐》、《冬季恋歌》、《浪漫满屋》、《明成皇后》、《大长今》等一批韩剧强势登陆中国荧屏，韩剧以不可抵挡、后来居上之势横扫昔日日剧和港台剧横行天下的亚洲电视剧市场，成为跨文化传播的成功典范。韩剧之所以成功，是多方面原因造成的。首先，在制作方面，韩剧内容渗透着体现真爱、亲情和礼仪之邦色彩的儒家文化，主题或轻松活泼或厚重深沉、发人深省，情节清纯唯美、引人入胜，很好地融合了现代流行的场景和历史文化元素，制作精致；韩剧制作路线具有典型的商业性，投资方、观众、制片方、发行方以及院线运作沟通性很强，制作公司更新换代较快，中小型影视制作公司的兴起和繁荣更是不断给影视产业注入新的力量和活力；制作融资渠道多样化，通过风险资金、企业投资、银行贷款、抵押版权融资等方式保障了韩国影视产业发展的资金。其次，就生产传播体制而言，韩国《广播法》规定，不设立专门的审查机构与审查环节，各大电视台对播出的节目通过内部审查机制对内容进行审查监督，行使相当大的自主权和控制权，这使得不影响和干扰节目正常播出的“边写、边拍、边播”的电视剧生产传播体制应运而生。这一体制的好处还在于电视剧播出期间，编剧有足够时间根据观众的收视反应来设计后续情节进展及故事结局，能较好地关切和回应受众消费心理。与之形成对比的是，我国除了“制播分离”的电视剧生产传播体制之外，还设立了严格的资质审查、题材规划、发行许可证审查等制度。过度苛刻严格的审查，有时囿于审查人员的个人偏见和专业知识的不足，使得我国电影内容的创新空间被大大压缩，这一点深受业界诟病。最后，韩剧的勃兴离不开政府的推动作用。韩国政府在2004年将扶持影视产品出口纳入“出口支持对象”，通过同民间企业、韩国驻外使领馆、韩国文化产业振兴院和韩国贸易振兴公社海外支社等机构建立合作网络体系，为韩国影视文化产品寻求多种出口渠道。

值得注意的是，近年来，韩国文化产业发展思路出现了一个新变化，政府在不放松支持的前提下，更加充分尊重自由表达权利的保障。韩国编剧、导演和演员由于充分享有表达自由，无任何创作禁忌和雷区，创作灵感和潜能得以极大激发，大批深受喜爱的优秀作品得以涌现。韩剧的热播和流行，在中国培养了一个庞大的“哈韩”群体和一股强劲的“韩流”，韩国明星、美食、服饰、化妆品、电玩、动画、电影，甚至韩国手机、汽车、整形技术和生活方式的选择，都成为备受瞩目的热潮，带动了一个庞大的经济链。

第七节 世界主要文化强国的“走出去”经验对我国的启示

文化产业已成为衡量一国综合竞争力的重要标志之一，世界文化强国在文化产业发展及国际化进程方面积累了丰富的理论和实践经验，值得我国学习和借鉴，并借以促进我国文化产业国际化发展目标的早日实现。

一、政策目标明确，政府统筹协调

从各国实践看，作为一个新兴产业，文化产业的成就离不开政府的政策支持，这就需要首先制定科学的政策目标。文化产业政策发展目标一般立足于对社会问题的关注和现实解决，必须面对未来发展，充分认识世界文化产业发展趋势，并具有针对性，要明确具体，利于理解和操作。例如英国《文化与创新：未来10年的规划》绿皮书中详细阐述了推行“创新式文化合作”的新动向，即利用英国多元文化将社会各群体维系在一起，而不仅仅是发挥个人的创新才能，以此为个人文化发展开辟道路，并实现跨文化、跨经济、跨教育的政策目标，这一宏观目标符合文化产业全球化发展的特征。根据这一政策目标，英国政府提出了一系列具体规划，包括解放精英文化、自主艺术家个体、投资文化改革、杜绝官僚习气等，培养文化创造力与欣赏力。在这一政策目标指导下，英国政府的“创意文化十年”取得了非常辉煌的成就。又如2006年日本前外相麻生太郎在《文化外交新设想》施政演讲中提出以动漫产业发展进行外交活动的策略，具体做法包括专门设立日本动画的英语频道、免费向发展中国家播放动漫片、设立面向世界的国际漫画奖、任命动漫文化大使等。法国文化部的宗旨更是直接指向“确立文化领域内的标准和准则，影响文化领域的价值导向”。

文化产业政策目标的实现离不开政府的统筹协调，尤其是多重政策目标相互冲突时，更需要政策目标的相互协调，这有利于制定实施文化产业发展的政策方案。例如在主导全球的好莱坞电影发展过程中，美国政府的统筹协调作用不容忽视。为支持好莱坞电影产业走向国际市场、参与海外竞争，美国政府颁布了相应的法律和税收减免政策，支持私人投资好莱坞电影产业，重点扶持好莱坞电影巨头们获得全球垄断地位；在全球范围内构建版权保护机制以应对侵权威胁；甚至直接提供强大的政府财政资金和政治外交网络，巩固好莱坞电影产业在世界市场的中心地位，消除其进入国际市场的贸易障碍。英国政府则十分重视政府部门和社会各界间的政策协调合作，专门组建由政府官员、文化产业公司负责人和社会知名人士组成的跨部门行动小组，以利于调动各部门的政策协调配合的积极性，提高政策的可行性。在法国，政府统一管辖博物馆、文化遗产、影视音乐等相关事务，特别是重点文化设施和艺术团体均由法国文化部直接领导，各理事会负责重要事项的决策。

二、融入国际分工，利用国际要素

在经济全球化与文化国际交流加深的背景之下，文化产业国际分工进一步加强，各国文化产业贸易和文化经济联系更加紧密。文化产业凸显价值链的国际分工，劳动力要素和自然资源要素的作用逐渐减弱，资本、技术、信息、人才等要素的跨国流动成为世界文化产业发展的核心因素，文化产业生产要素的跨国流动标志着全球性文化产业国际分工格局已经形成。美、英、日等文化产业强国凭借资本、技术、人才、营销和消费等方面的优势，控制了文化产业链的研发设计、营销推广和高端消费，占据了高知识含量、高附加值的文化生产和消费市场，在全球范围内获得丰厚的经济效益并推广其文化思想。例如美国好莱坞电影在很大程度上依赖本国技术产业的发展，英国文化产业主要依据本国文化产业人才的培养等。生产要素上相对落后的文化产业弱国则在文化产业国际分工中处于产业链末端，它们更多地接受文化强国的文化产品和思想，承接文化强国的中低端产业转移，使用并支付巨额技术费用，在文化产业国际格局中处于不利地位。因此，当今世界文化产业竞争实质是生产要素的竞争，文化产业国际分工不平衡主要是生产要素分布和积累不平衡。

在文化产业国际分工不断深化、竞争日趋激烈的进程中，文化产业弱国应如何参与国际分工呢？首先，应树立正确的发展观，不能回避文化产业全球化发展潮流，而应积极参与并致力于本国文化产业的国际化战略，加入国际分工行列。其次，有效利用文化产业强国控制的国际文化产业生产资本和营销途径，在国际竞争中培育和丰富本国文化产业生产要素（包括政策、资源、市场等要素），如电影制作中利用和学习美国先进的电子成像技术，在国际合作中完善本国文化产业生产结构，提高文化产业国际竞争力。例如，日本文化产业发展中，正视和学习他国经验是其不断获得发展的一个重要原因，其中出版业与海外交流的历史长达50多年，与世界40多个国家或地区出版社建立长期的业务联系。国际分工形成的资源共享有利于文化资源的开发和综合利用，从而增强文化产业竞争力。最后，在世界文化产业分工中要善于发挥本国文化的优势。如日本动漫作品中经常出现日本武士及古代日本战刀，《龙猫》、《千与千寻》以传统人物故事为线索，背景音乐加入日本传统的三弦和长笛等。

三、市场培育充足，产业链条完整

文化产业兼具经济属性和意识形态属性，在产业发展与监管宣传的平衡过程中，文化产业强国能充分保证文化产业发展的充分市场化。市场化驱动比较成熟的文化产业强国应该属美国。美国文化产业发展以市场为基础，以自由竞争为理念，注重文化产品生产和销售的高度市场化，减少政府对资源配置的干预；培育了一批世界级的文化产业集团，能够有效利用市场机制整合资金、技术、人才、市场，逐渐成为影响世界文化产业格局变动的重要因素。英国戏剧产业发展中，艺术理事会鼓励非商业性剧院在国家资金扶持下创作出艺术价值较高的戏剧作品，与商业演出机构合作，引导新创作的艺术作品转向商业演出市场。当前，我国文化产业体制改革的核心就是完善市场机制，打破行政划分；培育合格的市场主体，在做大做强国有文化企业的同时，引入非公有制经济和外资企业。文化产业的发展应遵循市场规律，符合产业经济发展要求，文化产品设计要有创意、定位于需求市场，从而获得经济、文化价值，增强国家的综合影响力。

文化产业链条十分丰富。促进文化产业各链条良性循环、发挥文化产业链对于拉动国内经济发展的作用，在文化产业强国中得到了普遍推广。如日本动漫产业有整套的产业模式，动漫产业各业种间相互作用和影响，产业链条环环相扣，众多业种合理组合，产业运作模式比较成熟。动漫产业基础起于漫画业种，一部连环漫画出版后，多元化媒体一般充分发挥互动效应，可以投资制作动画片、编排戏剧演出，然后根据漫画作品制作网络游戏和玩具以及品牌授权和服务等，利用玩具销售利润、影视作品广告收入再作为动漫创作的初始资金，以新的动漫形象带动新一轮动漫衍生产品的开发，取得循环发展的巨大经济效益。日本动漫产业的成功不仅体现在动漫产品的制作上，还体现在依靠作品对衍生产品的文化开发经营上，利用多次经营提升其附加价值。如《皮卡丘》从游戏软件发行到电影、漫画、音乐的流行，在文化产业的每项业种中都进行了开发和利用。因此，为凸显文化产业作为新兴战略产业的重要地位，我国文化产业应彻底摒弃从个别文化团体或文化产业部门角度研究文化产业强国建设，而应确立一套明确的整体产业分类系统，把发展重点放在做大产业链条上，重新整合并塑造从创作、生产、流通到消费上中下游的完整产业体系，制定适宜的产业运作机制，使各产业部门互为供给、互为支撑，打通整个文化产业造血机制。

四、融资支持充分，服务体系完善

产业发展繁荣离不开资金投入，文化产业发展也需要充足的资金扶持，这是产业发展壮大的根本保障。要获得资金，就必须要有广泛而多样化的融资渠道。应采取一系列措施，促进政府投资与民间资本投资相结合，适时引进外来投资，实现投资主体多元化，多渠道筹措文化产业发展资金。有目的、有重点地实施资金扶持，有利于实现产业集聚效应，在资金上确保产业发展。例如，英国为解决创意文化产业中小企业发展中的资金短缺、研发不足的问题，政府提供信息支撑，积极引导社会各部门及民间资金流入，成立了众多行业发展基金，通过基金会为创新点子提供发展资金，并通过发行彩票这一特殊的融资方式筹集文化发展资金，更好地促进了文化产业的快速发展。德国也制定了扶持中小创意企业发展的融资与风险分担政策，培养年轻创意人才，促进其开展国际合作。此外，在一些大型文化活动中，融资渠道多元化更是普遍，例如，2006 年德国足球世界杯期间，德国政府和企业共同出资 2 000 万欧元举办了本土文化创意企业宣传活动，有力地提高了企业的国际知名度。韩国对文化产业投入的资金也来自国家和地方财政投入以及企业赞助，数额庞大。美国各级政府对文化产业的直接投入虽然很少，但来自社会、企业的资助比例极高，跨国公司通过项目运作吸引大量社会资金投资文化企业，每年美国文化投入可达 60 亿美元。总之，借助于政府与民间多种渠道，世界文化产业强国在文化产业领域基本上形成了一个多元化的融资体系。

文化产业是一个融合很多服务产业的系统工程，需要完善优质的服务配套体系。以德国会展业为例，德国展览业最高协会——德国贸易展览业协会统筹规划各博览会，协调各展会具体事宜，制定展会规则，尽量防止重复展览。德国会展场所一般能为参展商提供各种先进设施，节约能源，降低参会成本，并在参展中提供包括租赁、广告、仓储、交通、餐饮、住宿等在内的一站式配套服务，提高了参展商的效率，树立了会展场所的品牌形象，培育了忠实的参展商客户群。成熟的旅游业和高效便捷的交通运输业是德国会展业发展的坚强后盾，权威公正的行业协会更是其高度发展的重要推动力量。美国电影协会成立上百年来，也充分发挥着服务产业的职能，从专业角度发布的有关美国与世界电影产业发展情况报告包含众多统计数据，如票房、上座率、观众层、媒介消费规模、娱乐产品等，是美国整个电影产业制定科学前瞻的发展规划以及各电影产业企业调整产业发展的重要数据来源。

五、社会参与活跃，人才保障有力

文化产业繁荣发展仅靠政府扶持是不够的，推动社会力量积极参与、营造文化社会的氛围，是文化产业强国的普遍做法。文化产业社会参与机制应以社会公众对自身文化利益和社会文化传播以及国家文化认同为基础，通过积极参与社会文化活动促进文化发展。文化产业社会参与活跃，有利于树立社会公众文化产业主体意识，提高人们在文化交流中的自主意识和空间，动员组织公众采取措施解决文化产业发展问题，形成对政府管理文化产业机制的补充和制约。目前，我国文化产业社会化参与程度不高，文化产业中政府为主体的单一格局未改变，这一点应积极借鉴国际经验，探索多元主体共同参与的社会机制。例如法国对内推行文化民主化原则，即认为文化是公民享有的基本权利，不应受政府和市场的支配。因此，法国从财政上支持鼓励民间团体和个人的文化实施活动，保证私人参与文化传播；还将文化活动、资金和相关设施分散于全国各地，在一定范围内聚集众多社会文化产业，实现文化消费的地域平等，保证文化艺术教育的机会均等。各地方政府相继设立具有管理自主权的公共文化机构，发挥区域文化特色，在区域文化发展中起到协调凝结的核心作用，比较典型的包括世界城市巴黎和欧洲文化之都马赛。日本文化产业发展的一大特征也是不单方面依靠政府，而是官民结合、协助发展。2002 年，在日本经济产业省指导下成立了日本动画协会，27 家动漫公司加盟，通过多年经营设立了众多动画俱乐部，成为推动日本动画产业发展的重要力量，把日本动画片培养成一种独立的、深入人心的文化形式。

文化产业是一个交叉型的新兴产业，它深度依赖于创意和技术，需要大量复合型的文化人才。创意人才作为文化产业发展的中坚力量，是文化产业发展的核心资源。世界文化产业强国都十分重视对文化产业人才的培养，人才队伍成为文化产业发展过程中的重要支撑体系，保障了产业发展后力。据统计，纽约创意产业人才占劳动力人口总数的12%，伦敦这一比例为 14%，东京为 15%。美国凭借雄厚的经济实力和文化环境，对文化产业人才实行引育结合的政策，从世界各地吸引高端人才，并在30 多所大学内开展本土文化艺术高等教育；英国实施了全国学习网计划，文化艺术网络连通所有学校和教育机构以及博物馆等教育资源。英国政府还联合高校科研机构成立创意产业高等教育论坛，利用高校资源为行业提供专业课程培训；日本则重视培养实用型人才，政府与企业积极合作，注重培育文化产业人才的市场敏感度；德国则通过高校的会展相关专业教育及德国贸易展览协会提供的会展人员培训等方式提高从业人员的专业素质，储备会展业的人力资源。这些国家对文化产业人才的重视得到了巨大的回报，大批高素质的文化产业人才队伍使这些国家在文化产业上保持了竞争优势。与文化产业强国相比，我国虽然涌现了一批高素质的创意设计人才，但其总量、结构和素质还远远不能适应文化产业快速发展的要求，创意产业相对发达的上海，其从业人才占总就业人口还不到千分之一。因此，我国应借鉴文化产业强国人才培养政策措施，调整人才教育结构，激发创意人才的潜能。

六、重视知识产权，鼓励创意创新

知识产权制度是用来保护智力劳动成果的一项重要法律制度，具有激励创新、规范竞争、调整利益和传播信息的重要作用。文化产业依赖于创意、知识和技术，凝结一定程度的知识创造和服务的生产、扩散、聚合体系，鼓励创新显得极为重要，这离不开知识产权保护。特别是在文学、影视、艺术作品中，盗版侵权行为十分猖獗，实施有效的版权保护才能维护艺术创造者的利益。纵观世界主要文化强国的文化产业发展，普遍重视知识产权保护对文化产业发展的重要支撑作用。而这正成为全球文化产业发展的一个新亮点。美国政府为加强版权保护，设立了版权办公室、美国贸易代表署、商务部国际贸易局和科技局、版权税审查庭、海关、美国国家信息基础设施顾问委员会、信息政策委员会等专门的行政机构和小组。近年来美国不断完善版权立法工作，先后出台了《反垄断法》、《报纸与印刷出版法》、《反盗版和假冒修正法案》、《反电子盗版法》、《电子盗版禁止法》、《跨世纪数字版权法》等十几部法律法规，推出了包括数据库保护、数字化版权保护等新兴知识产权保护领域。美国版权保护还积极寻求国际合作，加入《保护文学艺术作品的伯尔尼公约》，为美国版权产业发展提供了良好的外部保障。目前，我国文化产业知识产权保护法律制度还有待进一步加强，特别是知识产权执法效果备受争议。因此我国应借鉴发达国家经验，结合我国文化产业和知识产权制度的发展实践，完善我国文化产业知识产权制度建设，提高掌握和运用知识产权保护的能力和水平。

随着文化与科技融合的不断加快，文化产业新业态不断出现，科技创新日益成为提升文化产业的关键。文化产业发展需要自主创新，只有创新才能不断获得主导性的创新产权。世界文化产业强国对文化产业创新十分重视，政府有意引导扶持创新的政策措施值得我国借鉴。例如 2008 年英国发布新经济下创意新人才战略报告，提出激发公民的文化创意才能，实施文化创意企业与学校的互利合作关系计划，帮助学生参与创意项目。文化产业创新机制可以在全球范围内借鉴先进经验，但文化产业创新内容应根植于各民族文化，大力提倡原创作品传承民族文明、弘扬民族文化，因为"民族的才是世界的"。文化产业创新主体是文化企业，企业内部应形成激励自主创新的奖励机制，营造崇尚自主创新的氛围，建立促进产学研一体化的文化创新体系，为文化企业创新提供动力。民族文化创新原创作品的版权保护是激励文化创新的法制保障，应严厉打击侵权行为，保障创新利益，提高创新动力，以创新促发展。

第六章

文化强国的中国战略：大国综合优势视角

第一节　中国文化要素结构分析

决定一个国家是否是文化大国并不取决于这个国家历史的长短和文化资源的丰俭，也不取决于这个国家国土面积的大小，而是取决于这个国家对于世界的文化贡献力。[①]

中国是文化资源大国，但是在当今世界上却还不是文化产业大国。美国是文化资源小国，却是世界文化产业大国。文化大国是指那些文化综合国力对世界文化发展具有明显影响力的国家。一个国家的文化是否是安全的，一个重要的标准就是看它的文化综合国力的强弱以及由此而构成的影响世界的程度。[②]

概括地说，经济增长的动力来自生产要素的积累、使用及其生产力方面的提高。[③] 中国之所以能被预期成为文化强国，是凭借了我国的“文化大国”优势和“文化转型发展”优势。中国作为一个文化大国，丰富的文化要素成为增强中国文化产业国际竞争力的积极因素，各类因素的集聚不是量上的简单叠加，而是形成一个有机整体，生成具有文化大国特征的综合优势，共同推动中国文化产业永续蓬勃发展。深刻认识我国文化要素结构，对于准确把握我国文化大国的综合优势、制定文化产业发展战略具有十分重要的意义。

一、中华人文资源优势

作为世界文明的重要发源地之一，中国拥有五千年璀璨的历史文化。纵观世界上的远古文明，或中断，或消失，在四大文明古国中，唯一未曾中断并且传承

---

① 彭兴良．论中国的文化大国战略选择．贵州社会科学，2007（3）：33.

② 同上注。

③ 欧阳峣．大国综合优势．上海：格致出版社、上海三联书店、上海人民出版社，2011：92.

至今的只有中华文明。文明古国熠熠生辉的文化底蕴，成为我国建设文化强国的无尽宝藏。

人文资源是文化产业发展的基础性资源，是一个国家文化的名片。我国历史文化悠久，人文资源丰富，为加快文化产业发展、推动文化产业“走出去”奠定了良好的基础。截至 2013 年，我国拥有世界遗产 45 项，仅次于意大利，位居世界第二（见表 6-1）。其中，文化遗产 31 项，自然遗产 10 项，文化和自然双遗产 4 项，非物质文化遗产 37 项（包括急需保护的非物质文化遗产 7 项）。除此之外，我国还有大量的历史文化古迹和文化资源，先秦诸子、汉唐气象、宋明风韵……中华文化包罗万象，可以进行深入挖掘和合理开发的难以计数。可以说，无论是历史跨度，还是文化深度，中华文明所涵盖的人文资源优势同其他国家相比都十分明显。对于文明古国各种人文优势要素要充分予以利用，制定规划，找准历史与现实的发展切入点，将我国独有的人文资源优势盘活，真正做到以古推今、以古促今。

表 6-1　　中国列入联合国世界文化遗产项目

遗产类别	申报项目	批准时间
文化遗产	明清皇宫	1987 年列入
文化遗产	长城	1987 年列入
文化遗产	敦煌莫高窟	1987 年列入
文化遗产	秦始皇陵及兵马俑	1987 年列入
文化遗产	周口店北京人遗址	1987 年列入
文化遗产	承德避暑山庄及周围寺庙	1994 年列入
文化遗产	拉萨布达拉宫—大昭寺	1994 年列入
文化遗产	曲阜孔庙、孔府、孔林	1994 年列入
文化遗产	武当山古建筑群	1994 年列入
文化遗产	平遥古城	1997 年列入
文化遗产	苏州古曲园林	1997 年列入
文化遗产	丽江古城	1997 年列入
文化遗产	颐和园	1998 年列入
文化遗产	天坛	1998 年列入
文化遗产	大足石刻	1999 年列入

续表

遗产类别	申报项目	批准时间
文化遗产	青城山—都江堰	2000 年列入
文化遗产	龙门石窟	2000 年列入
文化遗产	云冈石窟	2001 年列入
文化遗产	皖南古村落—西递宏村	2000 年列入
文化遗产	明清皇家陵寝	2003 年列入
文化遗产	高句丽古迹	2004 年列入
文化遗产	澳门历史城区	2005 年列入
文化遗产	河南安阳殷墟	2006 年列入
文化遗产	开平碉楼及村落	2007 年列入
文化遗产	福建土楼	2008 年列入
文化遗产	河南登封“天地之中”历史建筑群	2010 年列入
文化遗产	内蒙古自治区锡林郭勒盟正蓝旗元上都遗址	2012 年列入
自然遗产	湖南武陵源国家级名胜区	1992 年列入
自然遗产	四川九寨沟国家级名胜区	1992 年列入
自然遗产	四川黄龙国家级名胜区	1992 年列入
自然遗产	云南三江并流	2003 年列入
自然遗产	四川大熊猫栖息地	2006 年列入
自然遗产	中国喀斯特	2007 年列入
自然遗产	江西三清山	2008 年列入
自然遗产	中国丹霞	2010 年列入
自然遗产	中国云南澄江化石遗址	2012 年列入
自然遗产	新疆天山	2013 年列入
文化与自然遗产	泰山	1987 年列入
文化与自然遗产	黄山	1990 年列入
文化与自然遗产	峨眉山—乐山大佛	1996 年列入
文化与自然遗产	武夷山	1999 年列入

续表

遗产类别	申报项目	批准时间
文化景观遗产	庐山风景名胜区	1995年列入
文化景观遗产	山西五台山	2009年列入
文化景观遗产	杭州西湖	2011年列入
文化景观遗产	云南哈尼梯田	2013年列入
非物质文化遗产	昆曲	2001年列入
非物质文化遗产	古琴艺术	2003年列入
非物质文化遗产	新疆维吾尔木卡姆艺术	2005年列入
非物质文化遗产	蒙古族长调民歌	2005年列入
非物质文化遗产	中国篆刻	2009年列入
非物质文化遗产	中国雕版印刷技艺	2009年列入
非物质文化遗产	中国书法	2009年列入
非物质文化遗产	中国剪纸	2009年列入
非物质文化遗产	中国传统木结构营造技艺	2009年列入
非物质文化遗产	南京云锦织造技艺	2009年列入
非物质文化遗产	端午节	2009年列入
非物质文化遗产	朝鲜族农乐舞	2009年列入
非物质文化遗产	《格萨（斯）尔》史诗	2009年列入
非物质文化遗产	贵州侗族大歌	2009年列入
非物质文化遗产	甘肃花儿	2009年列入
非物质文化遗产	《玛纳斯》	2009年列入
非物质文化遗产	妈祖信俗	2009年列入
非物质文化遗产	蒙古族呼麦	2009年列入
非物质文化遗产	福建南音	2009年列入
非物质文化遗产	青海热贡艺术	2009年列入
非物质文化遗产	中国传统蚕桑丝织技艺	2009年列入
非物质文化遗产	藏戏	2009年列入

续表

遗产类别	申报项目	批准时间
非物质文化遗产	浙江龙泉青瓷传统烧制技艺	2009年列入
非物质文化遗产	安徽宣纸传统制作技艺	2009年列入
非物质文化遗产	西安鼓乐	2009年列入
非物质文化遗产	广州粤剧	2009年列入
非物质文化遗产	京剧	2010年列入
非物质文化遗产	中国针灸	2010年列入
非物质文化遗产	中国皮影	2011年列入
非物质文化遗产	中国珠算	2013年列入
急需保护的非物质文化遗产	羌年	–
急需保护的非物质文化遗产	黎族传统纺染织绣技艺	–
急需保护的非物质文化遗产	麦西热甫	–
急需保护的非物质文化遗产	中国水密隔舱福船制造技艺	–
急需保护的非物质文化遗产	中国活字印刷	–
急需保护的非物质文化遗产	中国木拱桥传统营造技艺	–
急需保护的非物质文化遗产	中国东北地区赫哲族的独特说唱艺术伊玛堪	–

二、文化金融资本优势

文化产业的发展离不开金融资本的扶持和支撑。文化产业大发展大繁荣一方面可以为金融资本市场提供市场机遇、增添新的活力；另一方面，金融资本市场也将为文化产业大发展大繁荣提供平台支持，为壮大中国文化产业、增强中国文化软实力、加快中国文化产业"走出去"的步伐做出积极贡献。党的十八届三中全会《中共中央关于全面深化改革若干重大问题的决定》强调"建立多层次文化产品和要素市场，鼓励金融资本、社会资本、文化资源相结合"，对于加快金融资本与文化产业的对接具有重要意义。

财政对文化传媒事业发展的支持，为大国文化产业发展培育了良好的宏观环境。从国内财政对文化产业的支持上看，2008 年以来，国家加大了对文化产业发展的支持力度，国家财政对文化体育与传媒支出逐年增加，从 2008 年的 898.64 亿元增长到 2013 年的 2 268.35 亿元，其中地方财政成为主要力量（见表 6-2）。

表 6-2　　国家财政文化体育与传媒支出情况　　单位：亿元

指标 \ 年	2013	2012	2011	2010	2009	2008
国家财政	2 268.35	1 893.36	1 542.70	1 393.07	1 095.74	898.64
中央财政	193.56	188.72	150.13	154.75	140.61	127.21
地方财政	2 074.79	1 704.64	1 392.57	1 238.32	955.13	771.43

资料来源：《中国统计年鉴》，2013 年。

2013 年财政部《关于 2013 年中央和地方预算执行情况与 2014 年中央和地方预算草案的报告》指出，2013 年公共财政中，文化体育与传媒支出 531.55 亿元，完成预算的 98.3%，增长 7.5%；支持实施重点文化惠民工程，稳步推进博物馆等公益性文化设施向社会免费开放；按照每个行政村 1 万元的标准支持开展村级基层群众文化活动；支持实施平安故宫工程等重点项目；加强海外中国文化中心建设和重点媒体国际传播能力建设。2014 年预算文化体育与传媒支出 512.29 亿元，增长 9.2%。

据财政部科教文司统计，2013 年安排公共文化服务体系建设资金 169.63 亿元，比 2012 年增加 16.19 亿元，增长 10.55%，资金重点用于：一是安排资金 51.07 亿元，深入推进全国博物馆、纪念馆、美术馆、公共图书馆、文化馆（站）等公益性文化设施向社会免费开放；二是安排资金 46.29 亿元，重点用于全国文化信息资源共享工程村级基层服务点运行维护、农家书屋出版物补充及更新、农村电影公益放映场次补贴、行政村组织开展各类文化体育活动等，支持加强农村文化建设；三是安排资金 18.24 亿元，支持实施广播电视"村村通"、"户户通"工程，提高农村地区收听收看广播电视节目质量；四是安排资金 31 亿元，用于县级以上（含县级）公益性文化、文物、体育、广播电视、新闻出版等事业单位基础设施维修改造和设备购置，提升基层公共文化机构服务能力；五是安排资金 6.22 亿元，支持推进数字图书馆工程和基层公共电子阅览室建设计划，加快公共数字文化建设；六是安排资金 3.25 亿元，支持创建国家公共文化服务示范区（项目）。

从外汇储备上看，我国近年来上升趋势明显，1978 年仅有 15.6 亿美元，1982 年突破 100 亿美元，为 111.4 亿美元；1996 年突破 1 000 亿美元，为 1 050.3 亿美元；2006 年突破 10 000 亿美元，为 10 663.4 亿美元；2013 年为 38 213 亿美元，居世界第一，居第二的日本 2012 年为 11 935.8，比我国少了 21 180.1 亿美元。从黄金储备上看，也呈上升趋势，1978 年仅仅 1 280 万盎司，2012 年为 3 389 万盎司，是 1978 年的 2.6 倍。货币供应量 M1 的上升趋势则更为急剧，1978 年仅仅 859.5 亿元，2012 年为 308 673 亿元，是 1978 年的 359 倍（见表 6-3）。

表 6-3　　1978—2013 年我国外汇储备、黄金储备及货币供应量 M1

年份	外汇储备（亿美元）	黄金储备（万盎司）	货币供应量 M1（亿元）	年份	外汇储备（亿美元）	黄金储备（万盎司）	货币供应量 M1（亿元）
1978	15.6	1 280	859.5	1996	1 050.3	1 267	28 514.8
1979	21.5	1 280	1 069.4	1997	1 398.9	1 267	34 826.3
1980	22.6	1 280	1 315.7	1998	1 449.6	1 267	38 953.7
1981	47.8	1 267	1 636.6	1999	1 546.8	1 267	45 837.3
1982	111.4	1 267	1 885.1	2000	1 655.7	1 267	53 147.2
1983	144.8	1 267	2 165.0	2001	2 121.7	1 608	59 871.6
1984	167.1	1 267	2 845.2	2002	2 864.1	1 929	70 881.8
1985	119.1	1 267	3 011.4	2003	4 032.5	1 929	84 118.6
1986	105.1	1 267	3 856.0	2004	6 099.3	1 929	95 969.7
1987	152.4	1 267	4 481.7	2005	8 188.7	1 929	107 278.7
1988	175.5	1 267	5 490.2	2006	10 663.4	1 929	126 035.1
1989	170.2	1 267	5 830.5	2007	15 282.5	1 929	152 560.1
1990	285.9	1 267	6 950.7	2008	19 460.3	1 929	166 217.1
1991	426.6	1 267	8 633.3	2009	23 991.5	3 389	220 001.5
1992	194.4	1 267	11 731.5	2010	28 473.4	3 389	266 621.3
1993	212.0	1 267	16 280.4	2011	31 811.5	3 389	289 846.6
1994	516.2	1 267	20 540.7	2012	33 115.9	3 389	308 673.0
1995	735.8	1 267	23 987.1	2013	38 213.0	–	–

资料来源：根据《中国统计年鉴》各年版整理。

如何利用巨额的外汇储备成为困扰政府的问题。在文化产业加快“走出去”的今天，充足的外汇储备可以增加对西方国家放宽文化贸易管制的话语权，为国内文化企业参与国际文化贸易竞争提供可能；也可成为购置国外文化资产、版权、技术等资源的资金保障，为文化企业提升技术水平和专业能力打下基础。同时，就我国金融机构的国内存款情况来看，到 2013 年 12 月底各项存款总额已突破 100 万亿元，其中个人存款达到 467 万亿元，民间闲置资金十分雄厚。通过民间资本投融资，文化企业可以获得先进硬件设施和国内外优秀人才，助力文化产业的快速成长。

上海自贸区创新金融资本制度则有可能成为文化金融资本的另一优势。该制度要求在风险可控的前提下，实现文化产业的资本项目可兑换、人民币跨境使用和利率市场化方面先行先试，建立与自贸区相适应的外汇管理制度，充分利用境内外金融机构提供各种服务，为中国文化企业参与国际市场竞争创造有利条件。

英国的商业银行巴克莱银行的研究报告指出：以 YouTube 为代表的网络视频巨头正在引领一轮新的发展势头。2010 年 YouTube 每月的视频观看次数为 620 亿人次，2013 年则达到了 1 300 亿人次。相比 2006 年谷歌在收购成立仅一年的 YouTube 时投入的 16.5 亿美元，2013 年谷歌在 YouTube 上的年收入已经高达 30 多亿美元。这体现出文化产业的高收益、高增长需要建立在金融服务的基础上。有鉴于此，上海自贸区创新金融资本制度对国际先进金融服务规则的引入，将对我国文化产业与科技、金融等部门的融合创新提供更多的发展机遇，为我国提升国际文化竞争力释放更加强大的制度红利。①

三、文化人力资本优势

人力资本要素是文化产业发展过程中最活跃、最重要的知识生产要素。我国是人才荟萃的人文大国，发展文化产业可以充分利用大国丰富的人力资本优势。文化产业人才的教育与培养是未来文化产业获得大发展大繁荣的前提。世界上发达国家文化产业发展的成功经验大都得益于文化产业人才的教育与培养。我国尽管有丰富的人力资源，但文化产业人才的培养还有较大的提升空间，应尽快改革人才培养机制，营造有利于人才脱颖而出的良好环境，培养大批文化产业相关人才，构建我国文化产业发展的人力资本优势，推动我国文化产业的持续快速发展。

人力资本的质量与劳动者受教育水平、人均教育经费等存在着紧密的关系。本书劳动者受教育水平主要参考人均文教科学卫生经费、人均受教育年限及各级教育程度毕业生构成来分析。我国人均文教科学卫生经费呈逐年上升的趋势，人均教育经费从 1983 年的仅仅 21.7 元升到 2012 的 1 585.6 元，2012 年教育经费总额为 21 242.1 亿元，占 GDP 的 4.1%；人均受教育年限也不断提高，1983 年为 6.3 年，2012 年则上升至 8.9 年；从各级教育程度毕业生构成上看，小学文凭的比例从 1983 年的 61.7%降至 2012 年的 37.9%；初中、高中、大专及以上的比例分别从 1983 年的 29.9%、7.3%、1.0%升至 2012 年 43.3%、17.0%、11.2%（见表 6-4）。表明我国人力资本的质量在不断提高。

① 花建．上海自贸区：增强文化产业竞争力的集结号．中国文化报，2014-1-18.

表 6-4　　1983—2012 年我国人均文教科学卫生经费、人均受教育年限及各级教育程度毕业生构成

年份	人均文教科学卫生经费（元）	人均受教育年限（年）	各级教育程度毕业生构成（%）			
			小学	初中	高中	大专及以上
1983	21.7	6.3	61.7	29.9	7.3	1.0
1985	29.9	6.5	62.0	30.9	6.0	0.98
1986	35.3	6.6	60.4	31.7	6.7	1.2
1988	43.8	6.8	56.9	34.1	7.4	1.6
1989	49.1	7.0	56.4	34.5	7.4	1.8
1991	61.1	7.1	58.1	33.2	6.8	1.9
1993	80.8	7.3	56.4	34.7	7.1	1.8
1995	121.1	7.4	56.5	35.4	5.8	2.3
1997	154.0	7.5	52.9	38.9	6.0	2.2
1999	191.4	7.7	54.4	37.4	6.2	2.0
2001	263.4	8.2	52.7	37.5	7.5	2.3
2003	348.7	8.4	46.2	40.7	9.3	3.8
2005	466.8	8.4	39.4	41.4	13.0	6.0
2006	564.9	8.5	37.9	40.5	14.3	7.4
2012	1 585.6（人均教育经费）	8.9	28.4	43.4	17.0	11.2

资料来源：根据《中国统计年鉴》各年版整理。

异常丰富的人力资本是经济持续增长的重要驱动力。改革开放以来，我国的人力资本积累相当迅速，沿海地区的人力资本深度尤为惊人。[①] 同时对于世界第一人口大国来说，我国文化产业人才的专业技能、管理能力仍在不断提升，营销手段、宣传方式在不断丰富，语言沟通、产业合作也在不断加强，我国将拥有在世界上难以超越的、庞大的、受过良好教育的高素质人才（见表 6-5）。据教育部官方数据显示（见图 6-1），2004—2013 年的 10 年间，大学本科毕业人数由 280 万人增长至近 700 万，增长率高达 250%。艺术类毕业生占毕业总人数的比例大幅提高，其中本科艺术类毕业生占比由 7.9% 上升到 2013 年预计的 8.2%，研究生占比由 2012 年的 2.5% 上升到 2013 年的 4.5%。因而在人力资源“量”的

① http：//finance.qq.com/a/20121205/004581.htm.

减少背后，“质”的全方位提升使得我国在文化人力资本上仍有相当大的上升空间，所有这些都将随着文化产业的发展转换为国民财富。

表 6-5　　2012 年高等教育学生情况　　单位：人

	毕业生数	招生数	在校生数
一、高等教育			
（一）研究生	486 455	589 673	1 719 818
博士	51 713	68 370	283 810
硕士	434 742	521 303	1 436 008
（二）普通本专科	6 247 338	6 888 336	23 913 155
本科	3 038 473	3 740 574	14 270 888
专科	3 208 865	3 147 762	9 642 267
（三）成人本专科	1 954 357	2 439 551	5 831 123
本科	801 015	984 817	2 475 495
专科	1 153 342	1 454 734	3 355 628
（四）其他各类高等学历教育			
1. 在职人员攻读硕士学位	-	140 629	489 857
2. 网络本专科生	1 360 870	1 964 468	5 704 112
本科	477 949	696 698	2 002 698
专科	882 921	1 267 770	3 701 414

资料来源：教育部官方网站。

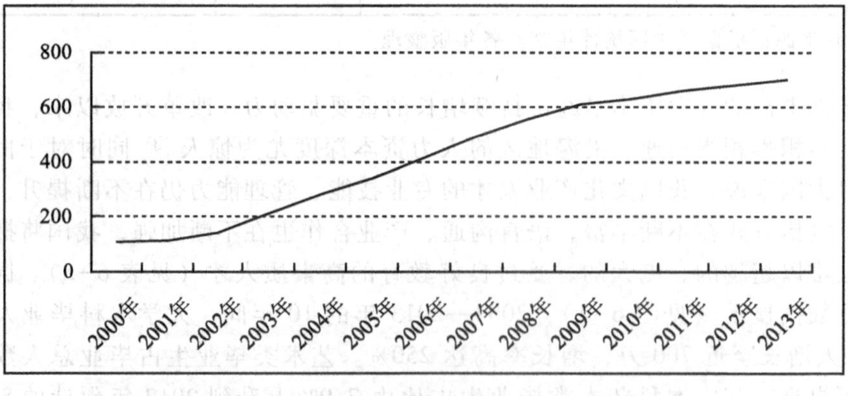

图 6-1　2000—2013 年大学毕业生人数　　单位：万人

资料来源：教育部官方网站。

四、文化科技优势

高新技术与文化产业的融合发展是未来文化产业发展的重要方向。党的十八大报告提出要“促进文化和科技融合，发展新型文化业态，提高文化产业规模化、集约化、专业化水平”。我国近年来更加重视高新技术在文化产业领域的开发和运用问题，中央和地方层面都出台了有关加快推进文化科技融合发展的实施意见，文化科技投入逐年增加，文化产业领域的科技创新能力明显提高，运用新技术改造传统文化产业也取得了重大进展，文化产品的科技含量显著增加，科技创新成为文化产业发展的重要引擎。随着以数字技术为代表的高新技术在文化产业中的广泛应用，我国文化产业与科技融合的趋势将更加明显，由此必将形成我国文化产业的技术新优势，促进文化产业国际竞争力的提升。

我国科研人力资源相当丰富。研究与试验发展人员全时当量逐年增加，1995年为75.17万人年，2005年为136.48万人年，2012年则为324.70万人年，17年间翻了4倍。我国研究与试验发展经费支出增长迅速，1995年为348.69亿元，2005年为2 449.97亿元，2012年更高达10 298.41亿元，17年间翻了29倍。与此同时，我国专利申请受理数也在不断攀升，1995年为83 045项，2005年为476 264项，2012年达到2 050 649项，17年间翻了4倍。此外，我国技术市场的成交额，1995年为268.34亿元，2005年为1 551.37亿元，2012年则升至6 437.07亿元，17年间也翻了4倍（见表6-6）。

表6-6　1995—2012年我国研究与试验发展人员全时当量、研究与试验发展经费支出、专利申请受理数及技术市场成交额

年份	研究与试验发展人员全时当量（万人年）	研究与试验发展经费支出（亿元）	专利申请受理数（项）	技术市场成交额（亿元）
1995	75.17	348.69	83 045	268.34
2000	92.21	895.66	170 682	650.75
2004	115.26	1 966.33	353 807	1 334.36
2005	136.48	2 449.97	476 264	1 551.37
2006	150.25	3 003.10	573 178	1 818.18
2007	173.62	3 710.24	693 917	2 226.53
2008	196.54	4 616.02	828 328	2 665.23
2009	229.54	5 802.11	976 686	3 039.00
2010	255.40	7 062.58	1 222 286	3 906.58

续表

年份	研究与试验发展人员全时当量（万人年）	研究与试验发展经费支出（亿元）	专利申请受理数（项）	技术市场成交额（亿元）
2011	288.30	8 687.00	1 633 347	4 763.56
2012	324.70	10 298.41	2 050 649	6 437.07

资料来源：根据《中国统计年鉴》各年版整理。

近年来，在政府主导发展的模式下，我国文化产业获得大幅度发展，并呈现出科技引领文化产业的发展态势。

据统计，中国云计算技术 2010 年的市场规模为 167.3 亿元，2013 年为 1 174.1 亿元。三年间，年均复合增长率达到 91.5%。自 2008 年由政府牵头分别在北京、无锡两地与 IBM 公司合作建立云计算中心以来，这一新兴计算机网络技术逐渐为我国市场所吸收并转换为强大生产力，作为七大战略性新兴产业之一，对于调整产业结构、促进经济转型具有重要意义。根据云计算技术的本身优势，大数据和高速运算使得文化产业具有更大的发展空间和后发动力。

与此同时，物流网与 3G、4G 技术的发展也给中国商业经济带来了福利与支持。物流网借助射频自动识别技术、互联网技术等实现了物与物、物与人之间的信息传递。2012 年物流网行业市场规模达到 2 000 亿以上，而 3G、4G 网络的发展为实现高效、保质的移动终端体验提供了可能。例如 NFC 与二维码成了移动支付的主要方式，是链接线上和线下 O2O 的技术支持，在演出预定、电影订票、餐饮消费等方面实现了网络化和技术提升。

作为核心文化产业之一，演艺业在跨国资本运作方面，通过海外联合投资与海外收购取得了切实的成果。天创国际演艺制作公司收购美国第三大演艺中心密苏里州布兰森市"白宫剧院"以及东上海国际文化影视集团收购田纳西州的两家剧院，标志着我国文化企业在海外拥有了自己的平台，在国际演出的终端市场掌握了一定自主权。在国际演展市场的开拓中，我国对外文化集团等一批骨干龙头企业已形成面向国际市场的，覆盖演出策划、营销、媒体宣传、演出制作等多环节的格局。①

类似的还有网游企业，完美集团的自主研发产品已经进入海外布局的第四阶段。② 继完美世界的成功布局之后，腾讯、盛大等国内网游大腕争相实施海外拓展业务，提升核心竞争力，为打造自主研发的网络游戏打下了坚实基础。

影视产业的影片合拍、海外剧场收购、先进设备购买等活动也进行得如火如

① 王琳．中国国际文化贸易竞争实力与模式创新．南方论丛，2012（3）．

② 即从第一阶段海外授权给代理商；第二阶段自建子公司海外自主经营；第三阶段整合当地研发资源本土化生产；发展到了整合全球优质知识产权资源，面向全球研发产品并推广的第四阶段。

茶、层层推进。如大连万达集团以26亿美元并购美国AMC影院公司，占100%股权，拥有AMC的338个影院、4 865块银幕，已成为全球规模最大的电影院线运营商。国内电影市场的国际影响力正逐渐扩大。

就连形势严峻的新闻出版业，也已突破以往陈旧观念束缚，在产业结构和运营模式上实施重大转变，包括：（1）整合出版资源，进行印刷、出版、销售、配送、连锁经营等上下游产业一体化运营；（2）延伸产业链，增加媒体广告、广播影视、手机游戏、会展等文化增值业务；（3）科技融入出版，着手推进图书电子出版、网络发行出版、电子支付等新型销售手段。

五、文化市场潜力优势

文化市场的潜力主要表现为人民群众文化消费能力日益增强。对精神文化类产品及精神文化性劳务的使用、占有、欣赏和享受等就是文化消费。其增长受社会生产力发展水平的制约。目前，就我国普遍消费观而言，人们对精神层面的消费越来越重视，要求也愈来愈高。社会消费形式也呈现多样化。文化消费是文化产业发展的基础，也是文化产业发挥作用的重要支撑。文化消费既是精神和情感方面的追求，也是人们对社会关系和地位的追求。经济收入达到一定水平后，需求结构会随之变化，引发物质消费的增加、文化消费规模的壮大及文化产业结构的改变。我国居民收入已经发生了很大的变化，城镇居民人均可支配收入和农村居民人均纯收入分别从1978年的343.4元、133.6元升至2012年的24 564.7元、7 916.6元，社会消费品零售总额已从1978年的1 558.6亿元升至2012年的210 307.0亿元（见表6-7）。

表6-7　1978—2012年城镇居民人均可支配收入、农村居民人均纯收入及社会消费品零售总额

年份	城镇居民人均可支配收入（元）	农村居民人均纯收入（元）	社会消费品零售总额（亿元）	年份	城镇居民人均可支配收入（元）	农村居民人均纯收入（元）	社会消费品零售总额（亿元）
1978	343.4	133.6	1 558.6	2005	210 493.0	3 254.9	68 352.6
1979	405.0	160.2	1 800.0	2008	15 780.8	4 760.6	114 830.1
1987	1 002.1	462.6	5 820.0	2009	17 174.7	5 153.2	132 678.4
1995	4 283.0	1 577.7	23 613.8	2010	19 109.4	5 919.0	156 998.4
1998	5 425.1	2 162.0	33 378.1	2011	21 809.8	6 977.3	183 918.6
2001	6 859.6	2 366.4	43 055.4	2012	24 564.7	7 916.6	210 307.0

资料来源：根据《中国统计年鉴》各年版整理。

此外，我国是人口大国，2013年年末全国大陆总人口为136 072万人，消费空间巨大，消费潜力不可估量。[①] 随着城镇化的不断推进和"三农"问题的不断改善，广大农民对精神文明的需求日益提升，乡村文化市场的需求逐步得到释放。此外，《华侨华人分布状况和发展趋势》课题研究显示，到2011年年底，全球华侨人数总计约5 000万人，是迄今为止对全球华侨华人总数"最接近真实的统计"。快速增长的华侨华人对中国文化产品日益增加的需求和对中华民族文化海外传播的贡献是不可估量的。总而言之，我国根植于优秀的文化土壤，拥有广大潜在的文化受众，文化市场蕴藏着巨大的潜力，随着文化体制改革的不断深入，可以说是商机无限。

我国居民家庭人均文化消费支出也在不断增加，其中以交通通信支出和文教娱乐支出为代表，中国城镇居民家庭平均每人文化消费支出从2008年的2 775.4元增长到2013年的5 030.9元；而农村居民家庭平均每人文化消费支出则从2008年的674.7元增长到了2013年的1 282元（见表6-8）。

表6-8　中国居民家庭平均每人文化消费支出　单位：元

项目	文化消费＼年	2013	2012	2011	2010	2009	2008
城镇居民	交通通信	2 736.90	2 455.50	2 149.70	1 983.70	1 682.60	1 417.10
	文教娱乐	2 294.00	2 033.50	1 851.70	1 627.60	1 472.80	1 358.30
小计		5 030.90	4 489.00	4 001.40	3 611.30	3 155.40	2 775.40
农村居民	交通通信	796	652.8	547	461.1	402.9	360.2
	文教娱乐	486	445.5	396.4	366.7	340.6	314.5
小计		1 282	1 098.3	943.4	827.8	743.5	674.7

资料来源：《中国统计年鉴》，2013年。

2014年4月发布的文化蓝皮书《中国文化消费需求景气测评报告（2014）》和《中国文化产业供需协调增长测评报告（2014）》也显示，1991—2012年，全国城乡文化消费总量由668.21亿元增至11 405.97亿元，增加10 737.76亿元，21年间总增长1 606.94%，年均增长14.47%。其中全国城镇文化消费总量由257.96亿元增至8 513.00亿元，增加8 255.04亿元，21年间总增长3 200.12%，年均增长18.12%；全国乡村文化消费总量由410.25亿元增高为2 892.97亿元，增加2 482.72亿元，21年间总增长605.17%，年均增长9.75%。

产业的发展离不开市场，我国文化消费市场广阔，市场潜力巨大，构成了发

---

① 理海燕．我国文化产业发展路径研究．开封：河南大学，2013：20-23.

展文化产业的主要优势之一。当前，我国对文化消费市场的发掘程度远远不够，文化市场的潜力有待于进一步释放，许多文化资源并没有转化为市场，甚至还处于没有开发的状态。2010 年全国城乡文化消费总量约 1 万亿元，比照发达国家文化消费的经验来看，在同等的居民收入水平下，我国的文化消费总量应有 4 万亿元的理想值，尚有 3 万亿元的文化市场缺口。随着我国居民收入水平的不断提高，人们的精神文化需求也在逐步提升，加之国家重视文化产业发展和文化内容建设，为文化消费创造了巨大空间。预计到 2020 年，全国文化消费需求总量将达 16.65 万亿元。这将为中国文化产业的规模化、集约化、专业化发展提供巨大的市场潜力优势。

六、文化对外贸易优势

1978 年的改革开放政策让我国对外贸易从此一路凯歌、蒸蒸日上，对外贸易总额从 1978 年的 206.4 亿美元到 2013 年的 41 603.0 亿美元（见表 6-9），在 35 年里翻了 201 倍。

与此同时，世界贸易也在蓬勃发展，1978 年我国对外贸易进出口总额占世界的比例仅为 0.8%，位列世界第 32；1990 年为 1 154.4 亿美元，占比 1.7%，位列世界第 15；2000 年为 4 742.9 亿美元，占比 3.9%，位列世界第 8；2008 年为 25 632.6 亿美元，占比 8.4%，位列世界第 3；2009 年为 22 075.4 亿美元，占比 9.5%，仅次于美国，位列世界第 2；此后我国一直保持世界第二，直到 2013 年，以 41 603.0 亿美元的总额超越美国位居第一。

表 6-9　1978—2013 年中国及世界进出口总额、增长率及比例

单位：亿美元；%

年份	中国进出口总额	中国进出口总额增长率	世界进出口总额	世界进出口总额增长率	中国进出口总额占世界的比例
1978	206.4	–	26 445.2	–	0.8
1979	293.3	42	33 258.6	25.8	0.9
1987	826.5	5	50 504.7	16.7	1.6
1995	2 808.5	19	101 418.4	19.5	2.8
1998	3 239.5	0	104 997.4	-1.5	3.1
2001	5 096.5	7	116 875.8	4.9	4.4
2008	25 632.6	18	303 597.8	15.7	8.4
2009	22 075.4	-14	231 498.4	-23.7	9.5

续表

年份	中国进出口总额	中国进出口总额增长率	世界进出口总额	世界进出口总额增长率	中国进出口总额占世界的比例
2010	29 727.6	35	303 870.0	31.3	9.8
2011	36 418.7	23	367 780.0	21	9.9
2012	38 670.0	6	368 900.0	0	10.5
2013	41 603.0	8			

资料来源：根据《中国统计年鉴》、《中国对外经济贸易年鉴》各年版整理。

从增长率上看，大部分年份中，我国对外贸易总额增长率高于世界增长率（除 1987、1990、1995、1996 年外）。此外，我国增长率基本保持两位数，其中最高的 1979 年竟达到 42%。

总之，我国改革开放后，特别是 2001 年 12 月 11 日加入世界贸易组织后，我国对外贸易获得迅猛发展，到 2013 年年底，我国已经超越美国成为世界第一贸易大国。我国对外贸易的快速发展也带动了文化对外贸易的发展。我国文化对外贸易虽然起步相对较晚，但发展迅速。文化创意产品出口额从 2002 年的 323.23 亿美元增长到 2011 年的 1 256.46 亿美元，年均增长率达到 14.74%；文化创意产品的进口额由 2002 年的 26.63 亿美元增加到 2011 年的 95.78 亿美元，年均增长率达到 14.36%。

纵观全球，任何一个国家和城市的文化贸易能力都与它们的地缘条件密切相关。我国地处亚洲大陆中央和全球经济发展最快的亚太地区，西接全球能源富集地区，东连富饶平原与海岸。作为亚洲经济发展最快的心脏地带，我国与周边国家和地区存在广泛共同利益。同时，亚太国家与中国同属于东方文化圈，文化价值观相近，与西方文化相比，中国文化更易被当地人民所接受，具有先天的文化贸易优势。我国的现代化呈现出一种梯度递进的趋势，各地区的发展和开放存在着很大的差距。区域差异性的基本国情有助于我国开发各地丰富的文化资源，形成大规模的文化生产能力，并且探索多种多样的国际文化贸易模式。①

另外，我国上海自由贸易试验区为文化开放提供了创新的契机，有助于培育外向型文化企业、促进新兴领域的文化企业发展、打造国际竞争力强的文化企业集群、创新投资管理制度等。这将为文化投资管理制度的探索提供重要机遇，并为更多的社会资本参与国际文化贸易提供可能。特别是鼓励发展高科技含量、高创意含量、高国际化程度的数字新媒体、出版、先进文化装备制造等新兴文化业

① 花建．中国文化地缘战略和中国文化"走出去"的新格局．东岳论丛，2012（1）．

态，让更多的社会资源和文化财富充分涌流，并且在全球范围内形成中国文化企业的投资便利化通道，使之成为国内参与国际文化贸易的重要优势。[①]

第二节 文化要素结构的现实转化

"大国之所以为大国，不仅在于它的物质总量，而且在于这些物质所能转换的力量及其发挥的空间总量"。[②] 中国拥有五千年的古代文明和日益崛起的现代文明，要想将丰富的文化资源要素转为文化产品和服务，呈现在中外文化消费者面前，就必须盘活文化资源的"物质总量"，将文化要素潜力大国转化成文化大国，并进一步实现向文化强国的迈进。

一、健全现代文化市场体系，发挥市场在文化资源配置中的决定性作用

市场作为连接宏观调控与微观搞活的枢纽，在产业发展中具有决定性的作用。改革开放35年的经济发展实践证明，正像离开完整成熟的市场体系，宏观调控难以发挥作用一样，缺乏健全的市场体系，微观搞活同样难以真正实现。市场体系的完整成熟至少包含两重内容[③]：

其一，各类市场的对称完整。从社会再生产过程来看，市场可分为商品市场和生产要素市场两个层次。商品市场由消费品市场、中间产品市场及基础产品市场组成。而生产要素市场则是劳动力、土地、资金、技术以及信息等生产要素的商品化交换关系的集合。市场体系的完整性表现在各类市场之间在质上和量上的对称。各种商品市场之间的内在联系明确，商品市场和生产要素市场间的内在联系同样不可分割。体现在：生产要素市场的均衡供给决定着商品市场的均衡运转，生产要素市场对资源的有效分配决定着商品市场的经济效益。反过来，生产要素市场的价值信号系统也通过价格和利润等价值信号受商品市场影响，从而调节生产要素市场的供需。国民经济总量状态影响着商品市场和生产要素市场的扩张与紧缩，商品市场和生产要素市场应运各种经济总量的调整，各自作出结构性的反应。

其二，市场的区域统一。自然与历史的因素对于发展中国家特别是像中国这样市场规模巨大的发展中国家来说，会造成明显的区域经济。区域经济效益的主要方面是形成区域市场。区域市场之间的横向贯通成为市场体系形成的重要内

---

① 花建．上海自贸区：增强文化产业竞争力的集结号．中国文化报，2014-1-18.

② 文木．世界地缘政治中的中国国家安全利益分析．济南：山东人民出版社，2004：398.

③ 刘国光．中国经济体制改革的模式．广州：广东经济出版社，1998：602-603.

容。区域的市场体系由区域的商品市场和生产要素市场构成。区域之间的合理分工和要素的合理流动是区域经济优化的关键，破除区域市场之间的自然、经济和政治色彩的壁垒，打通区域市场间的各种流通渠道，并拓展其容纳商品和要素流量的能力，才能将各个区域市场有机地组合，建立统一的市场体系。

作为一个大国，"从地理、资源、文化及人口的情况来说，它的潜力是很大的，它本身就是一个巨大的市场和物质、人才的宝库。"① 但是大国的优势往往被一些结构性的难题所抑制而难以发挥，地区市场分割便是我国经济改革和发展过程中面临的重大难题之一。大国广阔的国内市场有利于本国产品比较优势、规模经济优势和竞争优势的培育和构筑。但是，由于我国计划经济体制的历史影响，地方保护主义严重，国内区际分工和区际贸易非常滞后，国内市场未能得到发育，国内市场被分割成众多区域性市场。就文化产业来说，全国各地已经有超过30多个省市自治区提出"文化立省"、"文化强市"、"文化立区"的发展战略。大量的文化资源被分割到各个区域市场，导致资源无法聚合、流动，大国经济规模优势很难实现。《中国动漫产业发展报告（2011）》数据显示，2010年全国共有20个省份设立动漫产业基地，全年共举办100多次动漫节展、大赛和论坛；国产动画片创作生产数量位居前列的十大城市分别是杭州、无锡、沈阳、深圳、广州、苏州、宁波、北京、郑州、合肥，十大城市所生产的动画片数量占全国总量的73.7%，但连续两年位居首位的杭州2010年的产量仅为全国总产量的16%。产业国际竞争力研究的代表人物迈克尔·波特（2002）认为，"一个国家的经济体系中，有竞争力的产业通常不是均衡分布的"。动漫产业资源区域市场分割，无法形成优胜劣汰的产业聚合效应，这或许是我国文化国际竞争力缺失的通病。②造成这一问题的深层次原因在于文化产业领域地方政府主导的区域竞争模式。这种区域竞争模式是传统的以GDP增长率论英雄的官员考核方式决定的，直接后果是造成全国范围内低水平重复建设、泡沫化不良倾向及受地方利益藩篱左右的地方保护主义日益严重。

全国地方性市场的分割使得理论上要素价格均等化的国内资源配置效率难以实现，导致国际资源配置过程缺乏国内资源配置合理化的支撑，从而不利于我国企业的国际地位。从根本上来说，区域性市场分割扼杀了企业发展和竞争应有的环境，减少了企业在国内市场练兵的机会。一国将国内市场作为企业的"训练场"，能为企业在面临进口产品竞争和踏入国际市场前提供必要的锤炼。国内区际贸易能够生成国内市场竞争性，进而在国内需求较大、买者之间的竞争与效仿动态效应强烈的产品类别上形成比较优势。国内消费者之间竞争和仿效的丰富土

---

① 程极明．大国经济发展比较研究．北京：人民出版社，1997：211.

② 胡惠林，陈昕．中国文化产业评论：第16卷．上海：上海人民出版社，2012：93.

壤，刺激了国内供应厂商的不断创新。[①]

由于统一市场的难以形成，我国对大国优势的利用不足。单从贸易规模看，我国是贸易大国，但从出口贸易的特征看，我国的对外贸易具有很强的小国特征，呈现出一种以行政区为单位的分散格局。从某种程度上来说，我国存在“大国规模”、“小国条件”的现象，这与“行政性分权”所带来的区域性市场分割有关。[②]

当前，要建设社会主义文化强国，实现我国文化产业大发展大繁荣，必须加快完善现代文化市场体系。虽然从中央到地方都提出了要把发展文化事业和文化产业纳入国民经济和社会发展总体规划的要求，但从战略意图和规划思维来看，由于结构性矛盾和体制性障碍的影响，不少地方的文化发展规划具有浓厚的低水平重复建设、狭隘的地方保护主义和部门利益至上主义的色彩，缺乏促进文化产业发展的宏观战略框架。文化产业生产要素市场的培育和发展非常滞后；文化产业市场规则不统一，大大增加了文化市场的交易成本；文化产业市场区际竞争不充分与同质化产品的“血拼式竞争”并存，导致社会资源的严重浪费和效率低下，制约了文化企业的结构调整和优胜劣汰。为了实现文化市场对文化资源配置的决定性作用，需要着力建设和完善文化市场。否则，文化市场配置资源不会有效。

党的十八届三中全会通过的《中共中央关于全面深化改革若干问题的决定》强调：建立统一开放、竞争有序的市场体系，是使市场在资源配置中起决定性作用的基础。健全现代文化市场体系，必须破除区域竞争模式导致的条块分割、地区封锁、城乡分离的市场格局，积极培育和加快发展各类要素市场，构建统一开放、竞争有序的现代文化市场体系，让文化产品和要素在全国范围内合理流动。必须看到，现代文化市场体系是文化资源有效配置的载体，而当前信息化背景下文化资源配置相对以前具有显著不同，具体来看，呈现了四大特点：一是信息资源的迁移越来越快，大大突破了地理条件的限制，人们可以在全世界范围里进行文化资源的优化配置；二是信息技术的软件越来越普及，许多普通人都可以制作和传播信息产品，成为一个独特的信息发射源；三是信息技术的广泛应用，使人们可以通过仿真和模拟手段大大减少物质材料的消耗，节约文化生产的成本；四是数字化和因特网促成产业融合，不同产业在信息化的平台上相互融合，文化产业的边界在扩大。[③]

文化市场决定文化资源配置，首要条件是打通各种阻隔使文化资本、文化人

① 钟昌标．大国国内市场体系与国际竞争力的关系．杭州电子科技大学学报：社会科学版，2005（9）：1.

② 同上注，第6页．

③ 花建．产业界面上的文化之舞．上海：上海人民出版社，2002：142-143.

才、文化科技等文化生产要素流畅地进入文化市场，只有在各种文化要素都进入文化市场系统并在文化市场上自由流动时，文化市场决定文化资源配置才能成为现实。

文化市场决定文化资源配置，最为关键的是要实现三方面的重大转变，即文化要素及产品和服务的价格在价值基础上由供求机制和竞争机制决定，而非政府决定；文化企业的生产经营活动由反映文化要素、产品和服务市场供求关系的文化市场信号决定，各个文化要素市场上的供求调节各种文化要素的价格，从而调节各种文化生产要素所有者得到的报酬，政府不再直接干预文化企业生产经营；文化消费由消费者自主决定，而不再是文化短缺经济和文化卖方市场下消费者没有或缺少选择权的状况，从而实现消费者“自由选择、自主消费”。

目前文化市场竞争存在了诸多不公，主要表现在：其一，存在文化市场垄断，相当多地属于计划经济残余下来的文化行政垄断，处于垄断地位的国有文化企业可以操纵文化市场，获得文化垄断收益；其二，不同所有制的文化企业的不平等待遇，非公有制文化企业实际上受到各种形式的准入限制和歧视；其三，国家和地方出台了各种文化发展优惠和倾斜政策，一定意义上来说，优惠即是歧视，政策不能做到中性和一视同仁，部分地区和部分企业获得某种优惠和照顾，造成竞争机会不公，从而弱化文化市场机制的调控效果。

建设公平竞争的文化市场，急需建设法治化的文化营商环境，实行统一的文化市场准入和市场化退出机制，在制定文化产业负面清单的基础上，各类文化市场主体可依法平等进入清单之外的文化领域。这要求文化主管部门对负面清单的制定要真正体现公平、开放、透明的要求。

二、转变政府角色定位，更好弥补市场失灵和维护国家文化安全

面对文化市场对文化资源配置的决定性作用，凡是文化市场能做的，比政府做得更好的都应交给文化市场。但这并不意味着不要政府对文化产业的干预，文化市场也有其失灵的领域，离不开政府的合理引导和宏观调控。全社会的文化资源除了进入文化市场的市场资源外，还有公共文化资源。公共文化资源是未明确私人所有的文化资源、涉及没有明确私人所有权的文化资源、政府的文化法律和政策资源、公共财政提供的公共性文化投资和文化消费需求等。公共文化资源的配置不能由文化市场决定，原因在于公共文化资源配置以满足公共文化需求为目标，应遵循公平原则，只能由政府决定。

文化市场决定不了的领域，如涉及国家文化安全的部分应由政府决定；文化市场失灵的，如公共文化资源的公平分配等由政府干预；文化市场解决不了的，如涉及国家重大文化布局、战略性文化资源开发和重大文化遗产保护等由政府安排；市场调节下文化企业不愿意进入的，如公共性、公益性较强的项目由政府安

排。在这样一些领域政府不能缺位，不仅要积极进入，而且还应充分并强有力地发挥作用。政府配置公共文化资源应该主要通过政策路径实施，其中通过文化产业政策引导文化产业良性健康发展和结构转型升级十分重要。

政府在文化产业发展中宏观调控角色的定位，必须立足于文化市场这个基础。离开市场，微观经济活不起来，宏观经济也管不起来。企业作为相对独立的商品生产经营者，它与市场的关系是鱼和水、演员和舞台的关系。宏观管理作为乐队的指挥，同样要面对这个大舞台和成群的演员。[①] 市场决定资源配置是市场经济的一般规律，发展文化产业也必须遵循这一规律，必须健全文化市场体制，解决文化市场体系不完善和政府办文化、微观管文化等问题。但与此同时，我们必须看到，科学的宏观调控，有效的政府治理，是发挥社会主义市场经济体制优势的内在要求，必须跳出“强市场”必定是“弱政府”、“强政府”必须是“弱市场”的误区，深刻认识到市场和政府宏观调控是在不同文化资源配置领域和层面发挥各自作用。经营性文化发展应引入市场机制，而公益性文化发展不能由市场决定，市场和政府两者之间不存在根本性冲突，不会产生政府和市场此消彼长的对立。

政府文化主管部门要更好地实现对文化产业的监管和服务职能，很重要的一个方面在于自身机构设置的科学。当前，我国文化产业分属文化部门、新闻出版广播电视部门、信息产业部门和商务部门管理，优点是分工明确，专业性强，有利于各司其职、相互配合。但不足在于“九龙治水”、多头管理、政出多门、多头执法、权责交叉容易导致部门利益格局下的相互扯皮、责任推诿和效率低下等，既不利于政府部门自身行政执法资源的合理有效配置，也不利于文化企业跨行业、跨部门的经营扩张，更不利于全国统一、开放、竞争、有序文化大市场的形成。特别是在当前文化产业发展已经超越传统产业分工界限、实现产业融合的当下，条块分割的多头管理方式已然严重滞后于文化产业蓬勃发展的形势。探索机构宏观精简、监管服务统一、运作协调有效的“大文化”产业管理机制，成为我国文化产业进一步发展的重要课题。

要想保持文化产业持续健康发展，必须建立适应文化产业发展新形势和新要求的文化管理和调控体制。欧盟国家在20世纪80年代纷纷放松了对广电业的管制，进行广电行业商业化改造，实践证明，这对促进文化产业的发展效果很明显。当前，我国文化改革正在不断深化推进，政府对文化市场的调控必须符合市场经济的基本要求。对于文化市场的调控，政府有两种思路：一是简单利用行政措施加以管理。我国传统的文化市场管理模式就是单一的行政统制，对文化市场的管理措施不外是训斥、禁止、处罚、取缔和关闭。采用这种单一的纠偏式的行政手段无非是走老路，实践证明已不适应于开放性的信息时代的文化市场管理。

---

① 刘国光．中国经济体制改革的模式．广州：广东经济出版社，1998：35.

另一种是努力认识文化市场运行的客观规律，逐步建立起宏观调控文化市场的行政、经济、法律管理体系。在管理方法上，变单纯的行政管理型为协调、指导、统筹、服务、监督型，变直接管理为间接管理，变微观控制为宏观控制，变经验管理为科学管理。一般说来，"国家调控市场，市场引导企业"的间接控制经济活动的原则同样适用于文化领域。国际经验表明，政府的作用在产业发展的不同阶段不尽相同：在产业发展初期往往更为明显；而当产业发展到一定时期成熟后，政府需要减少对产业的干预。政府职责缺位或越位，都容易对产业发展产生消极影响。我们只有选择第二种思路，尊重文化市场在文化资源配置中的决定性作用，优化政府文化产业领域的间接、科学和宽松的宏观调控，文化市场发展才会走向新阶段，才能真正实现"从办文化转向管文化，从管微观转向管宏观，从管脚下转向管天下"的根本转变，才能培育出文化产业的创新活力和国际竞争力。

另外，文化产业由于其产品具有高度的精神附加和意识形态属性，更不能脱离政府的合理监管。市场是文化产业发展的晴雨表，但并不是唯一的风向标。文化产业不仅要为社会创造出大量经济财富，更要为社会文明进步和人的全面发展提供丰富的精神文化财富。① 历史反复证明，正如邓小平同志所强调的，关上门是搞不了现代化的，但是打开窗户，既进来了新鲜空气，也难免飞进蚊子、苍蝇。② 我国文化领域的对外开放，一方面有助于我国吸收全球文化要素资源，借鉴世界有益文化成果和文化产业国际化经验，推动我国文化产业"走出去"；另一方面由于我国尚未在激烈的全球文化竞争中站稳脚跟，中华文化作为广大民众精神纽带的作用将有可能出现被削弱甚至边缘化的危险，直接影响到我国的国家文化安全。要建设文化强国，维护国家文化安全是基础和前提。意识形态安全、价值观念安全以及传统文化安全是我国社会稳定和文化产业发展的底线。因而，政府出于维护国家文化安全利益的考虑，应该科学实施文化监管，杜绝影响民众身心健康和国家文化安全的文化产品和服务的任意传播和消费。

三、推动文化产业微观主体再造，建立健全现代文化企业制度

在建立健全现代文化市场体系的过程中，必须同步推进文化产业微观经济基础的重新构造。我国文化产业的微观基础——文化企业，完全是脱胎于或正在脱胎于传统体制下的文化事业，深受传统文化发展思路桎梏，难以自发适应当前文化市场的发展形势。但是我们必须看到，文化产业宏观运行与微观企业行为密切相连，文化产业的发展规模及走向最终由微观文化企业及其发展状况决定；文化

① 胡惠林．国家文化治理：中国文化产业发展战略论．上海：上海人民出版社，2012：19.

② 李长春．文化强国之路：文化体制改革的探索与实践（上）．北京：人民出版社，2013：199.

产业宏观发展规划要通过微观文化企业的经营活动来实现。在我国，要真正解放文化生产力，不仅取决于能否建立起科学合理的文化产业宏观调控体制，而且也取决于微观文化企业能否对宏观文化政策和规划作出及时和灵活的反应。在发展文化产业的过程中，如果忽略了微观经济基础的重新构造，无论文化市场体系和文化宏观调控模式设计得如何精致巧妙，整个文化产业的运转都不可能顺利有效。美国建国仅238年，从历史角度来看，属于文化资源小国，美国甚至没有专门设立文化主管部门，但美国却是当前世界文化产业最强大的国家、首屈一指的世界文化产业“巨无霸”。值得深思的是，美国并没有依靠国有企业来发展壮大其文化产业，而基本是靠私有企业和家族企业。可以说，文化产业微观经济基础——文化企业的重新构造是我国文化产业发展繁荣的关键。

（一）企业是文化产业发展的主体

企业是产业的微观基础，是推动产业发展的实施主体。无论是产业竞争力、国家竞争力，其竞争力的强弱最终都要通过企业这个市场主体的绩效表现出来。[①] 要实施文化产业“走出去”战略、提升文化产业国际竞争力，就必须培育出一大批具有现代企业精神和制度的国际化文化企业和企业集团，使之成为引领我国文化产业发展的中坚力量，成为与国际同行竞争和抗衡的生力军。

长期以来，文化领域意识形态很浓，文化体制计划色彩突出。我国的经营性事业单位仍然较多，企业主体地位长期不够明确。相当长一段时期，文化产品和服务主要由政府、事业单位或国有企业提供。随着消费者文化消费规模的扩大和消费水平的提高，单纯的文化事业已经不能满足社会多元化、多层次的文化消费需求。当前，必须破除观念壁垒，强化文化产业、文化商品的意识。除部分基本公益性文化事业以非市场方式由国家财政提供外，绝大多数文化产品和服务应以市场需求为导向，通过市场化和产业化的方式来发展运作，确立我国文化企业在文化产品和服务生产中的主体地位。随着我国全面深化经济体制改革的推进和文化体制改革的实施，需要进一步充分发挥市场对经营性文化资源配置的决定性作用，减少“被动喂养型”文化单位，培育和发展“主动觅食型”文化企业，不断增强文化产业发展的内生动力，鼓励市场和社会去办经营性的文化产业，同时通过多元化投资机制和市场竞争机制，强化文化企业主体地位，不断提升文化企业在发展全局中的能级，催生出具有强大影响力、竞争力的文化龙头企业。与此同时，政府应鼓励和引导更多的文化企业面向全球文化市场和文化要素，为全球文化消费者提供具有中国气派和中国特色的文化产品和服务，实现中国文化企业外向型拓展。

---

① 胡惠林．我国文化产业发展战略理论文献研究综述．上海：上海人民出版社，2010：72.

（二）"走出去"战略背景下我国文化企业面临的瓶颈

目前，我国大多数文化企业是从过去的文化事业单位剥离经营性文化资产之后转企改制而来的，由于受传统观念制约，企业尚未构建起完善的法人治理结构和现代研发体系。从文化产业"走出去"视角来考察，我国文化企业尚存在法人治理结构不完善、自主创新能力不强、集约化程度较低、市场拓展能力太弱、民营企业发展滞后等问题。

1. 文化企业法人治理结构尚不完善

近几年，文化企业虽然大多已转企改制，但由于长期以来受计划经济体制的影响，对于企业经营管理没有形成市场化的认知，导致了企业上下"固步自封"，一直延续着旧有的思维方式和运营观念，依然在身份转换的过程中"迷迷糊糊"，难以在新时代背景下准确地界定自己的位置。此外，文化企业的法人治理结构还存在很多方面的问题，董事会、监事会等机构形同虚设，企业内部控制失衡。总之，我国文化企业总体上还缺乏市场化的管理模式，一些国有文化企业虽然具有资金、人脉和政治环境等诸多优势，然而管理体制和机制不能充分激活从业者的积极性，经营管理水平相对落后。①

2. 自主创新能力相对不强

自主创新能力是企业的生命线，对于以内容为基础的文化产业更是如此。文化产品和服务内容的感染力和文化涵养直接决定着其产品与服务的生命力，决定着其国际竞争力和影响力。美国好莱坞大片之所以风靡全球、日本动漫游戏之所以畅销海外，核心要件在于其拥有推陈出新、创意不断的内容。相形之下，我国出口的文化产品和服务存在缺品牌、缺创意、缺内容和缺自主知识产权的情形，因而，文化产品和服务国际竞争力总体较弱。我国文化企业创新能力不强还表现为文化企业整合能力有限，不能充分有效利用文化资源。作为四大文明古国之一，我国文化资源充足，但现实是，大多文化企业难以有效地将资源整合为文化创新的素材，去实现文化产品的生产和制作，真正地能够"跨界"经营（跨新闻出版、广播影视及演艺资源等）的全产业链企业少之又少。②

3. 文化产业集聚度不高

美国学者大卫·郝斯蒙德夫（2007）曾提出，文化产品兼具高生产成本、低复制成本及准公共产品三个特点，文化生产固定成本和可变成本之间比例悬殊，使得文化产业呈现出"受众最大化"倾向，借助作品的大量生产来实现失败作品和畅销作品的平衡。要实现"受众最大化"，企业应该不断推进横向和纵向一体化、国际化，进行多部门、多媒体的系统整合，千方百计收编评论家等高

---

① 徐晴．文化企业的发展策略．新产经，2014（1）．

② 徐晴．文化企业的发展策略．新产经，2014（1）．

级读者，从而使各种文化公司规模不断扩张。以英美为代表的发达国家纷纷出台法律法规，为有线电视、电信、媒体、计算机和娱乐业之间的并购提供法律依据和保障。历经20世纪90年代大规模跨国并购潮之后，在广播影视、报刊杂志和音像制品等行业涌现出了一批全球性的文化“巨无霸”。可以说，美欧等西方发达国家控制的包括迪斯尼、时代华纳、新闻集团等在内的一大批大型跨国文化企业集团是其在国际文化市场上占据主导地位的关键。这些文化“巨无霸”具有全球市场环境的敏锐嗅觉和产品结构高效调整能力，更为重要的事，他们直接面向全球，获取、整合和利用各类创新资源和科技资源的能力强，产品创新升级速度快，从而能够引领全球文化企业的国际潮流。相比之下，我国现有文化企业规模偏小、实力偏弱，参与国际市场竞争能力还不强。虽然我国在政府的推动下，一些地方的某些板块也组建了一批文化产业集团，但由于体制原因，新组建的一些集团公司仍然没有脱离旧体制模式，大而不强，“集而不团”。美国《财富》杂志发布的2012年世界500强企业中，我国79家企业（内地企业73家）榜上有名，数量仅次于美国，但与美国拥有众多文化企业形成鲜明对比的是，我国尚无一家世界知名文化企业入榜。可见，加快培育一大批具有国际竞争力的外向型大型文化企业集团仍任重道远。

4. 民营文化企业发展环境急需改善

民营文化产业和国有文化企业一样，对于繁荣文化事业和促进文化产业发展具有重要作用，同样是文化产业不可或缺的重要组成部分。大力发展民营文化企业，对于更好地培养更多具有自主创新能力的文化市场主体，开发我国文化资源存量，营造文化产业公平竞争的环境，推动我国文化产业“走出去”战略，具有十分重要的意义。

改革开放以来，我国民营文化企业数量剧增，发展活跃，但由于受宏观文化管理体制以及传统文化事业观念等束缚，民营文化企业发展总体仍很滞后。突出表现为：(1) 民营文化企业规模较小，效益偏低。在2013年中国文化企业30强中，民营企业有7家，仅占总数的23.3%。同时，民营文化企业的经济效益明显低于国有文化企业。私营文化企业的人均增加值、人均缴纳税额只有国有文化企业的1/2左右，人均资产总额、人均营业收入更是远低于国有文化企业（见表6-10）。这说明民营文化企业还处于起步阶段，发展很不充分，总量规模偏小，经济效益急需提高。[①] (2) 民营文化企业融资难、融资贵。大多数民营文化企业属于中小型企业，资产规模小、收益不确定、经营风险大，加之文化产业本身固有的前期投入较大、回报周期较长等特点，使得大多数民营文化企业面临着融资

① 民营文化企业发展调研课题组．我国民营文化企业发展中的问题及政策建议．华中师范大学学报：人文社会科学版，2007 (7)．

压力，严重制约了民营文化企业的发展潜力。（3）民营文化企业引进和留住人才难度高，流失量大。大多数民营文化企业由于未能建立完善的现代企业制度，在人力资源管理方面制度不健全，尤其是关于分配、激励、社会保障以及人才培养制度方面不系统不科学，相比大型国有文化企业而言，企业员工缺乏安全感和认同感。这一局面若不能得到根本扭转，将会造成大量的高级文化人才的流失。

表 6-10　　第五届中国"文化企业 30 强"部分企业 2012 年业绩情况　单位：亿元

企业类型	企业名称	营业收入	利润总额	总资产
文化艺术类	杭州宋城旅游发展股份有限公司	5.86	3.41	31.99
	莆田市集友艺术框业有限公司	37.69	3.11	–
	上海文广演艺(集团)有限公司	2.56	–	–
广播影视类	上海东方传媒集团有限公司	154.76	22.56	134.21
	江苏省广播电视集团有限公司	111	–	139.30
	江苏省广电有线信息网络股份有限公司	34.20	6.20	–
	湖南电广传媒股份有限公司	44	6.80	133.58
	上海电影(集团)有限公司	21.19	2.64	–
	北京光线传媒股份有限公司	10.34	3.92	–
出版发行类	江苏凤凰出版传媒集团有限公司	176	16.90	350
	湖南出版投资控股集团有限公司	130	9.19	158
	江西省出版集团公司	100.28	5.32	105.40
	山东出版集团有限公司	107.25	–	158.39
	浙江出版联合集团有限公司	90.38	6.14	124.44
	中国教育出版传媒集团有限公司	–	–	144
	中国出版集团公司	68.84	5.85	101.42
	四川新华发行集团有限公司	48	–	109
文化科技类	上海盛大网络发展有限公司	70	–	–
	百事通新媒体股份有限公司	20	5	38.83
其他类	北京万达文化产业集团有限公司	208	–	310
	西安曲江文化产业投资(集团)有限公司	–	–	400

资料来源：IUD 领导决策数据分析中心．中国文化企业 30 强透视．领导决策信息，2013（21）．

四、营造有利国际环境，形成本土与全球双向运行的文化要素流动机制

长期以来，我国的文化产业主要以国内市场为主要目标，产业发展的文化资源也主要局限于国内资源的开发利用。随着开放性经济新体制的逐步确立，我国的文化产业必须放眼全球，从主要面向国内市场转换为兼顾国际国内两个市场，从主要利用国内文化资源转换为兼顾国际国内两种文化资源。这就要求我们营造有利的国际环境，形成本土与全球双向运行的文化要素流动机制，这既是我国深度融入全球化的基本要求，也是我国文化产业“走出去”和提高竞争力的重要途径。

（一）文化要素双向流动是一国文化兴盛和开放创新的必然要求

全球化作为当代世界发展的一种重要特征和趋势，涉及经济、政治、文化、生活等人类社会的一切领域。经济全球化趋势决定了我国文化产业发展不可能游离于此趋势之外，必将受这一进程的影响。文化大交流也将伴随经济全球化的深入而迎来新一轮浪潮，这是大趋势、大方向。

不同民族的文化既有民族特性又有普遍相通性，是个性和共性的有机统一。文化的民族性和个性使文化交流成为必然；而文化的普遍相通性和共性使文化交流成为可能。在世界文化大家庭中，正是由于有了不同文化和文明的交流与碰撞，融合与创新，人类文化才得以蓬勃发展。各个国家和民族文化各有所长，相互汲取营养，使本国本民族的文化创新有了源头活水。纵观人类文化发展史，一国之强，必然伴随着文化的兴起。古代中国之所以非常强大，就在于其文化一直处于世界领先地位，以“四大发明”为代表的古代中国文化为人类社会作出过举世瞩目的突出贡献。但在晚清鸦片战争后，中国实行闭关锁国的政策，夜郎自大，藐视西方先进文化和制度，最终使国家沦到半封建半殖民地的境地。同一时期的日本却打开国门，通过“明治维新”积极向西方学习先进文化和制度，迅速走上了工业化的道路，成为亚洲国家中第一个走上资本主义道路的工业国家。党的十一届三中全会之后，我国发生了翻天覆地的变化，最重要的一条经验就是打开国门，积极学习他国的先进成果，实行改革开放的战略。正反两方面的经验都说明，文化要素流动是文化兴盛、经济社会全面进步的必然选择。

开放创新对于全球化背景下我国文化产业发展具有重要意义。开放创新强调国内外文化资源的均衡协调和全面整合，注重企业自身研发过程的外部拓展，致力于将包括科研机构、供应商、风险投资和客户在内的外部利益相关者等创新要素引入到发展系统中，从而实现企业提质增效的发展目标。开放创新，通过文化要素国际流动能够激活中国文化创新的因子。第一，文化要素流动是激发创造性的有效途径和推动因素，伴随文化要素的流动，各国文化互促互鉴，对彼此文化

发展进化具有重要的参照价值，不同文化与思想观念的激荡交融，使思想观念推陈出新。第二，西方文化对于主体性和人类价值的尊重，对个性和个人价值的推崇，对开拓冒险精神的弘扬，都孕育着创新的品质。中国文化产品和服务要想走向世界，必须尊重和了解西方创新发展的成功经验，并以此为借鉴，从而更好地服务自身的创新实践。第三，面对当代文化要素流动的大潮，中国文化在学习、借鉴和吸收他国文化的基础之上，要做到以我为主，为我所用，以求综合创新，形成自己独有的特色和风格。

（二）文化要素双向流动是文化强国文化产业发展的成功经验

文化强国在发展本国文化时普遍重视文化要素的双向流动，这一点已被许多文化强国的发展实践所证明。以美国的文化产业投资为例，一方面，美国资本流向世界各地的数量巨大，分布广泛；另一方面美国企业依托其遍布全球的经贸网络，吸引大量国际资本进入美国，成为国际直接文化投资最为密集的国家。与美国经贸传统、地缘关系和文化联系密切的加拿大、英国等纷纷将美国当作头号投资东道国；太平洋另一侧的亚洲国家日本，也将美国作为除东亚地区之外重要的投资对象，远远超过其在欧洲、非洲和西亚的投资密度比。如 2002 年获得最佳影片等 4 项大奖荣誉的大片《美丽心灵》，作为好莱坞的经典之作，总投资约 7 000 万美元，恰恰是由在美国电影界和传媒界最活跃的投资大亨——法国威旺迪公司投资的。[①] 美国文化产业繁荣的重要原因之一在于注重吸收和利用各国文化元素及高端文化人才。源自拉美、欧洲和非洲的文化元素在美国文化产品中比比皆是。好莱坞通过对中国文化元素花木兰和大熊猫的大胆利用、创新集成，轻松创造了全球票房佳绩。此外，美国还大量招贤纳士，广聚世界文化精英，在好莱坞著名导演中，就有 40% 来自美国本土之外。近年来，好莱坞等文化集团都在积极尝试 3D 等各种先进的声光技术，并进行积极的国际合作，效果十分显著。影片《泰坦尼克号》由来自 7 个国家的 30 多家公司共同协作完成，其中仅特技一项就由 Digital Do-main 和 16 家中小技术公司合作，影片中的音乐制作则包给了索尼公司，这种全球化的资源配置大大降低了影片成本。

（三）当代文化科技创新为文化要素国际流动创造了有利条件

人类历史上的每一次科技进步都对人类生产生活形成了深远的影响。科技进步也改变了人类文化生产要素的组合方式，促进了文化要素的流通和重组。美国物理学家马克·P·米尔斯和工程与应用专家朱勒 M·奥迪诺在其发布的《科技变革将引领新的经济繁荣》一文中提出，1912 年前后出现的新技术——电气化、电话、汽车、不锈钢和无线电深刻改变了人类与自然界的关系。随之而后的 100

---

① 花建．全球化背景下国际文化投资的趋势．社会科学，2003（5）．

年整，也即2012年，大数据、智能制造、移动网络这三场宏伟的技术变革与包括信息和通信技术、计算机技术、仿真技术、视听技术、新材料技术、节能环保技术在内的六大技术进展将会更加深刻地变革人类社会的未来，在文化领域的感知方式、创造方式、传输方式、消费方式上创造前所未有的广阔空间，新型文化艺术生产方式和表现样式将不断涌现，数字出版、数字游戏、3D电影、电脑仿真、人机互动、网络音乐、视频分享等更多地走进大众的生活，而文化产业链、文化资源供应链和文化服务品牌链也将加速重组，各种文化要素的流通将跨入新的历史时代。①

第三节 中国文化产业“走出去”战略的产业布局

基于前述“大国综合优势”，作为文化大国，我国文化产业发展具有规模与分工优势、差异性与互补性优势、异质性与适应性优势以及独立性与稳定性优势。这也要求我国实施与文化大国经济发展特征相适应的文化产业发展战略，采取基于规模性的产业整体推进战略、基于差异性的区域协调发展战略、基于内生性的内外循环战略、基于自主性的积极进取战略。国家文化产业“走出去”战略布局应整体推进、统筹设计，而各个地区应该结合自身的特征，因地制宜，因时制宜，实现我国文化产业“走出去”的特色发展和整体推进。

一、文化旅游：夯实基础，释放文明古国先天优势潜力

文化旅游涵盖了历史遗迹、古代建筑、人文景观、民族艺术、宗教文化、民间信俗等主要内容，因此文化旅游产业具有关联性高、涉及面广、辐射性大、带动性强等显著特点，成为21世纪经济社会发展中最具活力和生命力的新兴产业之一。我国是具有悠久历史和灿烂文化的文明古国，文化底蕴极为深厚，文化旅游资源十分丰富，具备了发展文化旅游产业的先天基础和优势。通过大力发展文化旅游产业，打造文化旅游知名品牌，促进文化与旅游相结合，不仅有助于优化我国产业结构，促进经济发展方式转变，提高经济效益，而且还可以大力弘扬中国文化，以文化提升旅游的内涵，以旅游扩大文化的传播和消费，让世界更多地了解中国。

二、工艺美术：挖掘民族文化元素，促进现代工艺美术发展

工艺美术业是具有文化和艺术内涵的特殊产业，主要包括木雕根雕、珠宝玉

① 花建．面对全球文化流动的前瞻视野和应对策略．中国文化报，2014-2-12.

饰、古典工艺家具、装饰绘画、树石盆景等产业。我国应加快工艺美术产业发展，在强调有效保护传统工艺美术技艺的基础上，充分发掘中华民族文化元素，突出民族文化特色，通过新技术、新工艺、新产品的开发，实现保护传承与创新发展的紧密结合，打造有中国特色的工艺美术文化品牌，发展现代工艺美术，增加产品文化内涵和科技含量，提升产品附加值，更好地推动工艺美术走向国际市场。

三、影视制作：借力高科技，提升竞争优势行业产业链

大力发展影视制作产业，提升影视产品的生产能力，扩大影视制作、发行、播映和衍生产品开发，增加数量，提高质量，重视品牌化发展，着力推出大片、精品、力作，满足多种媒体、多种终端发展对影视数字内容的需求。构建影视技术创新体系，在引进、消化、吸收国际先进影视制作技术的基础上，更加注重自主创新，提高影视制作数字化水平。以资本为纽带，大力发展电影院线，推进产业集团化，完善电影产业价值链。加强对优秀国产影视剧的宣传和海外推广，积极开展对外合作拍片，积极申办或参加影视业相关的国内、国际知名展览会、节庆文化等活动，扩大我国影视产品的影响力和辐射力。

四、动漫游戏：提升文化内涵，打造动漫游戏精品

动漫游戏产业被誉为21世纪最具发展潜力的朝阳产业。我国也要大力发展动漫游戏产业，促进有中华文化内涵的动漫游戏产业“走出去”。鼓励动漫游戏产业走民族风格和时代特点相结合的原创之路，提高动漫游戏产品的文化内涵。重点扶持壮大动漫游戏产业龙头企业，培育出若干个规模较大、有自主开发能力和自创动漫游戏品牌的创作主体，开发一批知名作品，形成一批具有较大影响力和国际知名度的动漫游戏品牌。

五、演艺娱乐：搭建平台，发挥多民族文化多元优势

积极培育大型文化经纪公司，按照整合资源、调整布局、优化结构、提高效益的要求，加快演艺娱乐资源整合重组，引导演艺娱乐企业采取连锁、加盟等经营模式，通过收购、承包、兼并、重组等方式做大做强，提高演艺娱乐产业整体发展质量和市场化程度。积极开发具有民族特色、内容健康向上和技术先进的新兴演艺娱乐业态。推动演艺与旅游、会展、传媒、科技等结合，培育旅游演艺市场，丰富旅游演艺产品，打造独具特色和品牌价值的演艺娱乐项目，大力推动演艺娱乐产品走向世界。

六、新闻出版：依托数字化，盘活深厚传统文化优势

2012年国家新闻出版总署出台了首个有关新闻出版业“走出去”的专门文

件——《关于加快我国新闻出版业走出去的若干意见》，首次从国家层面对新闻出版业“走出去”进行全方位布局，为加快我国新闻出版业的国际化经营指明了方向。为了更好地促进新闻出版业“走出去”，应着力推动新闻出版产业结构调整和升级，积极促进网络、数字等高新技术在新闻出版领域的广泛应用，加快新闻出版从主要依赖传统纸介质出版物向多种介质形态出版物共存的现代出版产业转变，实现新闻出版的数字化转化和开发；加快新闻出版从主要依赖区域性市场向综合开拓国际国内市场转变，实现市场的开拓和延伸。尤其要鼓励和支持有条件、有实力的新闻出版单位开拓国际市场，培育一批具有较强竞争力和实力的新闻出版企业集团，打造一批社会效益和经济效益显著、具有较强影响力的新闻出版品牌。

七、文化会展：打造特色会展品牌，提升国际化水平

文化会展业主要是通过举办各类文化产业的会议或富有创意特色的会展及提供相关配套服务，推动文化投资交易与交流发展，直接或间接地创造社会效益和经济效益的新兴产业，能够产生极强的产业辐射带动作用。经过近几年的发展，中国文化会展业从无到有、从小到大、从弱到强，实现了跨越式的发展。未来中国应进一步发展壮大文化会展业，重点培育扶持中国国际文化产业博览交易会、中国北京国际文化创意产业博览会、中国国际动漫游戏博览会、中国义乌文化产品交易博览会等重要会展，打造精品文化会展品牌，增强我国文化会展的国际影响力。

八、创意设计：发挥人力资源优势，广泛承接创意设计和生产

创意设计具有高知识性、高增值性和低消耗、低污染等特征，加快促进创意设计与相关产业的深度融合，对于调整经济结构、转变经济发展方式具有重要作用。我们应加快创意设计产业发展，切实加强创意、设计知识产权保护，完善相关政策措施，营造有利于创意设计生产和实现的良好氛围，不断提高创意设计能力，统筹推动创意设计业快速发展，提高文化产品的创意设计水平，充分发挥创意设计对文化产业、制造业、服务业等各产业领域的促进作用。依托人力资源优势，扩大创意设计服务外包和出口。

第四节　中国文化产业“走出去”战略的区域布局

研究和把握文化产业“走出去”的区域布局是我国文化产业“走出去”战略的重要一环。中国文化产业“走出去”必须把握好“走到哪里去”的方向性

问题，应科学分析和紧密跟踪全球文化产业的商情和舆情，研究不利于文化产业"走出去"的市场和非市场壁垒，结合我国外向型文化产品和服务的优势和劣势，权衡利弊，把握缓急，分步实施，确立最为有利的目标市场。文化产业"走出去"应该坚持分步实施的原则，以周边为基础，欧美为重点，兼顾其他地区。

一、我国文化产业"走出去"战略的区域布局总体策略

我国作为一个拥有悠久历史的大国，长期以来具有深远的文化国际影响力和辐射力。与韩国、日本等亚洲国家文化产业的国际发展战略不同，我国应坚持多元平衡的思路，实施文化市场多元化战略，同步推进，重点布局，以点带面，全面开拓。所谓"同步"，即是要求我国文化产业在国际范围内的各大洲和主要国家同时进行开拓，既要在亚洲、欧洲、北美洲等区域推进文化产业"走出去"战略，又要牢牢抓住在发达国家的"走出去"战略部署，也不能忽视在广大发展中国家的同步部署。当然，这种"同步"并非不分轻重，没有重点。必须充分发挥我国在亚洲的区域影响力，用足我国在中华文化圈内的传统优势和文化亲和力优势，重点推进周边市场开拓；利用多达 5 000 万的海外华侨优势和国外对中国文化的关注，积极培育欧美文化市场需求；利用我国作为世界第一大货物贸易国与广大发展中国家经贸联系日益紧密的优势，挖掘和开拓广大发展中国家的文化市场。

二、未来我国文化产业"走出去"战略的市场选择

随着中华文化在全球影响力的日益增大，我国文化产品出口市场进一步扩大，出口目的地已遍布全球约 220 个国家或地区。未来我国文化产业"走出去"的市场定位要因地制宜，注重把握目标市场特点，有的放矢，切忌"对牛弹琴"。从某种意义来说，"对牛弹琴"与其说是讽刺牛，毋宁说是讽刺弹琴的人。一个聪明的文化企业不能"对牛弹琴"，而应懂得把握市场需求和观众心理。文化产业"走出去"是为受众提供一种具有丰富文化内涵的精神服务，而服务需要明确细分市场。面对竞争日益激烈的国际文化市场，"八个样板戏演给八亿人看"的传统思维必须摈弃，必须以国际市场需求为导向，规划好我国文化产业"走出去"的市场选择。总体而言，目前我国文化产业出口市场集聚度较高，属于中华文化圈的周边国家成为我国文化产品出口的基础；以美欧为代表的收入较高、消费能力较强的发达国家和地区成为我国文化产品出口的主要市场；亚非拉发展中国家市场成为我国文化产品出口新的增长点。

（一）巩固和扩大周边国家与地区文化市场

文化亲近是影响文化出口的决定性因素。我国幅员辽阔，拥有几十个邻国。[①]他们与我国在地缘上相近，历史上文化交流源远流长。当前，随着区域经济一体化的深入发展，这些国家和我国经贸上联系日益密切。这使得我们有步骤、有选择地巩固和发展周边国家文化市场具有了得天独厚的优势。一方面，东南亚、日本、韩国深受我国传统文化影响，同属于亚洲文化圈内，文化相似度较高，文化产品出口的折扣度低，这些地区大都比较富裕且华人华侨集聚，是我国文化产业"走出去"的优良踏板；另一方面，我国周边的俄罗斯、印度、巴基斯坦等人口大国，随着经济的日益发展以及与我国的经贸关系日益密切，在文化产品市场上对我国文化产品和服务的需求也日渐增多，潜力巨大，我国文化产品在这些地区也有着很大的开拓空间。

（二）继续扩大美国、欧盟等发达国家市场

欧美地区作为文化资本最雄厚、文化科技最发达、文化需求最旺盛的地区，是我国文化产业"走出去"必须深耕的重要区域。开拓国际市场，无论对于任何产品，消费需求巨大或购买能力最强的地区都应该成为出口产品的主攻目标市场。我国与欧美互为重要经贸伙伴，经贸规模巨大，欧美地区对我国潜在的文化进口需求旺盛，虽然不具有与欧美文化同根性的优势，但文化的差异性恰恰使我国文化产品和服务成为未来欧美文化消费的新"蓝海"潜力。相比而言，欧美地区经贸发展水平高，对文化产品的需求量大，文化贸易壁垒相对较低，一直是我国文化产品出口最大的市场。在加快发展国际文化贸易的道路上，要加大对美国和欧盟等发达国家的文化供给，把我国的文化更多地出口至发达国家。我国有着深厚的文化底蕴，世界各国人民都想了解我国，了解我国的文化，欧美等发达国家的人民也不例外，最重要的是他们拥有更多财力，有条件通过进口中国的文化来实现这一愿望，而国内文化产品和服务正好符合了他们的好奇心。当然，在把我国的文化出口到欧美等发达国家时，不仅要注重创造与之相匹配的高端品牌，还应当注意方式方法，可以采用与发达国家合作的方式进行，在国外找到合适的经销商作为合作伙伴，通过合作伙伴把我国的文化出口到发达国家。例如，中央电视台就通过与时代华纳的合作成功进入美国纽约、旧金山和休斯顿的有线电视网与饭店网络中，在传播中国文化的过程中发挥着重要作用。[②]

---

① 陆地邻国有 14 个国家：俄罗斯、哈萨克斯坦、吉尔吉斯斯坦、塔吉克斯坦、蒙古、朝鲜、越南、老挝、缅甸、印度、不丹、尼泊尔、巴基斯坦、阿富汗；海上邻国有 7 个国家：韩国、日本、菲律宾、马来西亚、泰国、印度尼西亚、文莱。

② 王晓东．中国国际文化贸易发展路径研究．价格月刊，2012（7）．

（三）大力拓展南美、非洲等地区的文化市场

南美、非洲国家目前与我国的文化产品贸易额较小，但随着我国综合国力的日益提升、国际影响力的不断扩大，以及这些国家与我国经贸关系的日益加强，这些国家也表现出对我国文化的强大兴趣，因此，只要开发出适当的文化产品，这些国家与地区也将是我国文化产业企业潜在目标市场。同时，一直以来，这些发展中国家和我国有着长期的政治、外交和文化上的良好关系，相对这些国家，我国在文化技术和文化资本方面具有较大优势，如果能扩大在这些国家的文化产业投资，将可以带动我国文化人才、文化技术、文化资本等文化要素一揽子转移，扩大文化出口创汇，提升我国在这些国家的影响力，造福当地民生。

第七章

中国文化产业“走出去”战略的总体目标与对策建议

第一节　中国文化产业“走出去”战略的总体目标

文化产业和文化本身一样，其发展具有自身的规律性，是一个长期渐进的过程。文化发展及其产业振兴非一朝一夕之功，亦难以一蹴而就。在文化市场建立初期，由于制度不完善和管理经验的缺乏产生了很多问题。借鉴世界文化强国发展的历史经验，我国必须立足长远，从战略高度，将文化产业“走出去”战略提升到我国文化产业发展的根本战略，制定文化产业“走出去”的近期和中长期规划，引导文化产业“走出去”作为我国“走出去”总体战略的重要部分逐步发展壮大。

中国文化产业“走出去”总体规划的设定，必须坚持公平的原则。真正确立非公文化企业与国有文化企业同台竞技、公平竞争的保障机制。纵观国际文化产业成功经验，很重要的一点就是文化企业的民间化及现代文化企业制度的实行。应明确提出“非公文化企业同样可以成为国家命脉文化企业、骨干文化企业”的新主张；改革行政垄断主导下的国有文化企业特权横行状态。长期以来，我国文化事业主导了我国文化发展总体格局，国有文化事业单位和国有文化企业占有太多的奇缺文化资源，排斥市场的基础性作用，使得资源配置权力化、行政化，导致严重损失浪费。当前，国有文化企业占有的资源与其贡献极不匹配，呈现出国有企业大而不强、大而不精、大而低效的局面。国有文化企业占有了稀缺的文化资源和政策优惠，直接挤压了民营文化企业的发展空间，造成竞争的不公。民营文化企业应该成为我国文化产业内生性成长的企业主体和就业主体，成为最大的文化民生经济体。政府应该支持为民营文化企业发展营造公平竞争的良好环境，为我国文化产业发展奠定坚定的民间基础。

中国文化产业“走出去”总体规划的设定必须坚持开放的原则。纵览文化产业强国发展经历，无不在其发展过程中将吸收、培育高级文化要素作为文化产业发展的战略，并取得了良好的效果。迈克尔·波特指出，专业性和高级生产要素通常并非自然而成的，而是创造出来的，是靠点点滴滴的投资换来的，包括个人追求技术的进步、企业对竞争的要求，甚至社会机构或政府重视社会公益与经济发展等都可以算是投资的一部分。他还强调，当全球的生产要素标准普遍提高之后，借生产要素发展竞争优势绝不是一蹴而就，而必须持续投资，并以提升质量、避免被淘汰为目标。对国家而言，能创造出生产要素的机制远比拥有生产要素的程度重要。① 应该说，面对全球文化产业要素分工深入发展的潮流，必须坚持开放原则，只有在开放和宽松的环境中，才可能集聚和培育高级文化要素资源，才能创造出有利于创造和创新的良好环境。

中国文化产业“走出去”总体规划的设定，必须坚持融合的原则。习近平同志在省部级主要领导干部学习贯彻十八届三中全会精神全面深化改革专题研讨班开班式上发表的重要讲话《完善和发展中国特色社会主义制度推进国家治理体系和治理能力现代化》中强调：“中华民族是一个兼容并蓄、海纳百川的民族，在漫长历史进程中，不断学习他人的好东西，把他人的好东西化成我们自己的东西，这才形成我们的民族特色。”中华文明之所以如黄河九曲源源不绝，在于她始终以一种包容的气度，大胆吸收外来文化的精华，从而形成更为深沉的凝聚力和向心力。在当今世界上，任何大国要生存和进一步发展，不可能孤立地存在，必然要融入世界经济，利用其他国家的资源、资金、技术、市场和人才，这是历史发展的必然趋势。② 当前我国要实现文化强国建设的宏伟目标，必须以“心包太虚”之气度和“拿来主义”之自觉，吐故纳新，洋为中用。在外来文化的取舍上，要去粗取精、去伪存真，但也要有足够的自信，就是你学到的东西就是你自己的。王蒙曾诙谐地比喻道：“你吃的是猪，长出来的是你的肉，而不可能是猪肉；你喝的是牛奶，长出来的还是你的肉而不是牛肉。越要弘扬民族文化，越是敢于学习一切外国东西为我所用，而且学到手的东西，也就必然表现为中国特色。例如，中国的芭蕾舞因为中国人的体型、东方人对情感的体会，表演出来就显得更细腻、更温馨，往往给人以耳目一新之感，尽管芭蕾是从西方学来的”。

中国文化产业“走出去”总体规划的设定必须坚持多元的原则。作为文化大国，我国文化要素资源特别是传统人文资源非常丰富，文化产业行业种类较为齐全、规模宏大，文化产业人才储备丰富，国内文化市场巨大，文化影响力和文化“软实力”日益提升。但与此同时，我国文化产业发展呈现出地区发展和城

---

① [美] 迈克尔·波特. 国家竞争优势. 李明轩，邱如美，译. 北京：中信出版社，2007：73.

② 程极明. 大国经济发展比较研究. 北京：人民出版社，1997：211-212.

乡发展的不平衡性，文化产业国际竞争力总体实力不强、议价权弱，文化贸易水平不高等突出问题。相对文化小国，我国的情况更为复杂和多元，中国文化产业“走出去”总体规划的设定必须立足于国情，坚持多元的原则，根据各地区的特色和优势，面向特定的国际区域进行文化产业“走出去”战略布局。

我国实施文化产业“走出去”战略的总体目标是：顺应全球文化产业要素分工格局变化新趋势，充分利用和发挥我国作为文明古国和文化大国的综合优势，以文化运行主体公平营商环境构建为基础，以全球文化要素整合和利用为核心，以国际化为驱动，全方位盘活我国文化产业巨大潜力，通过创新文化产业“走出去”渠道，不断推进我国文化产业国际化水平，实现“中国文化世界化”的宏伟目标，全面提升我国文化产业国际竞争力和文化软实力。同时，我们要充分认识到，文化产业的发展及文化产业“走出去”战略的实施是一个长期的过程，必须分阶段、有步骤地推进。具体来说，应该根据“走出去”的不同阶段，制定不同的发展目标：

近期（2014—2020 年），即文化产业“走出去”的试水期。应充分借助已有渠道，引导企业进行贸易投资，摆脱文化出口严重滞后与过度依赖政策保护的局面。市场方面，优先选择文化较为接近的周边国家与地区；产品方面，优先选择国内较为成功的文化作品以及当前国际市场认可度较高的作品类型，并及时做好市场调研反馈；策略方面，借助文化商品输出带动文化服务输出。同时，要充分借助后发优势，利用中国大型跨国公司的海外经营优势，开展多元化经营，通过股权投资、跨国并购等方式，吸收海外先进文化公司的管理运作经验，掌握先进的文化生产技术。具体来说，到 2020 年，我国文化产业法人单位实现增加值占 GDP 比值超过 5%，成为国民经济的支柱产业；我国文化产品出口额占货物出口额的 3%；文化服务贸易出口额占服务贸易出口额的 3%，贸易地区多元化发展有所改进，在美国、日本、韩国等国家至少各建立 5 家文化跨国研发制作机构。

中期（2020—2030 年），即文化产业“走出去”的拓展期。经过 15 年左右的开拓发展，基本确立中国文化“走出去”的成功模式与特色风格，跻身文化强国之列。结合成功案例，进行主动宣传推介，树立中国文化品牌的特色风格，并以此为基础，将贸易拓展到更多的地区，建立全球化的营销网络。这一时期，应将贸易与投资相结合，在前期吸收海外经验技术的基础上，加速资本回流，支持本国文化产业发展，创作具有国际化技术与风格的文化作品加以输出。具体来说，要在各主要国家和地区建立文化产品营销渠道，使得自主知识产权的文化产品出口版图更为广阔，图书、动漫、电视剧等行业的优秀产品占据国际主流市场 20% 以上份额；在本国建立 10 家以上的大型跨国文化传媒（集团）公司。

远期（2030—2049 年），即文化产业“走出去”的成熟期。到建国 100 周年、我国成为世界第一大经济体时，中国文化产业的全球存在感更加明显，中国文化产业国际市场份额达到30%左右，成为具有广泛国际影响力的世界超级文化大国。汲取全球文化资源，更多以直接投资的方式建立中国文化产业的海外存在，把握人类共通的价值取向、情感需求，使得文化产品兼容并蓄，使得中国风与世界风相互融合，生产更多具有世界性的文化产品，为建立和谐世界作出贡献。

第二节 中国文化产业"走出去"战略的对策建议

市场经济条件下，文化产业作为世界各民族文化交流的主导力量，是满足国内外文化受众多样化精神文化需求的最重要的途径；是我国文化大发展与大繁荣的关键依托，在未来国民经济发展中将日益凸显其战略性和支柱性作用；是推动我国经济结构战略性调整和可持续发展的重要支撑。文化产业"走出去"，以国际形势讲述体现中国文化并吸引世界的"中国梦"，对于全面增强文化产业竞争力、提升中国文化"软实力"和优化未来中国发展良好国际环境具有重大战略意义。顺应文化产业国际分工新形势，我国政府、企业和社会各方面都应该以高度的文化自觉和文化自信，立足我们脚下这片悠久而辽阔的文明土壤，因势而谋，应势而动，顺势而为。

一、提升国家文化软实力，建立健全文化产业"走出去"的政策体系和法律法规体系

当代世界，文化作为国家核心竞争力的深层次因素，在综合国力竞争中的地位和作用愈发凸显。抢占文化发展的制高点、构筑强大的文化软实力，成为激烈国际竞争中赢得主动权的关键。现在越来越多的国家把"文化立国"和提升文化软实力作为国家发展的重要战略，不遗余力地推动本国文化产业的发展壮大和文化产业国际化。当前和今后相当长一个时期内，我国在抓住经济建设不放松的同时，必须高度重视文化软实力建设，将文化创意融入到全社会发展的各个方面和环节，将文化产业发展和文化产业"走出去"战略推进作为提升我国经济社会全方位、可持续发展的重大方略抓紧抓好，早日建设成具有广泛国际影响力的文化强国。

社会制度决定长期社会经济绩效。文化体制应在社会主义市场经济的框架体系内思考问题。文化的市场改革将成为整个社会主义市场经济体系的一个重要组成部分。[①] 我国文化发展的传统观念必须应时而变，直面当前文化要素国际分工

---

① 金元浦．文化创意产业概论．北京：高等教育出版社，2010：224.

的发展大势和全球文化产业激烈竞争的新特点，努力实现我国文化产业从政府办文化为主向社会办文化为主转变，实行文化发展理念的民权化、法治化、市场化、产业化和国际化，为我国文化产业“走出去”铺平道路。与此同时，必须借鉴西方发达国家文化产业支持政策方面的成功经验，在符合 WTO 原则和国际惯例的前提下，完善我国文化产业“走出去”政策支持体系。由于文化产业的意识形态属性，支持政策体系的构建必须坚持底线思维，维护国家文化安全和权益，必须建立文化产业“走出去”的信息服务平台和风险预警机制。

在文化产业“走出去”政策支持体系中，健全财税金融支持政策工具，为文化产业“走出去”装上金融引擎是整个文化产业“走出去”的关键。金融作为现代经济的核心，在文化产业发展中具有十分重要的作用。要推动文化产业大发展大繁荣，让文化产业更好更快地走向世界，必须力促文化产业与金融资本“联姻”，为文化产业“走出去”装上金融引擎。近年来国家财政金融和相关文化部门频频出台了包括出口退税、财政补贴、政府奖励、专项资金等在内的一系列财税、金融扶持政策，为推动我国文化产业“走出去”发挥了积极的推动作用。目前，需要进一步增强财税金融扶持政策的针对性、公平性、透明性和实效性，完善文化产业“走出去”投融资全链条建设。建议由文化部牵头成立中国文化产业“走出去”投融资支持促进中心，统筹协调财政部，银监会及中国人民银行、四大国有商业银行、中国进出口银行、国家开发银行等金融机构，保监会及有关保险机构，证监会等机构关于财税金融支持文化产业“走出去”的各项政策协调和合作，减少政策出台和执行过程中的龃龉和低效，使之形成支持政策的合力，更好地为文化产业“走出去”服务。

具体而言，在财税政策支持方面，建议进一步扩大文化产业发展专项资金的规模，提高资金使用实效，对出口特定文化产品、开展文化对外投资、建设文化公共服务平台、拓展国际营销渠道、参加国际文化展会、培养国际文化人才等提供有针对性的有力支持。探索将文化产业完全纳入“营改增”范围，对文化产品和服务出口全面实行出口退税。对在文化领域开展服务外包承接业务的企业，享受服务外包在人才培养、税收减免、就业补助等方面的优惠安排。在金融支持方面，应加快建立健全文化产权交易市场，完善无形资产价值的评估、定价和交易体系，开展推动知识产权质押、无形资产融资租赁等业务，多种渠道解决文化企业融资难、融资贵难题。鼓励银行、保险等金融机构针对文化企业的特殊性创新融资工具和汇率工具，支持文化出口企业运用优惠贷款、出口信用保险以及汇率风险工具，尽量降低经营中的财务负担和汇兑风险。此外，还应循序渐进、分阶段地积极探索符合我国国情的新型文化产业投资基金，初期可以以政府出资为主体，过渡期逐步以政府投资和市场主体投资相结合为主体，成熟期则最终形以商业性产业投资基金为主体，从而挖掘社会民间资本助力新兴文化产业的发展。

此外，还应研究发达国家文化企业在东道国融资的成功经验，探索“走出去”的文化企业在东道国融资的新路径。

纵观国外文化强国发展历程，文化产业有关法律法规的完善是其文化产业充分发展的根本保障。目前，我国文化产业政策法规包括五个方面，即法律、行政法规、部门规章、法规性文件和部门文件，实践运用中，大多文化产业政策法规通过行政法规形式来执行。文化产业政策法规的最高形式应是法律，是政策法规的固化和制度化。法律比行政法规更有力度，有利于文化产业的稳定、健康、科学发展。因此，在文化产业法律法规建设上，我国应继续完善相关法规，更要建立完备的文化产业法律制度，协调文化产业法制建设与行政管理的关系。主要包括以下内容：进一步提高文化立法的级别，达到文化产业立法一致性；构建文化产业发展规划和经营层面的法律框架体系，促进政府对文化产业管理的法制化，明确文化市场主体的权利义务，保障公平竞争；早日出台《文化产业促进法》和《新闻出版法》，有效保证文化产业发展政策的强制实施。当然，引入立法后还应注意法律法规的实施效果，建立评估机制和评判制度，并针对制度缺陷及时修缮。

为促进我国文化产业“走出去”战略的顺利实施，在法律法规体系建设上还应注意国内法与国际规范的衔接。加入世界贸易组织标志着我国全面融入世界经济体系的规范，我国企业，包括文化企业在内，不论在国内还是在国外，都要面对中国法律、外国法律和世界经济规则的约束。我国文化产业法律法规体系建设与国际规范接轨是必然要求，是法律制度支持中国文化产业“走出去”参与国际竞争的体现。文化产业内的知识产权制度是文化产品进入世界市场的基本保障。因此，我国必须加强知识产权制度建设，强化知识产权立法执法保障，保护文化创新成果，严惩知识产权侵权行为，增强全社会文化产品知识产权保护的意识。例如，我国《专利法》虽然增加了遗产资源保护内容，但在文化遗产资源保护上未明确列示。我国文化产业应未雨绸缪，研究相关知识产权保护规范，这对于我国传统文化成果的国际化具有重要意义。当然，积极参与国际竞争就不能总是基于规则接受者的身份，当前文化产业相关的知识产权国际保护体系主要反映发达国家利益，我国在融入国际市场中应明确我国的基本诉求和立场，定位好攻守尺度，与其他各国进行合作博弈，构建利益诉求相近国家的谈判同盟，在文化多样性保护与推进国际文化贸易之间寻找最佳动态平衡，积极参与包括知识产权规则在内的文化产业贸易规则的谈判，维护我国文化产业的根本利益。

二、加强关联战略联动，构筑文化产业与文化事业，“走出去”与“引进来”互促机制

公益性文化事业和经营性文化产业作为我国文化发展的一体两翼，都是文化

发展中不可或缺的重要组成部分，二者密切联系，相互配合，相互促进，共同推动着文化的繁荣与发展。推动我国文化产业“走出去”，必须健全文化事业推动文化产业发展、文化交流促进文化贸易的政策机制。一方面，文化产业来源于文化事业，文化产业的发展需要文化事业涵养，文化产业是文化的一种形态，是随着文化的发展逐渐和现代经济相结合的产物；另一方面，文化产业对文化事业的发展提供了巨大支撑，文化产业的发展促进了文化事业水平的提升。[①] 文化事业与文化产业互动协调、协同配合，有助于推进彼此互补共生、互促共进，从而形成科学合理的包容性的文化发展方式和文化运行模式，实现社会效益与经济效益的有机统一。因此，在实施我国文化产业“走出去”战略的过程中，应该强调文化事业与文化产业并重，统筹文化事业和文化产业协调发展，以文化事业促进文化产业。

构建我国发展文化事业、促进文化产业的政策机制，一方面，应当科学界定政府职能，一是政府应该确保满足社会基本公共文化需要，向社会提供充足的基本公共文化产品与文化服务；二是政府应该保证社会成员都有基本均等的机会去获得文化产品和服务；三是政府应该向社会成员提供一个健康向上、公平合理、运转高效的文化环境。另一方面，要界定发展文化事业促进文化产业的主要领域，在此基础上确定政府发展文化产业、促进文化事业的工作原则。[②]同时，应该加强文化交流与文化贸易之间的有效互动。广义的对外文化交往，既包括由官方主办、靠政府财政投入的文化交流活动，也包括以企业为主体、由市场方式运作的对外文化贸易活动。应该说，随着我国对外经济贸易的发展，对外文化贸易将成为我国对外文化交往的最主要的可持续形式。为配合我国外交总体战略和提升国家软实力，国家财政投入大量资金开展对外文化交流，产生了积极效果。我国在世界各地开展了丰富多彩的文化交流活动，设立了以孔子学院为代表的文化交流平台，吸引了大量当地民众对中华文化的关注和认同，有效地激发了这些地区民众对我国文化产品和服务的潜在市场需求。与此同时，如果能有针对性地开展相应的文化贸易促进活动，能够对对外文化贸易发挥事半功倍的效果。但由于我国现在的文化交流主管部门文化部、国家新闻出版广播电影电视总局等与文化贸易主管部门商务部之间业务沟通衔接不够，导致文化交流与文化贸易脱节现象严重，文化交流活动之后的产业力量跟进不及时和乏力，未能借助文化交流活动以较低成本将潜在的文化市场需求转化为现实的文化贸易，为解决这一问题，笔者主张在商务部内成立相应的文化贸易综合促进中心，加强文化交流主管部门和

---

① 范志杰．论文化事业对文化产业的促进作用——基于钻石模型的视角．企业导报，2013（8）：86-87.

② 范志杰．发展文化事业促进文化产业政策研究．北京：财政部财政科学研究所，2013.

文化贸易主管部门的联系，提升文化交流，促进文化贸易发展的实效。

21世纪经济全球化浪潮正推动文化市场的多元化格局，它不仅要求文化产品应该是丰富多采的，并且希望文化市场有一个多层次、多元化的构架。文化产品和文化服务的消费不再是囿于一个地区、一个国家的消费行为，而是表现为多层次、多元化的消费。这就给拥有不同文化资源的国家提供了参与国际文化产业分工的广泛机会。在这个文化和经济都跨入全球化竞争的时代，一个国家的文化生产所使用的文化资源不应局限在自己国内，而应该放眼于世界，用唤起各民族共鸣的优秀产品去贡献给全人类。这就需要在文化观念、技术资源、经济实力、协作手段等方面，都实现向国际化的跨越。① 因此，我国应当创造文化产业开放发展环境和文化企业跨国经营国际市场准入条件，通过"引进来"与"走出去"的有效结合和良性互动，充分利用国际国内两种文化资源，国际国内两个文化市场，促进文化领域的国际交流与合作。

我国文化产业发展应当实施文化"走出去"与"引进来"相结合的双向同步战略，发挥"走出去"和"引进来"的良性互动功效。"走出去"是开拓市场，锻炼队伍，提高国际市场竞争能力，更好地提高资源配置效率。"引进来"是弥补国内的不足，克服要素瓶颈，培育国内市场，促进产业的健康发展。"引进来"和"走出去"是文化产业开放发展的两个车轮，是连接国际国内两个文化市场的重要桥梁，两者双向同步推进，是国内外资本双向流动的客观要求，也是国内外比较优势实现相互交接和互利共赢的必然选择。我国文化企业，相比发达国家大型跨国文化公司而言，总体差距非常明显，必须正视差距和不足，见贤思齐，创造更加开放的准入环境和更加优化的投资环境，不断提升文化产业领域外资利用质量，更好地发挥外资的竞争效应、示范效应和技术溢出效应，对于提升我国文化企业在文化科技、文化管理和文化市场运作方面的国际化水准，从而在更高水平推进文化产业"走出去"战略具有重大意义。

三、鼓励产业集聚发展，实施外向型大型跨国文化企业（集团）兼并重组和培育战略

小规模和分散化是我国文化产业组织的主要形式，像发达国家那样的大型文化企业集团寥若晨星，无法形成以低成本为基础的规模经济效益。发达国家在20世纪80年代后期以来普遍掀起了一场大规模的文化产业重组浪潮，比较典型的如迪斯尼收购ABC、时代华纳收购CNN、西屋收购CBS等。这场浪潮中产生了一批集影视、广播、报纸、杂志、音像制品的所有权为一体的综合性媒体巨

① 花建．经济全球化与中国文化产业的资源开发战略．上海社会科学院学术季刊，2001（1）：129-138.

人，全球性传媒“巨无霸”陆续涌现，大型跨国文化公司围绕文化要素资源的争夺日趋激烈。加快我国文化产业发展和“走出去”步伐，必须力推文化产业重组，实现规模经济，以强大的规模作为提升文化产业国际竞争力的核心。要认识到，大型跨国文化企业和企业集团的组建并不仅仅是文化企业资产和文化人才的简单叠加和集中归并，更为重要的是实行市场、技术、人才、运营经验和品牌等综合优势的互通互补，提升企业的整体竞争力，以应对国外大型跨国文化集团的强势竞争。当前文化内需市场非常活跃，要抓住这一有利时机，打破地域和部门利益藩篱，对我国文化产业进行关联性重组，以投资控股、并购、联合、委托经营等各类形式，从纵向和横向对文化产品、文化市场和文化技术方面关联企业进行资源整合，优化企业管理、资本结构和产品结构，实现规模化和集约化经营，打造一批跨区域、跨部门，具有一定国际竞争力和影响力的文化产业巨头。同时，我们也应看到作为文化大国中国巨大的国内市场，为中国文化企业发展壮大和最终走向世界提供了得天独厚的条件。在文化产业中，并非任何企业都要一窝蜂直接“出海打鱼”，国内企业应该充分利用与世界文化市场这片海洋相连的国内大河提升自己弄潮击水的能力。国内文化企业“走出去”切忌躁动盲目，应因时制宜，在时机尚不成熟时可以利用本土的国内大市场，先行提升自我，通过“国内练兵，国际实战”的形式来提升自身的国际竞争能力，最终实现海外“突围”。① 与此同时，要抓住当前国际社会对我国文化产品和服务需求快速上升的契机，大力培育外向型骨干文化企业，增强文化企业的国际竞争力。要突破所有制的藩篱，鼓励国有文化企业、民营文化企业和社会力量整合，形成各种所有制文化企业发挥各自优势、跨所有制共同开拓国际文化市场，竞相参与文化出口的新局面。

四、强化企业文化使命，鼓励文化企业全方位利用全球文化要素延展文化产业价值链

文化产业，以文化内容为载体，其发展与从业者尤其是文化企业高级管理人员的文化意识休戚相关。一个不重视文化，对文化的发展没有敏感度和感知力的企业家，很难在竞争日益激烈的国际文化市场中求得生存和发展。从事文化企业经营管理的人员必须具有士者之使命和商者之精明，具有儒商的品质。享有近现代日本具有“商业之父”、“金融之王”、“资本之父”及“日本现代文明创始人”之称的涩泽荣一提出了“义利合一”、“士魂商才”的理念，强调企业家应力求把道德与经商完美地结合起来。他在《〈论语〉与算盘》中阐述了“士魂商才”的重要性。强调人立身处世，应实现士道精神和商才的有机结合。他认为，

① 郭周明．当前我国海外投资发展现状及战略选择．宏观经济研究，2012（12）：47．

《论语》对培养士魂底蕴的意义重大，同时，商才也不可或缺，否则会在经济上遭遇灭亡。在他眼里道德是商才的根本，真正的商才需修养德行，而不能投机取巧、一味钻营，必须坚持道德操守。[①] 涩泽荣一将圣人孔子的教导奉为圭臬，作为一生坚守的座右铭，被誉为“现代东亚最大儒商”，成为了商界楷模。

作为有志于中国文化产业发展并积极推动中华文化走向世界的中国企业家，在深谙文化产业国际经营之道的同时，必须树立对博大精深中华文化坚定的自信和传播中华文化于世界的文化使命。惟其如此，才能获得坚持坚守文化事业的从容，鼓起奋发进取的锐气，焕发创意创新的朝气；才能有以“振兴中华，传播文化”的使命感将独具特色、辉煌璀璨的中华文明呈现给世界的担当。只有当文化企业拥有了强烈的文化使命感，才能更加积极主动面向全球大市场，整合全球各类文化要素，更加自觉延伸我国文化产业价值链。我国虽然是个文化资源丰富的大国，但若是夜郎自大、固步自封，自恃文化家底深厚，自绝于世界，那难免闭门造车，难有源头活水。全球化竞争的时代，世界变平了！文化资源在全球范围内加速流动和重组，一个国家再也不能将眼光局限于自己脚下的国土，而应该放眼全球，以激起人类共鸣的经典作品去影响和感染大众。这就需要在文化观念、技术资源、经济实力、协作手段等方面都实现向国际化的跨越。[②]基于价值链理论，企业之间的竞争不再仅仅是个别环节的竞争，更多表现为整个价值链的竞争。文化产品与传统产业的产品不同，更为复杂，其消费外溢效应明显。文化产品的价值一定程度上并不在于其稀缺性，更多地依赖于其普及率，其价值与普及程度成正比。因为文化作为满足基本生活需求之外的更高层次需求的产品，属于软需求，需求弹性较大。文化产品属于综合性复合型的产品，其形成具有跨部门和跨行业的特点，关联度广、涉及面多，涵盖了老百姓日常吃、住、行、游、购、娱等多环节。文化产业风险高，加之文化消费关联效应和链式效应强，文化产业风险防控能力和产业盈利能力受产业链深度与广度的影响明显。[③]

为了适应文化产业“走出去”战略，我国文化企业应当放眼世界，整合全球各类要素，不断延伸文化产业价值链。一方面，要实现文化产业价值链纵向延伸。文化产业要推进价值增值，必须延伸其纵向价值链。拿电影产业来说，其产业链条囊括了电影制作、发行、院线和影院，电影制作环节主要从事创意策划、投资、拍摄和后期制作，然后将版权出售给发行公司，发行公司则以票房分账的方式同院线公司合作，将电影搬上合作院线的电影院进行放映。从价值链纵向延伸来看，电影产业包括电影制作、发行渠道开拓、电影院线建设和运营、图书开

---

① ［日］涩泽荣一．《论语》与算盘．李建忠，译．武汉：武汉出版社，2009：4.

② 花建．产业界面上的文化之舞．上海：上海人民出版社，2002：130.

③ 顾江．全球价值链视角下文化产业升级的路径选择．艺术评论，2009（9）：80-86.

发、形象（品牌）授权、主题公园、广告等衍生产品。纵向拓展价值链，是实现电影产业价值增值的重要选择。另一方面，文化产业还应不断横向拓展价值链。价值链横向拓展主要是指文化企业以自身业务为基础，通过并购、外包、战略联盟等方式同处于产业价值链上的其他商业主体实现资源整合，降低独立开发成本，分散经营风险，集中优势资源，提升核心业务。文化企业高度依赖创意，创意是文化企业最为稀缺的资源，也是打造文化企业核心竞争优势的关键。文化企业实施文化产业价值链横向拓展时，应重视借助信誉及品牌等无形资产①。

五、完善人才培育制度，着力实施文化产业“走出去”国家创新战略和文化品牌战略

改革开放以来，质优价廉的劳动力优势，使我国制造业迅速发展，并初步成为世界工厂。但同制造业相比，文化产业对劳动力文化素质和创意创新能力的要求更高。我国大学毕业生人数世界第一，这是一座丰富的人才宝藏。面向全球要素发展我国文化产业，这就要求我们借鉴世界其他文化强国文化产业人才培育的成功经验，制定文化产业国际化人才培养战略，盘活我国人才资源红利。

文化产业是以“创造性”为投入要素，人才是文化产业的第一资源，是文化企业赖以生存和发展的灵魂，具有创意创新能力的文化产品制作人和企业家等高素质人才与文化产品和服务的开发、设计、制作、生产和营销等环节息息相关。文化人才培育和引进是文化产业创新发展的基石，这一点早已被美、日、韩文化产业发展的实践所证明。

随着我国文化产业的发展，无论是出版产业、演艺产业，还是动漫产业、艺术品产业，人才瓶颈越发明显，国际化的文化人才尤其缺乏。以电影产业为例，我国能够走上国际舞台的，只有巩俐、章子怡、成龙、李连杰等少数几个演员。同样，在制片、发行、美工等方面，也都没有做到充分与世界接轨。国际知名导演唐季礼曾提到这样一个例子：他曾经建议美国的电影公司把电影放到中国来拍摄，因为这样可以减少一半的开支，可是由于翻译对电影不了解，把美国公司要求的场景翻错了，造成美工没有布好场景，拍摄工作也因此被迫停止了。由此可见，培养国际化文化人才、做到与国际接轨是何等的重要。②

从事文化产业的国际人才应当具有广阔的国际视野，对该产业的国际贸易规则了如指掌，而且兼具文化、产业、贸易三个领域的知识和技能。这样的人才既了解中国文化的精髓和魅力，又懂西方观众的审美偏好；既独具慧眼、能够识别出具有独特文化内涵的作品，又能理性地从产业和国际贸易角度来判断该产品在

① 朱欣悦，李士梅，张倩．文化产业价值链的构成及拓展．经济纵横，2013（7）：74-77.

② 李怀亮．国际文化贸易概论．北京：高等教育出版社，2006：214.

国际市场的前景；此外，他们还要具备国际商法、国际贸易、企业管理等专业知识。[①] 要加快我国文化产业"走出去"，我们必须做到人才为本，引进和培养大批优秀的国际化文化产业运营人才，这就要求我们在如下几个方面采取有效措施：（1）建立健全充满生机和活力的国际化文化人才培养机制；（2）建立健全科学的国际化文化人才考核评价机制；（3）建立健全以公开、平等、竞争、择优为导向的国际化文化人才选拔任用机制；（4）建立健全重实绩、重贡献的国际化人才分配激励机制；（5）简化出国审批和入境工作签证程序，为跨国文化企业人才自由流动创造便利化机制。

创新能力对任何企业的生存，特别是可持续发展都极为重要。但文化产品满足的是人们较物质需求更高水平的精神需求，而精神需求相比物质需求而言，差异性更为明显。要想满足受众对文化产品和服务丰富多彩的差异性要求，就需要推陈出新，源源不断地提供各种文化产品和服务。从这一意义上来说，创新是文化产业的灵魂。[②] 品牌作为影响文化产业国际竞争力的关键因素，世界知名品牌中一国所拥有的品牌质量高低及数量多少直接反映一国文化产业的发展水平。发达国家文化产业发育和生长于市场经济体制之下，按照成熟的市场经济规律进行经营和运作，在长期的积淀和竞争中，形成了一大批驰名全球的知名品牌，成为发达国家文化产业强势发展的标志和保障。我国是文化资源大国，但却非文化产业强国。其中，缺乏创新能力、缺少知名品牌是我国文化产业竞争力不强的重要原因，要从根本上改变我国文化产业竞争力薄弱的状况，必须锐意求新，实施文化产业"走出去"国家创新战略和品牌战略。我国拥有几千年的悠久历史，神话故事等文化资源异常丰富，但却未能得到充分挖掘。在我国流传已久的美丽民间故事《花木兰》却被美国人搬上银屏赚得盆满钵满，而"哈利波特"之类的作品更是在全球大获成功。这就要求我国文化企业立足于自主创新，以我国文化资源为依托，结合现代国际文化市场和受众消费心理，加强原创性作品的创造，打造一批具有核心竞争力的知名文化品牌，让自主创新成为产业发展的重要原动力。第一，要重视文化产业先进技术研发。整合文化企业市场信息感知和搜索优势，以及高校科研机构技术研发优势，建立健全文化产业"官、产、学、研"交流合作机制，提升文化产业领域前沿和基础技术研发的效率；第二，要重视高新技术与产业发展的融合。积极利用高新技术改造传统文化产业、探索新型文化业态；第三，要培育和拓展文化生产主体技术创新能力，应通过自主培育和国外引进相结合，构筑复合型高层次文化科技人才池，增强文化创新知识在企业的扩散

---

① 文化部外联局，北京大学文化产业研究院．中国对外文化贸易年度报告（2012）．北京：北京大学出版社，2012：13.

② 冯子标，焦斌龙．分工、比较优势与文化产业发展．北京：商务印书馆，2005：192.

与分享[①]。

六、重视社会力量引导，依托中介机构和华侨华人，营造文化产业“走出去”良好环境

商业协会作为行业纽带，具有沟通政府与企业的桥梁作用和熟悉市情、商情、行情的优势，在政府和企业中能发挥很好的专业指导作用。当前，应积极利用中国国际贸易促进委员会、海外华商机构等商协会的优势，对外扩大联系、沟通信息、了解商情，对内发挥强化自律、加强咨询服务和人才培训等作用，通过各种多双边机制为企业“走出去”搭建平台；为企业“走出去”熟悉海外经营环境、了解法律法规、寻找理想合作伙伴、应对各种突发事件等提供服务；在国际商会等国际经贸组织规则制定过程中表达我国企业诉求，发挥自身的影响力和话语权，确保我国企业的正当利益。此外，由于我国企业“走出去”时间较短，加之经营活动缺乏有效引导，我国海外企业内部恶性竞争时有发生，商业协会通过加强信息采集、沟通协调、引导疏通功能，能有效避免恶性竞争，维护我国海外企业的总体利益。商业协会还能利用自身资源，加强与华商企业和国际华商组织的交流与协作，完善合作机制，帮助有国际竞争力的大型跨国侨资企业参与海外投资。[②] 文化产业“走出去”战略是一个系统工程，远比国内文化贸易和投资复杂，线长面广，涉及国家间、民族间在法律制度、语言环境、文化认同、审美心理等方面诸多差异，这除了需要商业协会的组织协调，还离不开法律、财务、保险、资质认证、资产评估等中介机构的专业化辅助和支撑。我国国际文化贸易和投资尚处于初步发展阶段，这方面与发达国家还存在很大差距，必须高度重视并采取有效政策举措大力培育和发展。

文化交流作为各国人民沟通的桥梁，对于提升一国形象和国家软实力具有不可或缺的重要意义。中华文化延绵五千年而不曾中断，以儒家学说、四大发明等为代表的中华优秀文化，为人类历史发展做出了不可磨灭的贡献，也成为凝聚海内外中华儿女的强大精神黏合剂。加强文化交流，弘扬中华文化，向世界推介博大精深的中华文化，展示当代中国的伟大成就和文化魅力，是已成跃居世界第二大经济体的中国的必然选择。我国作为世界第一大人口大国，拥有数以千万计的散落在世界各个角落的海外华侨华人，这是我国独有的优势。中国文化产业“走出去”不同于西方文化霸权扩张，而是基于和平的方式和分享文明的目的，向世界展示一个具有文化吸引力、亲和力的文化大国魅力，因而，增进中外文化互信和理解，拉近彼此的文化心理距离，显得尤为重要。海外华侨华人长期受中华文

---

① 顾江，郭新茹．科技创新背景下我国文化产业升级路径选择．东岳论丛，2010（7）：72-75.

② 郭周明．当前我国海外投资发展现状及战略选择．宏观经济研究，2012（12）：48.

化的熏陶，延续着中华文化的血脉，作为独特的名片向其居住地展示着中国文化的独特元素，在异国他乡的土地上，他们不仅自身是中国文化产品和服务在海外的主要消费群体，还发挥着传播中华文化的桥梁作用和向世界展示中国文化的窗口功能。当前，应当自觉活用海外华侨华人作为炎黄子孙弘扬中华优秀文化的独特优势，强化其文化使命感，挖掘其了解海外文化市场、熟悉海外文化资源的潜力，以传统优秀文化和当代先进文化为纽带，以文化产品和服务为载体，扩大中国与外部世界的全方位文化交流，这对于开拓我国文化产品和服务“走出去”空间，增强世界对中华文化的认同，提升我国的软实力大有裨益。可以借鉴其他国家经验，设立面向海外华侨华人和积极传播中华文化的外国友人的国家文化传播奖与国际文化传播贡献奖，激励海外华侨华人和亲华友人发展文化产业的热情。

主要参考文献

专著

1. ［澳］戴维·思罗斯比．经济学与文化学．王志标，张峥嵘，译，王志标校．北京：中国人民大学出版社，2011.
2. ［德］赖纳·特茨拉夫．全球化压力下的世界文化．吴志成，韦苏，译．南昌：江西人民出版社，2001.
3. ［法］弗里德里克·马特．主流——谁将打赢全球文化战争．刘成富，等，译，言予馨审校．北京：商务印书馆，2012.
4. ［美］迈克尔·波特．国家竞争优势．李明轩，邱如美，译．北京：中信出版社，2007.
5. ［美］迈克尔·波特．竞争战略．陈小悦，译．北京：华夏出版社，2005.
6. ［美］亚伯拉罕·马斯洛．动机与人格．许金声，等，译．第三版．北京：中国人民大学出版社，2007.
7. ［美］费正清．美国与中国．张理京，译．北京：世界知识出版社，1999.
8. ［美］克罗伯（A. L. Kroeber），克拉克洪（C. Kluckhon）．文化：概念和定义的批判性回顾．于涛，译．杭州：浙江教育出版社，1999.
9. ［美］理查德·弗罗里达．创意阶层的崛起．司徒爱勤，译．北京：中信出版社，2010.
10. ［日］涩泽荣一．《论语》与算盘．李建忠，译．武汉：武汉出版社，2009.
11. ［英］阿诺德·汤因比．历史研究．［英］D. C. 萨默维尔编，郭小凌，等，译．上海：上海世纪出版集团，2010.
12. ［英］吉姆·麦圭根．重新思考文化政策．何道宽，译．北京：中国人民大学出版社，2010.
13. ［英］维克托·迈尔·舍恩伯格．大数据时代．盛阳燕，周涛，译．杭州：浙江人民出版社，2012.
14. 白志刚，等．北京文化“走出去”国际比较研究．北京：知识产权出版社，2013.
15. 蔡尚伟，温洪泉．文化产业导论．上海：复旦大学出版社，2006.
16. 陈慧颖，陈本昌，徐海峰．文化创意产业发展的经济学研究．北京：经济科学出版社，2012.

17. 程极明．大国经济发展比较研究．北京：人民出版社，1997.
18. 大卫·索罗斯比．文化经济学．张维伦，等，译．典藏艺术家庭股份有限公司，2003.
19. 方伟．文化生产力——一种社会文明驱动源的个人观．石家庄：河北教育出版社，2006.
20. 费孝通．文化与文化自觉．北京：群言出版社，2005.
21. 冯子标，焦斌龙．分工、比较优势与文化产业发展．北京：商务印书馆，2005.
22. 冯子标，焦斌龙．文化产业运行论．北京：社会科学文献出版社，2010.
23. 顾江．文化产业经济学．南京：南京大学出版社，2007.
24. 韩永进．新的文化发展观．北京：文化艺术出版社，2006.
25. 胡惠林，陈昕．中国文化产业评论：第16卷．上海：上海人民出版社，2012.
26. 胡惠林，单世联．文化产业研究读本．上海：上海人民出版社，2011.
27. 胡惠林．国家文化治理：中国文化产业发展战略论．上海：上海人民出版社，2012.
28. 胡惠林．文化产业发展与国家文化安全．广州：广东人民出版社，2005.
29. 胡惠林．文化产业学——现代文化产业理论与政策．上海：上海文艺出版社，2006.
30. 胡惠林．我国文化产业发展战略理论文献研究综述．上海：上海人民出版社，2010.
31. 崔婷．全球化与当代中国跨文化交流．济南：山东大学出版社，2009.
32. 胡惠林．我国文化产业政策文献研究综述（1999—2009）．上海：上海人民出版社，2010.
33. 胡惠林．中国国家文化安全论．上海：上海人民出版社，2005.
34. 胡惠林．我国文化产业发展战略理论文献研究综述．上海：上海人民出版社，2010.
35. 花建，巫志南．文化产业竞争力．广州：广东人民出版社，2005.
36. 花建．产业界面上的文化之舞．上海：上海人民出版社，2002.
37. 江小涓．中国的外资经济：对增长结构升级和竞争力的贡献．北京：中国人民大学出版社，2002.
38. 江小涓．中国开放30年：增长、结构与体制变迁．北京：人民出版社，2008.
39. 金元浦．文化创意产业概论．北京：高等教育出版社，2010.
40. 李长春．文化强国之路：文化体制改革的探索与实践（上）．北京：人民出版社，2013.

41. 李怀亮．国际文化贸易概论．北京：高等教育出版社，2006.
42. 李连仲．第三次解放思想的政治宣言——论十五大报告的理论创新和发展．昆明：云南人民出版社，1997.
43. 李思屈，等．中国文化产业政策研究．杭州：浙江大学出版社，2012.
44. 李向民．中国文化产业史．长沙：湖南文艺出版社，2006.
45. 李晓东．全球化与文化整合．长沙：湖南人民出版社，2003.
46. 厉无畏．创意改变中国．北京：新华出版社，2009.
47. 梁漱溟．中国文化之命运．北京：中信出版社，2010.
48. 刘国光．中国经济体制改革的模式．广州：广东经济出版社，1998.
49. 卢进勇．"走出去"战略与中国跨国公司崛起——迈向经济强国的必由之路．北京：首都经济贸易大学出版社，2012.
50. 罗素．中国人的性质．北京：中国工人出版社，1993.
51. 马克思，恩格斯．马克思恩格斯选集：第1卷．北京：人民出版社，1995.
52. 欧阳峣．大国综合优势．上海：格致出版社、上海三联书店、上海人民出版社，2011.
53. 祁述裕．中国文化产业发展战略研究．北京：社会科学文献出版社，2008.
54. 祁述裕．中国文化产业国际竞争力报告．北京：社会科学文献出版社，2004.
55. 塞缪尔·亨廷顿．文明的冲突与世界秩序的重建．北京：新华出版社，2010.
56. 孙安民．文化产业理论与实践．北京：北京出版社出版集团、北京出版社，2005.
57. 孙洪斌．文化全球化研究．成都：四川大学出版社，2009.
58. 覃光广，等．文化学辞典．北京：中央民族学院出版社，1988.
59. 汤林森．文化帝国主义．冯建三，译．台湾：时报文化出版社，1994.
60. 王国荣．信息化与文化产业．上海：上海文化出版社，2005.
61. 文化部外联局，北京大学文化产业研究院．中国对外文化贸易年度报告(2012)．北京：北京大学出版社，2012.
62. 向勇．文化立国．北京：华文出版社，2012.
63. 谢名家，等．文化经济：时代的坐标——社会发展战略研究．北京：人民出版社，广州：广东人民出版社，2006.
64. 熊澄宇．世界文化产业研究．北京：清华大学出版社，2012.
65. 熊澄宇．文化产业研究战略与对策．北京：清华大学出版社，2006.
66. 徐浩然，雷琛烨．文化产业管理．北京：社会科学文献出版社，2006.
67. 于炳贵，郝良华．中国国家文化安全研究．济南：山东人民出版社，2007.
68. 张岱年，程宜山．中国文化论争．北京：中国人民大学出版社，2006.
69. 张京成，沈晓平，张彦军．中外文化创意产业政策研究．北京：科学出版社，2013.
70. 张幼文．新棋局：参与全球经济的中国．上海：上海远东出版社，2002.
71. 张玉国．文化产业与政策导论．北京：高等教育出版社，2006.
72. 周和平．文化强国战略．北京：学习出版社，海口：海南出版社，2013.
73. 朱建纲．文化产业发展战略研究．长沙：湖南教育出版社，2006.
74. 文木．世界地缘政治中的中国国家安全利益分析．济南：山东人民出版社，2004.

论文与报告

1. 2012 年我国核心文化产品进出口情况简析. http：//www. qdbofcom. gov. cn8080/jjg16ywdt/108642. htm.
2. UNESCO 文化统计框架．2009.
3. 刘易斯拐点之后，中国人力资源优势何在？．腾讯财经，2012-12-15.
4. 世界报业发展一览中国日销量第一．［2013-6］. http：//www. china. com. cn/chinese/WISI/344497. htm.
5. Department for Culture Media & Sport，Creative Industries Economic Estimates Statistical Release，January 2014.
6. Nicholas Borst. China：Capital Stock…. and Flow. ［2012-6-1］. http：//www. economonitor. com/piie/2012/06/01/china-capital-stock-and-flow/.
7. UNESCO. Human resources in R&D（2012）．［2012-12］. http：//www. uis. unesco. org/FactSheets/Documents/sti-hr-rd-en. pdf.
8. 贝恩德·费瑟尔，迈克尔·松德尔曼．德国：文化和创意产业发展报告. http：//wzb. mof. gov. cn/pdlb/tszs/201208/t20120809_ 6743 64. html.
9. 蔡尚伟，王理．开启中国文化产业国际化时代．西南民族大学学报：人文社会科学版，2010（5）.
10. 曹令军．中原经济区文化产业发展的国际化战略构建研究．河南社会科学，2012（8）.
11. 陈亮，刘寰．广西文化产业实施“走出去”战略问题研究．广西社会科学，2007（4）．
12. 陈伟雄．世界创意产业发展态势．中国社会科学报，2013-5-20.
13. 陈伟雄．中国内地创意产品贸易及国际竞争力分析．河北科技大学学报：社会科学版，2012（2）.
14. 陈文敬，米宏伟．中国文化贸易发展现状、问题及对策．国际贸易，2013（1）.
15. 代中强，梁俊伟．分工与贸易利益：理论演进与中国经验．当代财经，2007（9）.
16. 范文娟．积极推动文化产品走出去．光明日报，2013-4-11.

17. 范志杰．发展文化事业促进文化产业政策研究．北京：财政部财政科学研究所，2013.
18. 范志杰．论文化事业对文化产业的促进作用——基于钻石模型的视角．企业导报，2013（8）.
19. 冯根尧．论中国文化创意产业的国际化战略转型．当代经济，2009（5）.
20. 高峰．环渤海地区文化产业分工及均衡发展研究．未来与发展，2013（9）.
21. 顾江，郭新茹．科技创新背景下我国文化产业升级路径选择．东岳论丛，2010（7）.
22. 顾江．全球价值链视角下文化产业升级的路径选择．艺术评论，2009（9）.
23. 郭新茹．我国文化产业嵌入GVC现状研究：基于技术含量的测度．文化产业研究，2013（4）.
24. 郭周明．当前我国海外投资发展现状及战略选择．宏观经济研究，2012（12）.
25. 郭周明．新形势下我国对外贸易发展面临的困境及其对策．当代财经，2013（5）.
26. 国家统计局．对外开放实现跨越式发展——从十六大到十八大经济社会发展成就系列报告之四．http：//finance. chinanews. com/cj/2012/08－21/4123026. shtml.
27. 胡惠林．论中国文化产业发展的“走出去”战略．思想战线，2004（3）.
28. 胡青丹．发达国家文化产业发展战略探析．经济师，2009（11）.
29. 花建．经济全球化与中国文化产业的资源开发战略．上海社会科学院学术季刊，2001（1）.
30. 花建．面对全球文化流动的前瞻视野和应对策略．中国文化报，2014-2-12.
31. 花建．全球化背景下国际文化投资的趋势．社会科学，2003（5）.
32. 花建．上海自贸区：增强文化产业竞争力的集结号．中国文化报，2014-1-18.
33. 花建．中国文化地缘战略和中国文化“走出去”的新格局．东岳论丛，2012（1）.
34. 黄海．试论我国文化产业“走出去”战略．新闻天地（下半月刊），2008（7）.
35. 金禅智．韩国文化产业的发展及其对中国的启示．北京：对外经济贸易大学，2006.
36. 柯亚沙，常禹萌．英国创意产业及其对我国文化产业的启示．[2014-2-19]. http：//culture. people. com. cn/GB/209261/209286/13501557. html.
37. 李本美，刘宝．我国文化产业的外资利用策略研究．长春工程学院学报：社会科学版，2012（2）.
38. 李海霞．走出去与引进来：少林文化产业整合发展战略．学理论，2013（5）.
39. 李权时．以我为主为我所用——论文化交流．求是，2002（8）.
40. 理海燕．我国文化产业发展路径研究．郑州：河南大学，2013.

41. 梁薇薇．中国文化产业“走出去”：内容+平台双管齐下．中国产经新闻报，2013-5-30.
42. 林玲，余娟娟．全球要素分工与中国出口贸易利益研究．国际经贸探索，2012（6）.
43. 刘华．日本：文化产业成“失落二十年”亮点．新华网，2011-10-14.
44. 刘建华．论产业分工理论之于文化贸易的借鉴与局限．中国出版，2012（20）.
45. 卢锋．产品内分工．经济学（季刊），2004（1）.
46. 路虹．“梦工厂”入华提速我文化领域开放．国际商报，2012-2-23.
47. 吕方．国际产业分工与中国文化产业．世界经济与政治论坛，2006（5）.
48. 罗能生，姚小娟．湖南文化产业国际化发展步骤和路径选择．技术与创新管理，2010（3）.
49. 马相武．文化产业的走出去战略．中国文化报，2005-6-25.
50. 米宏伟．文化贸易全球化现状与特点．国际经济合作，2012（2）.
51. 民营文化企业发展调研课题组．我国民营文化企业发展中的问题及政策建议．华中师范大学学报：人文社会科学版，2007（7）.
52. 欧阳有旺，郭炳南．中国文化产业参与国际分工与贸易的比较优势探讨．开发研究，2005（6）.
53. 庞英姿．云南文化产业实施“走出去”战略问题研究．中国商贸，2009（7）.
54. 彭兴良．论中国的文化大国战略选择．贵州社会科学，2007（3）.
55. 祁述裕．我国文化产业发展的几个重要特点．山东社会科学，2009（2）.
56. 曲慧敏．以文化产业化模式推动中华文化走出去的思考．山东师范大学学报：人文社会科学版，2012（3）.
57. 日本文化产业靠海外授权盈利 hello kitty 成招财猫．［2013-8-26］. http：//world. huanqiu. com/exclusive/2013-08/4285534. html.
58. 尚涛，陶蕴芳．创意产业的贸易方式与分工格局：国际竞争力视角．改革，2011（4）.
59. 沈望舒．北京文化产业要实施“走出去”战略．北京联合大学学报，2002（3）.
60. 王海冬．法国的文化政策及对中国的历史启示．上海财经大学学报，2011（5）.
61. 王海文．我国文化企业“走出去”：现状、问题及对策．理论探索，2013（4）.
62. 王克岭，陈微，李俊．基于分工视角的文化产业链研究述评．经济问题探索．2013（3）.
63. 王琳．文化的全球化及文化产业的全球竞争策略．天津大学学报：社会科学版，2006（2）.
64. 王琳．中国国际文化贸易竞争实力与模式创新．南方论丛，2012（3）.
65. 王庭东．新科技革命、美欧“再工业化”与中国要素集聚模式嬗变．世界经济研究，2013（6）.
66. 王晓东．中国国际文化贸易发展路径研究．价格月刊，2012（7）.
67. 王英霞．鲁伯特·默多克——重新发明电视．环球企业家，2003（6）.
68. 王兆响，唐传成．比较视野下中国文化产业发展的路径探析．青岛农业大学学报：社会科学版，2013（2）.
69. 卫志民．建构中国文化产业“走出去”战略体系的设想．现代经济探讨，2013（4）.
70. 温晓红．文化创意产业国际化发展研究——以北京为例．福建行政学院学报，2009（3）.
71. 伍贻康，黄烨菁．经济全球化和世界多极化．世界经济与政治，1998（12）.
72. 武晓荣．关于我国对外文化贸易发展的几点思考．北京：北京联合大学学报，2013（3）.
73. 向勇．中国已融入文化产业国际分工．中国文化报，2012-12-31.
74. 谢春芳．我国文化企业发展的症因索解．求索，2012（4）.
75. 熊澄宇．英国创意产业发展的启示．求是，2012（7）.
76. 徐晴．文化企业的发展策略．新产经，2014（1）.
77. 郑雄伟．全球文化产业发展报告．［2012-2-6］. http：//www. ce. cn/culture/gd/201202/06/t20120206_23048110. shtml.
78. 姚定康．中国文化产品出口的市场定位．华人世界，2006（10）.
79. 曾丽红．对广东文化产业“走出去”的战略思考．青年记者，2010（3）.
80. 曾祥炎，张颖．中国文化产业国际目标市场级别评价．市场研究，2008（9）.
81. 张斌．论文化产业与文化贸易的关系．艺术探索，2011（6）.
82. 张二震，方勇．要素分工与中国开放战略的选择．南开学报：哲学社会科学版，2005（6）.
83. 张凤琦．文化复兴与民族文化产业走出去战略思考．中华文化论坛，2006（4）.
84. 张谨．文化霸权的表现形式及其应对．天府新论，2011（6）.
85. 张幼文．从廉价劳动力优势到稀缺要素优势——论新开放观的理论基础．南开学报：哲学社会科学版，2005（6）.
86. 张幼文．论全球规划型发展战略．国际贸易问题，2002（11）.
87. 张幼文．要素集聚与中国在世界经济中的地位．学术月刊，2007（3）.
88. 张幼文．知识经济的生产要素及其国际分布．中国工业经济，2002（8）.
89. 钟昌标．大国国内市场体系与国际竞争力的关系．杭州电子科技大学学报：社会科学版，2005（9）.
90. 周宇．中国文化创意产业国际化的战略选择．经济问题，2013（4）.
91. 朱欣悦，李士梅，张倩．文化产业价值链的构成及拓展．经济纵横，2013（7）.

92. 蔡尚伟，杨吉华．六十年来中国文化政策的演变与创新．创新时代，2009（10）．
93. 云杉．文化自觉文化自信文化自强——对繁荣发展中国特色社会主义文化的思考（中）．红旗文稿，2010（16）．

外文资料

1. Andreu Mas-Colell. Should Cultural Goods Be Treated Differelltly?. Journal of Cultural Eeonomics，1999，23（1-2）：87-93.
2. Marvasti. International Trade in Cultural Goods：A Cross-Sectional Analysis. Journal of Cultural Economics，1994，18：135-148.
3. Allen J. Scott. Territorial reproduction and transformation in a local labor market：the animated film workers of Los Angeles. Environment and Planning D：Society and Space，1984，2（3）：280.
4. Are Cultural Goods Exceptional?". World Development，2010，38（1）：37-47.
5. Bickerton，James. Limits to Liberalization：Local Culture in a Global Marketplace. Canadian Journal of Political Science，2008，41（1）：232-233.
6. Chih-Kai Chen . Cross nation analysis on culture industry and intellectual property . Journal of Information and Optimization，2011，32（4）：845-862.
7. Chih-Kai Chen . Cross nation analysis on culture industry and intellectual property. Journal of Information and Optimization，2011，32（4）：845-862.
8. Denise D. Bielby，C. Lee Harrington. Managing culture matters：genre，aesthetic elements and the international market for exported television. Poetics，2004，32（1）：73-98.
9. Dominic Power . The Nordic ‘Cultural Industries’：A Cross - National Assessment of the Place of the Cultural Industries in Denmark，Finland，Norway and Sweden. GeografiskaAnnaler：Series B，Human Geography，2003，85（3）：167-180 .
10. Dorothy E. Leidner. Globalization，culture，and information：Towards global knowledge transparency. Strategic Information Systems，2010，19（2）：69-77.
11. Eric King Watts，Mark Orbe. The spectacular consumption of “true” African American culture：“Whassup” with the Budweiser guys? . Critical Studies in Media Communication，2002，19（1）：1-20.
12. Gregory E. Kersten，Mik A. Kersten，Wojciech M. Rakowski. Software and Culture：Beyond the Internationalization of the Interface. Global Information Management，2002，10（4）：86-101.
13. HernanGalperin. Cultural Industries in the Age of Free-Trade Agreements. Canadian journal of communication，1999，24（1）.

http: //www. cjc-online. ca/index. php/journal/article/viewArticle/1082/988.
14. Jesse Chu-shore. Homogenization and Specialization Effects of International Trade:
15. Kenneth S. Corts. The Strategic Effects of Vertical Market Structure: Common Agency and Divisionalization in the US Motion Picture Industry. Journal of Economics & Management Strategy, 2001, 10 (4): 513.
16. LuizGuilherme Duarte, S. Tamer Cavusgil. Internationalization of the video industry: Unresolved policy and regulatory issues. Columbia Journal of World Business, 1996, 31 (3): 88-99.
17. Miller, Toby Leger, Marie Claire . Runaway Production, Runaway Consumption, Runaway Citizenship: The New International Division of Cultural Labor. Journal for the Study of Media & Composite Cultures, 2001 (5): 89-115.
18. O'Connor, Justin . Creative exports. International Journal of Cultural Policy, 2005 (3) 45-60.
19. PWC, Global Entertainment and Media Outlook, Price Water Coopers, 2008.
20. Robert C. Kloosterman. Recent Employment Trends In the Cultural Industries In Amsterdam, Rotterdam, The Hague And Utrecht: A First Exploration. Tijdschriftvoor Economische en Sociale Geogra? e, 2003, 95 (2): 243-252.
21. Robert W. Armstrong, Jill Sweeney. Industry type, culture, mode of entry and perceptions of international marketing ethics problems: A cross-cultural comparison. Journal of Business Ethics, 1994, 13 (10): 775-785.
22. Rostam J. The Cultural Industries: a Clash of Basic Values? A Comparative Study of the EU and the NAFTA in the Light of the WTO. Neuwirth . European Diversity and Autonomy Papers. EDAP, 2004 (4): 1.
23. Sven Jockel, Andreas Will, Florian Schwarzer. Participatory Media Culture and Digital Online Distribution—Reconfiguring the Value Chain in the Computer Game Industry. International Journal on Media Management, 2008, 10 (3).
24. YOSHITAKA . The Pitfall Facing the Cool Japan Project: The Transnational Development of the Anime Industry under the Condition of Post-Fordism. International Journal of Japanese Sociology, 2011 (11): 30-42.
25. YukoAoyam. The role of consumption and globalization in a cultural industry: The case of flamenco. Geoforum, 2007, 38 (1): 103-113.

后　记

三载时光，如白驹过隙。于我个人而言，收获良多，感慨万千。

钱钟书先生有言，闭门即是深山，读书随处净土。人到中年，疲于生计，复归象牙塔，潜心读书，倍感珍惜。而能身居中国人文社会科学最高殿堂——中国社会科学院的研究生院求学，受教于各位良师益友，更是人生之至乐。

三年的求学生涯，使自己的灵魂受到了一次全新的洗礼，对于知识的追逐亦更加渴求，人生的意义也将因此而更加丰满。

在这段宝贵的人生旅程中，我的博士生导师、中央政策研究室原经济局长李连仲教授给予了我春风化雨般的教导和培养。导师视野恢弘，博闻强识，长期以来殚精竭虑，为国计民生贡献方略。博士论文的写作从最初选题、大纲结构、论文初稿到最终定稿，都离不开导师的精心指导和不倦批阅。导师严谨求实的治学态度、研以致用的治学理念和乐观向上的精神状态成为后进终身学习的标杆。应该说，三年来，我所取得的点滴成长都凝结着导师的无私心血和辛勤付出。此时此刻，对于导师和师母王进兰女士唯有感恩二字！

中国社会科学院研究生院，作为专事人文英才培养之重镇，良师济济而桃李芬芳。三年的求学，自己有幸沐浴着“笃学慎思明辨尚行”的敦厚学风，得到了各位良师的指点和教育。感谢刘迎秋教授、谢朝斌教授、文学国教授、张宇燕教授、宋泓教授、吕虹教授、杨春学教授、岳福斌教授、何茂春教授等在博士攻读和论文答辩期间给后学带来的思想盛宴和人文启迪！

论文写作过程中得到了中央财经领导小组办公室尹艳林局长，国际贸易杂志社钱建初社长，商务部研究院邢厚媛研究员、李钢研究员、梁桂宁副研究员、李志鹏副研究员、李俊副研究员，中国传媒大学李怀亮教授、方英教授、魏婷副教授、虞海侠副教授、佟雪娜副教授，北京第二外国语学院李小牧教授、李嘉珊教授、王海文副教授，中国社会科学院农发所翁鸣研究员，东北财经大学范超副教授、徐元副教授，对外经济贸易大学李丽博士、李玉梅副研究员、姜荣春副研究员，福建师范大学陈伟雄博士，上海经济贸易大学吴岚副教授，首都经济贸易大学刘宏教授，江西财经大学余来文博士，中国驻南非大使馆郑文文化参赞，文化部陈新华处长，商务部服务贸易和商贸服务业司王波副处长，北京市国有文化资产监督管理办公室副主任刘绍坚研究员的专业指导和无私帮助！在此，深致谢忱！

独学而无友，则孤陋而寡闻。博士求学及论文写作期间还要感谢米宏伟博士、刘剑雄博士、何灿博士、曾省存博士、赵风琦博士、敦忆岚博士、王维维博士、魏自儒博士、史晓曦博士、段鸿济博士以及曼彻斯特大学商学院黄雅各硕士给予的真诚鼓励和帮助。

博士论文的写作是一项持久而艰辛的身心历练，没有同事刘建昌、王勇娟以及家人对我的无私付出和全力支持，将难以想象。纸短情长，尽在不言。

博士论文能够得以成书顺利出版，离不开各位领导和朋友对后进的提携和帮助。在此特别感谢东北财经大学国际经贸学院院长王绍媛教授为拙作出版给予的鼓励和支持；中央财经领导小组办公室尹艳林局长专门为拙文作序，使我备受鼓舞；广东书法家老朋友杨国川先生专门为拙作题写了书名，在此一并致以诚挚的敬意和由衷的感谢。

英国前首相撒切尔夫人在《治国方略》一书中断言，中国成不了超级大国，“因为中国今天出口的是电视机，而不是思想观念”。这一言论的正确与否姑且不论，却折射出我国发展的现实困境与不足。应该说，我国文化影响力和软实力还有很大提升空间。在我看来，“中国梦”的实现，不仅仅是世界第一经济大国的超越，更是中华文明之复兴。东方睡狮已经醒来，但这头狮子不希望“世界为之发抖”，而是希望向世界展示其“和平、可亲、文明”的一面。由此看来，建设文化强国、推动蕴含中华文明的中国文化产品和服务“走出去”，意义深远。国际分工视角下中国文化产业“走出去”战略，是一个全新的话题。我所做的仅仅是抛砖引玉的开场白，还有诸多课题殊值探讨，而研究之路亦是任重道远。前路漫漫，吾辈定将继续前行！